Stumbling on Happiness
Daniel Gilbert

幸せはいつもちょっと先にある

期待と妄想の心理学

ダニエル・ギルバート
熊谷淳子 訳

早川書房

幸せはいつもちょっと先にある

——期待と妄想の心理学

STUMBLING ON HAPPINESS
by
Daniel Gilbert

Translated by
Junko Kumagai
First published 2007 in Japan by
Hayakawa Publishing, Inc.
This book is published in Japan by
direct arrangement with
Brockman, Inc.

オーリに、リンゴの木陰で

幸せをもたらす事態を予知したり予感したりすることはできない。運よく何かの拍子にどこか世界の果てでそうした事態にめぐり合ったら、富や名声をつかんだときのように、しっかり握って手ばなさないことだ。

——ウィラ・キャザー（一九〇二年）

謝辞

この場ではふつう、本をひとりで書ける者はいないと著者が主張し、どうも著者のために執筆したらしい人たちの名前を列挙することになっている。そんな友人がいれば、さぞありがたいことだろう。だが悲しいかな、本書を書いたのはわたしひとりだ。そこでここでは、わたしに単独で本書を書かせるために持ちまえの能力を発揮してくれた人たちに謝意を表したい。

まず何より、本文中に紹介した膨大な量の研究をおこない、わたしを共同研究者に加えてくれた学生と同僚に感謝する。ダニー・アクスソム、マイク・バーコヴィッツ、スティーヴン・ブラムバーグ、ライアン・ブラウン、デイヴィッド・センターバー、エリン・ドライヴァ＝リン、リズ・ダン、ジェイン・エーベルト、マイク・ジル、サリット・ゴルーブ、カリム・カッサム、デビー・カーマー、ボアズ・キーサー、ハイメ・クルツ、マット・リーバーマン、ジェイ・メイヤーズ、ケアリ・モアウェッジ、クリスティアン・マーゼス、ベッカ・ノーウィック、ケヴィン・オクスナー、リズ・ピネル、ジェイン・ライゼン、トッド・ロジャーズ、ベン・シェノイ、サリア・ウィートリーの諸氏だ。ともに仕事ができたのは、なんという幸運だろう。

友人であり長年の共同研究者であるヴァージニア大学のティム・ウィルソンには特別な借りがある。彼の創造性と知性は、いつもわたしのインスピレーションと羨望と研究費の源だ。本書の中で彼なしに書きえた部分があるとすれば、直前の一文だけだろう。

また、原稿を読んだり、意見や情報を寄せてくれたりした同僚たちのおかげで、雲をつかむような、あてのない探求をせずにすんだ。シセラ・ボック、アラン・ブラント、パトリック・カヴァナー、ニック・エプリー、ナンシー・エトコフ、トム・ギロヴィッチ、リチャード・ハックマン、ジョン・ヘリウェル、ダニー・カーネマン、ボアズ・キーサー、ジェイ・ケーラー、スティーヴ・コスリン、デイヴィッド・レイブソン、アンドルー・オズワルド、スティーヴ・ピンカー、レベッカ・サクス、ジョナサン・スクーラー、ナンシー・シーガル、ダン・シモンズ、ロバート・トリヴァース、ダン・ウェグナー、ティム・ウィルソン。みなさん、ありがとう。

エージェントのカティンカ・マトソンは、本の構想についてあれこれしゃべるのをやめて実際に書きはじめろと尻を叩いてくれた。わたしのしゃべりすぎをたしなめたのはカティンカがはじめてではないが、その後もわたしが好意を持っているのは彼女だけだ。本書を読んでつまらないと感じる読者には、鋭い語感と大きな赤鉛筆で原稿に手を入れてくれた。クノップ社の編集者マーティ・アシャーは、アシャーの手にかかる前の原稿を見ておいてもらうべきだったかもしれない。

本書の大半は、つぎの各組織からいただいた長期休暇中に執筆した。わたしの不在に投資してくれたプレジデント・アンド・フェローズ・オブ・ハーバードカレッジ、ジョン・サイモン・グッゲンハイム記念財団、ジェイムズ・マッキーン・カテル財団、米国哲学協会、米国国立精神衛生研究所、シカゴ大学経営大学院にお礼申しあげる。

最後にたわ言を。自分の妻と一番の親友がどちらもマリリン・オリファントという名である偶然に深く感謝する。それと、わたしの頭に浮かぶ半端な考えにいちいちつきあって、興味深そうにしなければならないという法はないのに、ありがたいことにいつもそうしてくれる人たちがいる。ギルバート家とオリファント家のラリー、グローリア、シェリー、スコット、ダイアナ、ミスター・マイキー、ジョー、ダニー、ショナ、アーロ、アマンダ、ビッグ・Z、セアラ・B、レン、デイリンの面々は、こぞってわたしの心の親となり、安息できる場を与えてくれた。ありがとう。終わりにあたって、天国でさえその居場所に十分でない二つの魂、恩師ネッド・ジョーンズと母ドリス・ギルバートに深い謝意と愛情を贈りたい。

では、いよいよ幸せを探しに行こう。

二〇〇五年七月一八日

マサチューセッツ州ケンブリッジにて

目次

謝辞 5
はじめに 11
第1部 人間はなぜ予想するのか?……17
1 人間という動物だけが未来について考える……19
カエルはピラミッドの夢をみるか?/前頭葉というタイムマシーン/私たちは「未来」が好き
第2部 そもそも、幸せとは何か?……47
2 あなたは幸せですか?……49
幸せの分類/黄色を説明してみよう/幸せくらべ
3 わたしは幸せですか?……82
自分の胸にきいてみよう/痛いことと、痛いと感じること/幸せのはかり方
第3部 感覚のトリック ~実在論に気をつけろ……105
4 脳はこっそり穴を埋める……107

脳の暗躍／脳は魔法使いだ／未来の穴埋め
5　脳はこっそり無視をする……134
足りないものに気づけ／遠くのものは小さく、きれいに見える
第4部　時間のトリック　～現在主義に気をつけろ……153
6　未来は今だ……155
今を生きる／心の目で見る
7　時の流れをつかまえられるか？……175
空間におきかえる／今を基準に考えてみる／くらべてみる
第5部　意味のトリック　～合理化に気をつけろ……203
8　自分にやさしい私たち……205
意味で区別する／事実を料理する
9　現実を生きるために……232
前向きに過去を見る／より大きな不幸／知らないほうが幸せ
第6部　正しい予想をする方法……259
10　練習してみよう……261

経験はかたよっている／終わりよければすべてよし／偽の追憶

11　教えてもらおう…………………………283

超自己複製子／唯一の解決法

おわりに　313

訳者あとがき　319

はじめに

忘恩の子をもつことが
マムシの毒牙に嚙まれるより激しい苦痛であることを
身をもって思い知るように！

――シェイクスピア『リア王』

今から一〇分後に死ぬと聞かされたら、あなたは何をするだろう。二階にあがって、一九七〇年代のフォード大統領の時代から靴下の引出しに隠しておいたマルボロに火をつける？　上司のオフィスを襲撃して、人格上の欠点をこと細かに並べたてる？　新しくできたショッピングモール前のステーキハウスに乗りつけて、ミディアムレアのTボーンステーキと、コレステロールたっぷりの付けあわせを注文する？　もちろん、簡単に答えられるものじゃない。しかし、最後の一〇分間にとるだろう行動は、まずまちがいなく、きょう実際にやったこととほとんど重ならないはずだ。

これを哀れんで、あなたに人さし指を突きたてて、「常にこれが最後と思いながら人生の一瞬一瞬を生きなさい」などと言う人もいるだろう（そういうこの人こそ、他人にくだらないおせっかいをやいて最後のときを過ごすつもりらしい）。人生がつづくものと考えているときの行動は、いきなり終わると知ったときの行動とちがって当然だ。紙で折った帽子をかぶって湯船でピスタチオのマカロンを食べるかわりに、油分やタバコを控え、上司のいつものくだらないジョークに愛想笑いを浮かべ、本書のような本を読む。どれも、これから自分がなろうとする人間を思っての奉仕行為だ。われわれは、未来の自分をわが子のごとく扱い、日々多くの時間をかけて、その子が幸せになれるあすを築こうとする。気ままに好き放題するのではなく、未来の自分がよりよく暮らせるよう責任を果たしている。退職後のゴルフ三昧のために月給からこつこつと貯金し、心臓発作や歯肉移植という事態を招かないためにジョギングやデンタルフロスを習慣にし、かわいい孫を膝の上で遊ばせる日を夢見て子どものオムツを替え、お気に入りの絵本をいやというほど繰り返し読まされてもがまんする。コンビニで一ドル支払うのでさえ、今こうして買っているスナックを未来の自分に楽しませてやろうという奉仕行為だ。それだけじゃない。われわれは、昇進なり結婚なり車なりチーズバーガーなり、とにかく何かを望むとき、自分がこれを手に入れれば、今から一秒後、一分後、一日後、一〇年後に、自分と同じ指紋を持った人間が、手渡された世界を喜んで受けとるはずだと考えている。未来のそいつは、賢い投資や控えめな食生活の成果を手にして、こちらの払った犠牲に敬意を表すことだろう。

ほんとうに？　いや、期待しないほうがいい。わが子と同じで、時間軸上の後継者というやつはなかなか恩知らずだ。気に入りそうなものを汗水たらして手渡してやっても、仕事は辞めるわ、髪は伸ばすわ、サンフランシスコへ引っ越すわ、そこから出ていくわで、しまいには、こんなものを気に入ると思うなんてどうかしているとうらまれる。逆に、未来のあいつを満足させるのに欠かせないと思っていた賞賛や報酬を手に入れそこねたときなどは、先見性のない見当ちがいの計画が、予定どおりに運ばなかったことを神に感謝されたりする。こちらが数分前に買ったスナックをほおばるときでさえ、あいつは顔をしかめてちがう菓子がよかったと文句を言うしまつだ。批判されるのがうれしいはずはない。だが、求めてうまく手に入れたものが未来のあいつを幸せにできず、避けようとして避けられなかったものが幸せにできるなら、あいつが過去に軽蔑のまなざしを向けて、いったい何を考えていたのかととがめるのも（不愉快ではあっても）無理のない話だ。あいつは、こちらがよかれと思ってやったのだと気づいて、精一杯の努力をしぶしぶ認めてくれるかもしれないが、その精一杯が足りなかったとセラピストに泣きつくのだ。

なぜこうなるのだろう？　来年の自分や、少なくともきょうの夕方の自分については、好みや嗜好や欲求や希望くらいわかっていてもよさそうなものだ。人生を設計できるくらいには——携わりつづけるはずの職業や愛しつづけるはずの相手を見つけ、何年も大事にするはずのソファカバーを買える程度には——未来の自分を理解していていいはずだ。なのになぜ、一度はぜったいに必要だと感じたものが、未来の自分には邪魔ものか厄介ものか無用なものでしかなくなって、屋根裏にも人生にもあふれかえってしまうのだろう。なぜ、未来から付きあう相手選びのまずさを批判され、出世の戦略を後知恵でとやかく言われ、高い金をかけて入れたタトゥーをまた高い金をかけて消されてしまうのだろう。なぜ未来のあいつは、こちらのことを思い返すとき誇りと感謝ではなく、失望とあきらめを感じるのだろう。こちらが何か根本的なところであいつを軽んじ、無視し、しいたげたというなら話はわかる。だが、とんでもない！　こちらは人生最上の年月をあいつに捧げたのだ。いったいどうして、切望していた目標を達成してがっかりしたり、懸命に舵とりをして避けてきた、まさにその場所にたどりついて有頂天になったりできるのか。未来のあいつはどうかしているんじゃないだろうか？

　それとも、どうかしているのはこっちなのか？

　一〇歳のとき、わが家でもっとも不思議なものといえば錯視《さくし》、つまり目の錯覚についての本だった。この本のおかげで、ミュラー＝リアーの直線や、ネッカーの立方体や、不思議な杯の絵を知った（図1）。父の書斎の床にすわりこんで何時間もこの本を眺めては、こうした単純な絵が、脳にぜったいちがうとわかっていることを信じこませてしまう現象に夢中になった。わたしはこのころまちがいのおもしろさに気づき、まちがいの多い人生設計をはじめたわけだ。錯視は、たんにだれもがまちがいを犯すからおもしろいのではない。だれもが同じまちがいを犯すからおもしろいのだ。Aさんには杯に見え、Bさんにはエルヴィスに見え、Cさんにはテイクアウトの紙容器に見えるなら、三人が見ているのは、いくらそれがりっぱなインクのしみだとしても、できの悪い錯視だ。錯視がこれほど魅力的なのは、だれが見てもはじめは杯に見え、それが横顔に変わり、そこで目をぱちぱちするとまた杯にもどるところだ。錯視が引きおこす知覚の誤りは、法則どおりで規則正しく一貫している。それはおろかな誤りではなく、かしこい誤りだ。その不思議を理解する人に、視覚系の洗練された設計と内

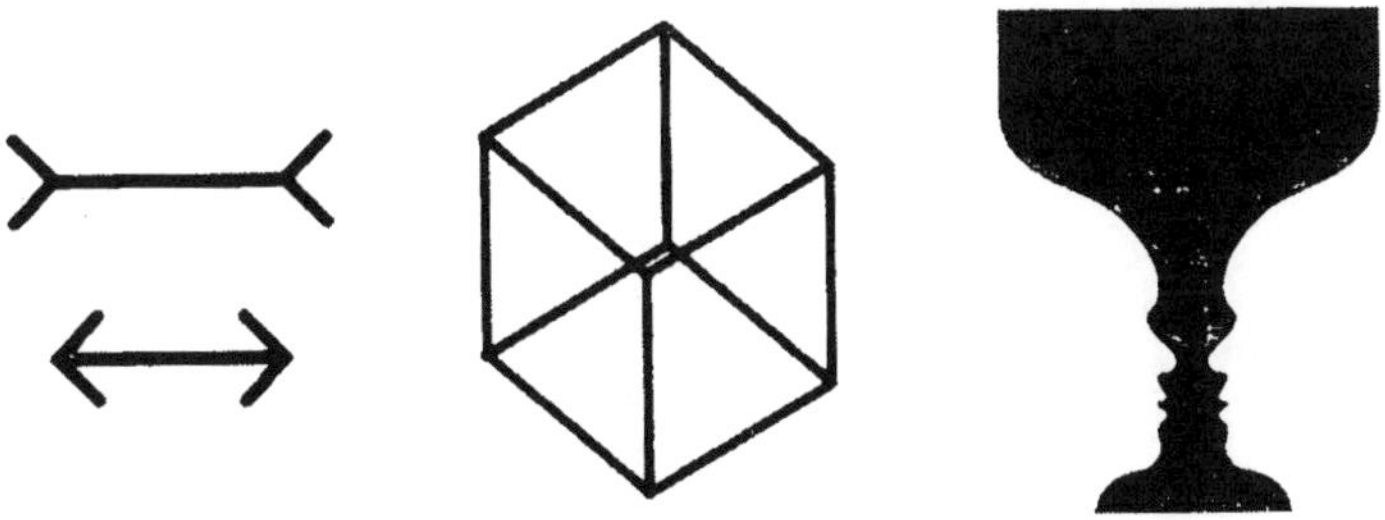

ミュラー＝リアーの直線

上下の線はまったく同じ長さなのに、下のほうが短く見える。

ネッカーの立方体

箱を上から見おろしているように見えたり、下から見あげているように見えたりする。

杯の絵

杯に見えていたものが、一瞬のうちに、向かい合う２つの横顔に見えたり、また杯にもどったりする。

図１

部のしくみをかいま見せてくれる。

　われわれが自分の未来を想像するときに犯す誤りも、法則どおりで規則正しく一貫している。この誤りは、錯視が視覚の力と限界を教えてくれるのと同じように、先見の力と限界を教えてくれる。本書の主題はまさにこれだ。タイトルには幸せとあるが、この本には幸せになるための具体的な方法は何も書かれていない。その手の書籍は、二列向こうの自己啓発本の棚にある。一冊買ってみて、書かれているとおりにすべて実行し、それでもみじめな気分のままだったら、その理由を知りにいつでもここへもどってくるといい。この本は、人間の脳が自己の未来を想像したり、どの未来がもっとも喜ばしいかを予測したりするしくみと精度を、科学で説明しようというものだ。過去二〇〇〇年以上にわたって多くの思想家が熟考してきた難問を論じた本であり、思想家たちの考え（と、若干のわたし自身の考え）をもとに、未来の自分であるはずの人物の感情や思考が、どうもわれわれにはほとんど理解できないらしい理由を明らかにする。どんな科学も、この難問を単独で解決する説得力のある答えを見いだせていないため、話の筋は、パスポートを持たずに国境を越える川のように、あれこれ領域をまたがることになる。心理学、認知神経科学、哲学、行動経済学の知見と理論を織りあわせることで、個人的には納得のいく答えが浮かびあがったと考えている。しかし、その真価はあなたの判断に委ねよう。

本を書くのはそれ自体が報酬だが、本を読むのは時間と金を注ぎこむことであり、たしかな見返りがあるべきだ。なんの知識も得られず、おもしろくもないとしたら、費やした時間と金をそっくり返せと要求してもおかしくない。ただ実際にはそうもいかないので、わたしとしては、できるだけ読者のみなさんが興味を持って楽しんでくださるように心がけたつもりだ（あなたがあまり思いつめるタイプじゃなく、少なくともあと一〇分は命があると想定しての話だが）。本書を読み終えたとき、あなたがどんな感想を持つかはだれにもわからないし、これから読みはじめるあなた自身にもわからない。最後のページにたどりついたとき、たとえ未来のあなたが満足していなかったとしても、なぜ満足できると思いこんでしまったかという点だけは理解しているはずだ。

第1部　人間はなぜ予想するのか？

1　人間という動物だけが未来について考える

ああ、人の目が
今日の戦《いくさ》の結果をあらかじめ読みとれるものなら！
――シェイクスピア『ジュリアス・シーザー』

聖職者は禁欲をつらぬく誓いをたて、医者は害をなさない誓いをたて、配達人は雪が降ろうが槍が降ろうが迅速に担当区域をまわり終える誓いをたてる。われわれ心理学者もやはり誓いをたてるのだが、そんなことを知る人はまずいないだろう。職業人生のある時点で、「かの一文」を著書か共著書か、せめて論文の中で書くという誓いだ。「唯一、人間という動物だけが……」ではじまる文で、ここさえ変えなければ、あとをどうつづけてもいい。ほとんどの心理学者は、ある程度経歴を積んでからこの厳粛な義務を果たそうとする。善意に満ちた学究人生で必死に紡ぎだしたほかのことばはすべて忘れさられ、かの一文をどう締めくくったかで後世の心理学者たちに記憶されると知っているからだ。そのうえ、文のできが悪ければ悪いほど、しょっちゅう思い出されてしまう。たとえば、「言語を使える」と締めくくった心理学者は、チンパンジーが手話によるコミュニケーションを学べることが証明されたとき、ちょくちょく引き合いにだされた。野生のチンパンジーが棒を使ってシロアリの塚からおいしそうなアリを釣ったり、ときどき相手の頭を叩いたりすると明らかになったとたん、「道具を使える」と締めくくった心理学者たちのフルネームとメールアドレスが世界じゅうを駆けめぐった。というわけで、ほとんどの心理学者がかの一文を締めくくるのをできるだけあとに引きのばしたがるのも無理はない。ぎりぎりまで待てば、類人猿なんぞに人前で恥をかかされる前にあの世へ行けるかもしれない。

　わたし自身、かの一文はまだ書いていなかったが、読者のみなさんを証人としてここに記そうと思う。**唯一、人間という動物だけが未来について考える。**先に書いておくと、わたしはネコ、イヌ、アレチネズミ、ハツカネズミ、金魚、カニ《クラブ》（いやいや、ケジラミ《クラブ》じゃない）を飼ったことがあるし、ときには人間以外の動物が、まるで未来について考える能力があるかのようにふるまうのも知っている。だが、はげ頭に安物のかつらをかぶった男は忘れがちだとしても、何かがあるかのようにふるまうのは、実際にあるのとはちがう。じっくり観察すればだれの目にもちがいは明らかだ。たとえば、都心にあるわが家では、毎年秋になるとリスが庭で（リス二匹分ほどの広さしかないが）せっせと動きまわり、今のうちに食糧を埋めておかないと先ざき餌にありつけなくなると知っているかのようにふるまう。教養の高い住民の多い地域だが、だれに言わせても、住んでいるリスは特別できがいいわけじゃない。ごくふつうのリスの脳を持っていて、ごくふつうのリスの目に入る日光が一定の量だけ減少すると、脳内で餌を埋めるプログラムが作動するようになっている。日が短くなるだけで、あすを見越すという段階をへずに埋める行動が引きおこされる。うちの庭に木の実を蓄えるリスは、転がり落ちる石が重力の法則を知っているのに近いかたちで、未来について知っている――ひらたく言えば、知らないわけだ。チンパンジーが孤独に老いることを思って涙したり、夏の休暇についてあれこれ考えてにやけたり、ショートパンツだと太って見えるようになったからとチョコレートアイスバーを断ったりしないかぎり、わたしは自分の「かの一文」を曲げないつもりだ。われわれは、ほかのどんな動物もできない(あるいは、やらない、やったことのない)やり方で未来について考える。単純で普遍的であたりまえのこの行為が、われわれ人類の決定的な特徴の一つだ。

カエルはピラミッドの夢をみるか?

人間の脳が成しとげた最大の業績をあげるとしたら、これまでに生みだされた堂々たる人工物をまず思い浮かべるかもしれない。ギザの大ピラミッド、国際宇宙ステーション、あるいはゴールデンゲートブリッジだろうか。いずれもまさに偉大な業績であり、われらが脳の業績をたたえて紙ふぶきの舞うパレードをしてもいいくらいだ。しかし、これは最大の業績ではない。こうした人工物は高性能の機械でいくらでも設計、建設できる。設計と建設に必要な知識や理論や辛抱づよさは、高性能の機械に十分備わっている。きわめて高性能の機械をもってしても達成したふりさえできない、すばらしい脳の業績はただ一つ、意識的な経験だ。大ピラミッドを見たり、ゴールデンゲートを思い出したり、宇宙ステーションを想像したりするのは、そのどれを建設するよりはるかにすごい行為だ。さらに、この三つのなかでもひときわすごい行為が一つある。「見る」とは世界を今の姿で経験することだし、「思い出す」とは世界を昔の姿で経験することだが、「想像する」とは、そう、この想像するという行為は、世界を今の姿でも昔の姿でもなく、こうだろうという姿で経験することにほかならない。人間の脳の最大の業績は、現実の領域には存在しない物事や出来事を想像する能力であり、この能力があるからこそ、われわれは未来について考えることができる。ある哲学者のことばを借りると、人間の脳は〝先読みする装置〟で、〝未来を作る〟ことがもっとも重要な仕事だ。

ところで、〝未来を作る〟とは具体的にどういう意味だろう。脳が未来を作ると言える場合が少なくとも二つある。一つはほかの多くの動物にも共通し、もう一つは人間に特有だ。あらゆる脳は、人間の脳も、チンパンジーの脳も、餌を埋めるごくふつうのリスの脳でさえ、私的で身近なさしせまった未来を予測できる。現在の出来事（「何かにおうぞ」）と過去の出来事（「前にこのにおいがしたときは、大きなやつに食べられかけたんだ」）の情報をもとに、つぎに起こる可能性がもっとも高い出来事（「あ、やっぱり大きなやつに食――」）を予測する。しかし、「予測」と呼ばれる行為に二つの要素があることを忘れてはならない。第一に、さっきはおかしな台詞をカッコでつけたが、実際に脳がこうした予測をするとき、意識的な思考らしきものはまったく必要ない。そろばんが算数の原理について考えずに2と2を合わせて4を導きだすように、脳は、過去や現在や未来について考えることなく、過去と現在を足して未来を作りだす。それどころか、こうした予測をするのには脳さえ必要ない。クロヘリアメフラシという海にすむ巨大ナメクジは、ちょっとした訓練で予測することを覚えて、えらへの電気ショックを避けるようになる。外科用メスがあれば簡単にたしかめられるが、アメフラシには明らかに脳がない。同じく脳なしのコンピューターも、アメフラシと同じ要領であなたのクレジットカードを拒否する。パリでディナーとしゃれこんだのに、その前の利用記録のせいでカードが承認されないのはそのためだ。つまり、機械や無脊椎動物は、自我や意識を持つかしこい脳がなくても未来について単純な予測ができることを証明している。

第二に、こうした予測はあまり範囲が広くない点を忘れてはならない。予測といっても、年間物価上昇率やポストモダニズムの知的影響、宇宙の熱的死、マドンナがつぎに髪を染める色などを予測するのとはちがう。まさにこの場所で、このつぎに、このわたしに起こることを予測するものであり、ほかにふさわしいことばがないから予測と呼んでいるにすぎない。とはいっても、この用語は、どこかで、いつか、だれかに起こる出来事について、じっくり綿密に検討したような印象をどうしても与えてしまうため、問題がある。脳が意識することなく私的で身近なさしせまった未来をつねに予想している現象を言いあらわすのに使うと、誤解を招くおそれがある。そこでここでは仮に、脳が「予　測《プレディクティング》」しているというかわりに、脳が「次　見《ネクスティング》」していると表現しようと思う。

今、あなたの脳も次見している。たとえば、この瞬間、意識的に考えているのは、たった今読んだ文のことだったり、太ももを圧迫しているポケットのキーホルダーのことだったり、今聴いている序曲〈一八一二年〉のことだったりするかもしれない。何を考えているにせよ、この文の最後にきそうな単語のことではないはずだ。ところが、いくらここに並んでいる単語が頭の中で響き、そこからどんな考えが呼びさまされるにしても、脳は今読んでいる単語や直前に読んだ単語をもとに、つぎにくるだろうことばを推測している。すらすらと読めているのはそのおかげだ。フィルムノワールや安っぽい推理小説を与えられて育った脳は、「暗い嵐の」とくれば「夜だった」とつづくことを期待するため、実際に「夜」という単語がきたときには咀嚼《そしゃく》する準備ができている。脳がつぎにくると推測した単語が当たっているかぎり、われわれは上から下へ、上から下へと気持ちよく目を走らせて、黒い線ののたくりを概念や場面や登場人物や思想に変えていく。脳が次見して、信じがたいスピードで文の先を予測していることにはまったく気づかない。ところが脳の予測がはずれると、とたんに心はアボカドする。

ではなく、びっくりする。ほら驚いた。

ここで、このとっさの驚きの意味を考えたい。驚きは、予期しないこと——早くトイレに行きたいと思いながら買い物袋を抱えて帰宅し、リビングに足を踏みいれたとたん、紙の帽子をかぶった友人たちが「誕生日おめでとう」と叫ぶ、など——に出くわしたときに生じる感情の一つであり、したがって、驚くこと自体が、どんなふうに予期していたかを教えてくれる。さっきの段落の最後にびっくりしたのは、「ところが脳の予測がはずれると、とたんに心は……」という部分を読むのと同時に、脳がつぎに起こりそうな事態について予測をたてていたことを意味する。脳は、つぎのコンマ数秒のあいだに目に入る黒い線ののたくりが、感情を表すことば（「がっかりする」や「いらいらする」や、ひょっとしたら「びっくりする」）を符号化していると予測したはずだ。ところが目にしたのは果物で、おかげであなたはひとりよがりのまどろみから叩き起こされ、どんなふうに予期していたかをまわりで見ていた人にまであかす結果になった。驚きは、実際に得たものとはべつのものを自分が予期していたことを教えてくれる。予期している自覚がまったくないときでも同じだ。

驚きの感情には外から観察できる反応――眉があがる、目が見開かれる、口が開く、たくさんの感嘆符つきの声が出るなど――がともなう場合が多いため、心理学者は驚きを指標にして脳の次見を知ることができる。たとえば、サルの目の前で、いくつか並んだ落とし筒の一つにボールを入れると、サルはすばやくその筒の出口を見て、ボールが落ちてくるのを待つ。実験的に細工をして、入れた筒とはべつの筒からボールが出てくるようにするとサルは驚きを示す。これは脳が次見していたからだと考えられる。人間の赤ん坊も奇妙な物理現象には似た反応をする。大きな赤い積み木が小さな黄色い積み木にぶつかるところをビデオで見せた実験がある。ぶつかった瞬間に小さな黄色い積み木がぱっと動いて画面から消えても、赤ん坊は無関心だ。ところが、ぶつかったあと小さな黄色い積み木がわずかの時間そこにとどまってからおもむろに動きだすと、列車の衝突事故でも目撃したように凝視する。まるで、遅れて動きだしたことが、次見していた脳の予測を裏切ったとでも言わんばかりだ。

こうした研究から、サルの脳は重力（物体は下に落ちるのであって横に落ちるのではない）について知っているし、人間の赤ん坊の脳は動力学（移動している物体から静止している物体にエネルギーが伝わるのは、接触が起きた瞬間であって数秒後ではない）について知っていることがわかる。しかし、さらに重要なのは、サルの脳も人間の赤ん坊の脳も、すでに知っていること（過去）と、今見ていること（現在）を足して、つぎに起こるだろうこと（未来）を予測しているところだ。実際につぎに起きたことが、起きると予測していたこととちがっていると、サルも赤ん坊もびっくりする。

われわれの脳は次見するようにできていて、脳はその機能を果たしているにすぎない。砂浜を散歩するなら、脳は、砂に足がついたときどれだけ安定しているかを予測して、膝の伸ばしぐあいを調整する。ジャンプしてフリスビーを受けるなら、脳は、フリスビーの軌道と体が交わるだろう位置を予測して、手をそこに持っていく。あたふたと海水へ向かうスナガニが小さな流木の陰で見えなくなったら、脳は、どこからいつ出てくるかを予測して、ちょうど姿が現れる場所に目を向ける。こうした予測は、迅速さの点でも精度の点でも一流だ。脳が予測をやめて、つねに「今この瞬間」だけにとらわれ、つぎの行動がとれない事態に陥ったらどうなるか。簡単には想像できない。しかし、私的で身近なさしせまった未来を機械的に休みなく予測するのは、すごいことであると同時に、どこにでもあることで、人類を木から降ろしてズボンをはかせた類の予測ではない。カエルがスイレンの葉から一歩も出ずにできる類の予測であり、したがって、かの一文が意味する予測とはちがう。われわれ人類が作りだす、そして、われわれ人類にしか作りだせないさまざまな未来は、まったくべつのものだ。

前頭葉というタイムマシーン

大人は子どもにばかげた質問をしたがる。まんまと返ってくるばかげた答えにほくそ笑みたいからだ。とくにばかげた質問は、「大きくなったら何になりたい?」というやつだ。幼い子どもは、こちらの思惑どおりきょとんとして、大きくなるかわりに小さくなるかもしれないという意味だろうかと心配したりする。何か答えるにしても、たいていは「お菓子マン」だとか「木登り屋さん」などと言いだす。大人がこれにほくそ笑むのは、子どもがお菓子マンや木登り屋になる確率がゼロに近いからだ。子ども自身がばかげた質問をする年齢になってしまえば、それほどなりたがるものじゃない。だがこの回答は、こちらの質問に対する答えとしてはまちがっていても、べつの質問の答えとしては正しい。「今何になりたい?」という質問だ。幼い子どもは、「のちのち」の意味をはっきり理解していないため、「のちのち」なりたいものがわからない。だから、抜けめのない政治家のように、尋ねられた質問を無視して、答えられることを口にする。大人の場合は多少ましな答えができる。三〇歳前後のニューヨーカーに、老後はどこですごすかと尋ねると、マイアミやフェニックスといった社会的安定をはぐくむ場所をあげる。今は歯ごたえのある都会の暮らしを愛していても、数十年後には、車の窓ガラスを拭きにくる浮浪者や美術館より、ビンゴゲームや迅速な医療体制を重視するようになっていると想像できるからだ。現在のことしか考えられない子どもとちがい、大人は将来どうなるかを考えられる。子どもも椅子から揺り椅子へ移行するどこかの時点で、われわれは「のちのち」について学ぶらしい。

のちのち! なんと驚異的な観念、なんと強力な概念、なんとすばらしい発見だろう。人類は、一連の未然の出来事を、想像によって先読みする技をどのようにして学びはじめたのだろう。先史時代のどんな天才が、目を閉じて無言のまま自分の身を投影することで、きょうから抜けだしてあすへ行けると最初に気づいたのだろう。残念ながら、どんなに偉大な観念も放射性炭素年代測定ができるような化石には残らないため、「のちのち」の自然史は永久に失われてしまった。しかし、古生物学者や神経解剖学者は、人類進化というドラマのきわめて重要な変化がこの三〇〇万年のあいだに起こり、しかもそれは突然の出来事だったと断言する。およそ五億年前に地球上に現れた最初の脳は、四億三〇〇〇万年ほどかけてのんびり進化して初期の霊長類の脳になり、さらに七〇〇〇万年ほどで人類の原型の脳に進化した。そこで何かが起こった。正確なことはだれにもわからず、気候の寒冷化だという説から調理法の発明だという説までさまざまだが、何かが起こって、人類になる直前だった脳が、前代未聞の爆発的な発達をとげた。二〇〇万年強のあいだに重さが倍以上に増え、六〇〇グラムだったホモ・ハビリスの脳がおよそ一四〇〇グラムのホモ・サピエンスの脳になった。

あなたがひたすらチョコレートを食べて体重を倍にしたとしよう。この場合、体のあらゆる部分が同じように太るとは思えない。たぶん、あらたに増えたぜい肉は腹と尻に集中し、舌や爪先はほっそりしたままだろう。同じように、人類の脳が劇的に大きくなったときも、脳のあらゆる部分が一律に倍増したわけではない。現生人類の新しい脳は、古い脳と構造的にそっくりでただ大きいだけのしろものとはちがう。ほかと不釣合いなほど集中的に発達した部分があった。前頭葉と呼ばれる部分で、名称が示すとおり頭の前方にあり、ちょうど眼球の上にあたる（図2）。初期の祖先の低く傾斜した額がしだいに前方に押しだされて、帽子がずり落ちない垂直な額になったのは、おもに、急激に大きくなった脳を納めるためだった。人類の頭蓋骨の構造まで修正させる何かが、この大脳の新しい部分にあったのだろうか。この部位の何が、自然をしてわれわれに大きな前頭葉をもたらしめたのだろう。いったい、前頭葉の何がそれほど特別だったのか。

近年まで、前頭葉にはたいした役割がないと考えられていた。前頭葉に損傷を受けても、とくに支

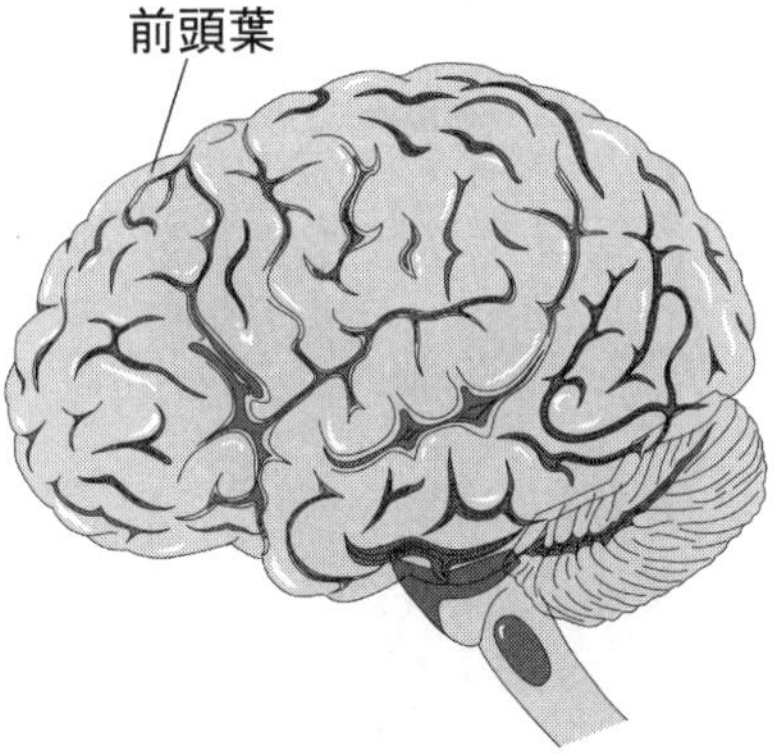

図2　人類の脳に新しく加わった前頭葉のおかげで、われわれは未来を想像できる。

障なく生活できるからだ。ラトランド鉄道の現場監督だったフィニアス・ゲイジは、一八四八年のある秋晴れの日、足もとで小爆発を起こしてしまい、その勢いで飛んできた長さ一メートルの鉄の棒をなんと顔で受けとめた。棒は左頬の真下から刺さって頭のてっぺんまで貫通したため、頭蓋骨に穴があき、前頭葉もかなり失われた（図3）。フィニアスは地面に叩きつけられ、数分間倒れていた。ところが驚いたことに、その後立ちあがって医者に連れていってくれと仲間に頼んだ。しかも、自分で歩けるから乗り物はいらないと言いはった。医者が傷口についた泥を落とし、現場仲間が棒についた脳を落として、しばらくすると、フィニアスも棒も仕事を再開したという。フィニアスの性格は悪いほうに一変したが——そのために今日でも有名人なのだが——それよりも驚くのは、フィニアスがほかの点ではまったく正常だったことだ。鉄の棒が脳のべつの部分——視覚野やブローカ野や脳幹など——をひき肉にしていたら、死ぬか失明するか話せなくなるか、残りの人生を植物状態ですごすかしたかも

図３　突き固め棒がフィニアス・ゲイジの頭蓋骨を貫通した位置を示す医学的なスケッチ。

しれない。フィニアスは事故後一二年間、植物とはほど遠い状態で生きつづけ、ものを見、話し、働き、旅行したので、神経学者は、前頭葉には失って非常に困るような役割がほとんどないと結論づけるしかなかった。一八八四年にはこう記した神経学者もいた。〝アメリカの有名な鉄梃《かなてこ》の症例以来、この脳葉が損傷を受けてもかならずしも何かの症状がでるとはかぎらないことが知られている〟。

だが、この神経学者はまちがっていた。一九世紀の脳機能にかんする知識は、フィニアス・ゲイジをはじめとする、偶然の事故やずさんな神経学の実験の犠牲となった被験者を観察して得られたものがほとんどだった。二〇世紀の外科医は、偶然がやり残した部分を拾いあげてもっと厳密な実験をはじめ、その結果、前頭葉の機能についてまったく異なる発見をした。一九三〇年代、ポルトガルの医師アントニオ・エガス・モニスは、興奮が強い精神病患者を落ちつかせる方法を模索していたとき、前頭葉ロボトミーという新しい外科的処置を知った。前頭葉の一部を化学的または物理的に破壊する手術で、すでにチンパンジーで試されていた。ふつうチンパンジーは餌を与えないと激しく怒るが、この手術をするとそんな冷遇を受けてもじっと耐えるようになる。エガス・モニスは人間の患者にこの手術を応用し、同じような鎮静効果があることを発見した（一九四九年にエガス・モニスにノーベル医学賞を受賞させる効果もあった）。つづく数十年のあいだに手術手技は改善され（局所麻酔下でアイスピックを用いて施すこともできた）、好ましくない副作用（知能の低下や夜尿症など）は減少した。こうして、前頭葉の一部を破壊する手術が、ほかの療法では治らない不安やうつの症例の標準的な治療法になった。前世紀までの従来の医学の知恵に反して、前頭葉がたしかにちがいをもたらすことが明らかになった。そのちがいとは、前頭葉がないほうがうまく生活できる人がいるということだった。

ところが、前頭葉損傷の恩恵を宣伝する外科医がいた一方で、その代償に気づいた外科医もいた。前頭葉損傷の患者は知能検査や記憶検査などでは標準的な成績を収めるが、計画性がかかわる検査ではどんなに単純なものでも重度の障害を示した。たとえば、最初の行動を起こす前に全体の動きを見とおしておかなければ解けない迷路やパズルを課されると、ほかの点では知的な人たちが途方にくれた。計画性の障害は、実験室の中だけの問題ではない。患者たちは、こぼさずにお茶を飲んだりカーテンについておしゃべりしたりするような日常場面なら支障なくこなせたが、午後にこのあと何をする予定かきかれると、まずまちがいなく答えられなかった。著名な科学者がこれにかんする科学的知見をまとめている。〝計画をたてられないという症状ほど一貫して報告される前頭葉損傷の症状はない。〔中略〕これは前頭前野の機能不全に特有の症状らしく、〔中略〕これ以外の神経構造への損傷では起こらない〟。

この二つの知見——前頭葉の特定の場所に損傷を受けると、不安が消えて心が平静になる場合もあるが、計画をたてられなくなる場合もある——は、一つの結論に集約できそうだ。「不安」と「計画」を結びつける概念は何か。そう、どちらも未来について考えることと密接に関係している。われわれは、何か悪いことが起こりそうだと予期して不安になり、自分の行動をこれからどう展開するか想像して計画をたてる。計画するには未来を読まなければならず、不安感はそれに対する反応の一つだ。前頭葉の損傷によって計画性と不安感がまさに狙ったように低下することから、前頭葉は、正常な現生人類の大人が未来に自分を投影するのに、不可欠な脳の装置だと考えられる。前頭葉がなければ、今にとらわれてあすを想像できず、そこに何が待っているかと心配することもない。今日の科学者は、前頭葉が〝健康な成人に、時間を越えて拡張された自己を思い浮かべる能力をもたらす〟と考えている。そして、前頭葉に損傷を受けた人たちを〝現在の刺激にしばられた〟人、あるいは、〝直近の時空に閉じこめられた〟人と表現したり、〝時間の具体性を好む傾向〟があると評したりする。つまり、お菓子マンや木登り屋と同じく、「のちのち」のない世界に生きている人たちだ。

N・Nという悲しい症例は、「のちのち」のない世界をかいま見せてくれる。N・Nは一九八一年に交通事故にあい、三〇歳にして閉鎖性頭部外傷を負った。検査の結果、前頭葉に広範囲の損傷を受けたことがわかった。事故から数年後に心理学者がN・Nを問診したときの会話が残っている。

心理学者　あすは何をする予定ですか。

N・N　わかりません。
心理学者　質問の内容は覚えていますか。
N・N　あす何をするか、ということ？
心理学者　そうです。あす何をするか考えようとすると、どんな感じがしますか。
N・N　空っぽ……だと思います。寝ているような感じかな……。何もない部屋にいて、だれかが椅子を探せと言っているけれど、そこには何もない……。湖の真ん中で泳ぐ感じです。つかまって体を支えるものもないし、何かに使えそうなものもない。

自分の未来を思い浮かべられないN・Nの症状は、前頭葉損傷の患者に特徴的だ。N・Nにとって、あすとはつねに空っぽの部屋であり、「のちのち」を思い描こうとすると、ちょうどわれわれが無や永遠を想像しようとするときのような感覚を覚えるらしい。しかし、もし地下鉄でN・Nと知りあって会話をしたり、郵便局で並んでいるときにことばを交わしたりしても、これほど人間に根本的な何かがN・Nに欠けているとは気づかないかもしれない。なんといっても、N・Nは抽象的な意味での時や未来は理解している。時間や分《ふん》が何かも、一時間が何分かもわかっているし、「前」と「あと」の意味も知っている。N・Nを問診した心理学者はこう報告している。〝N・Nは世の中について多くの知識があり、知識があることも自覚していて、柔軟にそれを表現することもできる。この意味では健常な大人となんら変わらない。だが、拡張された主観的な時間を経験する能力がまったくないように見える。〔中略〕まるで「永遠の現在」を生きているかのようだ〟。

永遠の現在——なんとも忘れがたいことばだ。瞬間という監獄で終身刑になり、永続する今に、終わりのこない世界に、のちのちがない時間に永遠にとらわれるのは、どれほど奇怪で超現実的なことだろう。そのような状態は大半の人にとって想像を絶するものであり、ふだんの経験とあまりにかけはなれているため、偶然のめぐり合わせ——外傷性脳損傷によって引きおこされるごくまれで尋常でない不幸な出来事と片づけてしまいがちだ。ところが実際には、この状態がふつうで、例外はわれわれのほうなのだ。脳が地球上に現れてからの数億年間、すべての脳は永遠の現在に捕まっていた。今日でもほとんどの脳はそうだ。だが、わたしやあなたの脳はちがう。二〇〇万から三〇〇万年前に、われわれの祖先が、「今、ここ」から大脱走をはじめたからだ。逃走用の乗り物は、あらたに加わった繊細でしわだらけの高度に特化した灰色の組織。この前頭葉——人類の脳で最後に進化し、成熟するのが一番遅く、歳をとると最初に衰退する部分——は、現在を離れて、起こる前に未来を体験させてくれるタイムマシーンだ。ほかのどの生き物にもわれわれのような前頭葉はない。唯一、人間という動物だけがこんなふうに未来を考えられるのは、前頭葉のおかげだ。だが前頭葉の物語は、人間がどのように想像上のあすを思い浮かべるかを教えてくれはしても、なぜ思い浮かべるのかまでは教えてくれない。

私たちは「未来」が好き

一九六〇年代後半、ハーバード大の心理学教授がLSDを使用して辞任し（大学当局からの働きかけもあったが）、インドへ行ってグルに会い、帰国してから『ビー・ヒア・ナウ』という人気の本を書いた。中心となるメッセージは、タイトルの「今、ここにいろ」という命令に端的に表されている。もと教授によると、幸せや満足感や悟りの鍵は、未来についてあれこれ考えるのをやめることらしい。

それにしても、いったいなぜ、未来について考えない方法を学ぶためだけに、わざわざインドまで行って時間と金と脳細胞を費やすのか。瞑想を学んだことがある人ならわかると思うが、未来について考えをめぐらせないのは、心理学の教授でいることよりはるかに大変だ。未来について考えないでいるには、前頭葉に本来の仕事をするなと言いきかせなければならない。これは心臓に鼓動するなと言うのと同じで、当然、前頭葉は抵抗する。N・Nとはちがい、われわれのほとんどは未来について苦もなく考えることができる。未来についての心的シミュレーションは、定期的かつひとりでに意識に入りこんできて、心的生活のあらゆる領域を占めるからだ。過去、現在、未来についてどのくらい考えるかと尋ねると、人びとは未来について一番考えると答える。研究者が平均的な人の意識の流れに浮いている項目を実際に数えてみると、一日の思考の約一二パーセントが未来にかんするものという結果がでる。八時間考えれば、そのうち一時間はまだ起こっていない出来事を考えている計算になる。あなたが八時間ごとに一時間だけわたしのいる州に住むとしたら、その分の税金を払わなければならない。いわば、われわれはある意味で、あすというもののパートタイム住民なのだ。

なぜ、「今、ここ」にとどまっていられないのだろう。金魚がいとも簡単にやってのけることを、どうしてわれわれ人間がやれないのか。きょう、この場について考えることがこれだけあるのに、なぜ、脳はあくまでも未来に自己を投影しようとするのだろう。

予想と感情

もっともわかりやすい答えは、未来について考えるのが楽しいから、というものだ。空想の中で、会社の野外パーティのとき草野球で決勝打を放ったり、宝くじ協会の会長と並んでドアほどもある巨大な小切手を持ちあげて写真を撮ったり、銀行でかわいい窓口係としゃれた会話を楽しんだりするのは、そうなることを期待しているわけでも望んでいるわけでもなく、ただ、こうした可能性を想像すること自体が楽しいからだ。これは研究でたしかめられたことだが、たぶん、あなたも実感しているだろう。人は、未来を空想するとき、挫折した自分や失敗した自分より、やりとげた自分や成功した自分を思い浮かべる傾向がある。

それだけじゃない。未来について考えるのがあまりに心地よいため、われわれは現実にそこへ行きつくより、それについてただ考えるほうを好むことさえある。ある研究で、志願者に高級フレンチレストランの豪華食事券があたったと伝え、いつ食事をしたいか尋ねた。今？　今晩？　あす？　楽しい食事になるのはまちがいなく、心も動くはずだが、志願者の大半は、少し時間をおいてだいたい来週まで待つことを選んだ。なぜ、みずから先延ばしにするのだろう。一週間待てば、生ガキに舌鼓を打ち、一九四七年のシャトー・シュヴァル・ブランを傾けて数時間すごせるだけでなく、その前にまるまる七日間、それを楽しみにできるからだ。喜びの先送りは、一つの実から二倍の汁を搾りだすうまい手だ。それどころか、実際に経験するより、想像するほうが楽しい出来事さえある（ものにしたかった相手と寝たり、クリームたっぷりのデザートを食べたりしたあとのように、夢想していたときのほうが成就してからよりよかったという思い出を、だれしも持っているものだ）。こうした出来事は、永遠に先延ばしされる場合もある。ある研究で、志願者に片思いの相手をデートに誘う方法を想像させたところ、憧れの人と親しくなるのに手のこんだすてきな方法を空想した志願者にかぎって、その後数カ月は実行に移さない傾向が見られた。

われわれは想像上の最高のあすと戯れたがる。それのどこが悪いだろう？　アルバムだって、交通事故や救急治療室での写真じゃなく、誕生パーティや南国での休暇の写真でいっぱいなはずだ。思い出を訪ねるとき、こんなふうにして楽しい気分に浸るのだから、空想するときも同じやり方で楽しめばいい。でしょ？　たしかに、幸せな未来を想像すると幸せな気分になれる。だが、ときにそれは厄介な影響をおよぼす。人はある出来事を簡単に想像できると、その出来事が実際に起こる確率を過大に見積もるという研究結果がある。われわれはたいてい、悪いことよりいいことを想像する訓練をたくさん積んでいるので、いいことが起こる確率を高く見積もりがちで、非現実的なほど未来を楽観してしまう。

たとえば、アメリカの大学生は、自分が平均より長生きし、結婚生活を長く維持し、ヨーロッパ旅行を多くすると考える。才能のある子どもに恵まれ、持ち家に住み、新聞に載るかもしれないと考え、心臓発作や性病やアルコール中毒や交通事故や骨折や歯周病にはみまわれないと思っている。どの年齢層のアメリカ人も、自分の未来は現在よりよくなると予想する。ほかの国の人も、アメリカ人ほどではないにしても、自分の未来が同輩の未来より明るいと予想する傾向がある。未来をやたらに楽観する習慣は、そう簡単にはやめられない。地震を体験すると、一時的には、未来の災害で命を落とす危険性を現実のものと考えるようになるが、二週間もすると、地震の生存者でさえふだんの根拠のない楽観主義にもどる。そのうえ、楽観的な信念を否定するような出来事までも、楽観を妨げるどころか増長させることがある。ある研究によると、がん患者は健康な人以上に未来を楽観するという。

もちろん、脳が頑固にシミュレーションする未来は、ワインやキスやおいしい二枚貝ばかりではない。日常のこと、わずらわしいこと、ばかげたこと、不快なこと、そら恐ろしいことである場合も多く、将来について考えずにいられないと言って治療を求める人たちは、たいてい未来を楽しむのではなく逆に心配している。抜けかけた歯をついいじってしまうのと同じで、どうもわれわれには、惨事や悲劇を想像せずにいられないという、ひねくれたところがあるらしい。空港へ向かいながら、先に飛行機が飛びたってしまって顧客との大事な会合に間に合わない未来のシナリオを想像する。晩餐会へ向かいながら、みんながワインを持参して主人役に渡しているのに自分だけ手ぶらで挨拶して気まずくなるシナリオを想像する。医療センターへ向かいながら、胸部X線写真を見て眉をひそめた医者が「今後のことを相談しましょう」などと不吉なことを言いだすシナリオを想像する。こうした悲惨なイメージは、われわれをたいへんな恐怖に落としいれる。ならばなぜ、そうまでして恐ろしいイメージを思い浮かべるのだろう。

理由は二つある。一つには、好ましくない出来事を想定しておけば、受ける衝撃を最小限に抑えられるからだ。ある研究で、志願者に警告してから三秒後に右足首に電気ショックを与え、これを二〇回繰り返す実験をした。高ショック群の志願者は高電圧のショックを二〇回受け、低ショック群の志願者は高電圧のショックを三回と低電圧のショックを一七回受けた。低ショック群のほうが高ショック群より電圧が低かったにもかかわらず、心拍は速く、発汗量は多く、自己評価による恐ろしさの度合いも高いという結果がでた。なぜか？ 低ショック群の志願者は、そのときによって強さの異なるショックを受けたせいで、未来を予測できなかったからだ。どうやら、先読みできない大きな衝撃三回は、先読みできる大きな衝撃二〇回より痛いようだ。

わざわざ好ましくない出来事を想定する二つめの理由は、恐れ、心配、不安がわれわれの生活に役立つからだ。われわれは、まちがったおこないには嫌な結果が待っていると誇張して示すことで、従業員や子どもや連れあいやペットに正しいおこないをする気を起こさせる。同じように、自分自身に対しても、日焼け止めを控えめにしたりエクレアをたっぷり食べたりすれば嫌なあすが待っていると想像することで、正しいおこないをする気を起こさせる。先読み《フォーキャスト》は「恐れ読み《フィアキャスト》」になる場合があり、その目的は未来を予想するというより、特定の未来を防ぐことだ。研究によれば、恐れ読みは、慎重で予防的な行動をとらせるのに効果的な場合がある。われわれはときどき、自分を怖がらせるためだけに暗い未来を想像するらしい。

予想とコントロール

予想は喜びを与え、痛みを防いでくれる。これは、脳がしつこく未来についての考えを量産しつづける理由の一つだが、最大の理由ではない。アメリカ人は年に何百万ドル、いや何十億ドルもの大金を、霊能者、投資顧問、宗教指導者、気象予報士といった未来を予言できると主張する輩《やから》に喜んで支払っている。こうした占い産業に資金援助している人たちは、起こりそうな出来事を知って待つ楽しみを味わいたいわけではない。事前に知ることでその出来事になんとか対処したいのだ。来月、金利が急上昇するなら、今すぐ債券から資金を移動させたい。午後、雨が降るなら、朝から傘を持って出かけたい。知識は力だ。われわれが「今、ここ」にとどまって金魚のように楽しみたいときでさえ、脳が頑固に未来をシミュレーションする一番の理由は、これから味わう経験をコントロールするためだ。

それでは、なぜ未来の経験をコントロールしなければならないのだろう。一見すると、答えはあまりに明らかで、テレビや自動車をコントロールする理由を尋ねるのと同じくらいばかげた質問に思える。しかし、ちょっと待ってもらいたい。われわれが大きな前頭葉を持っているのは未来を先読みするためであり、未来を先読みするのは未来について予測をたてるためであり、未来について予測をたてるのは未来をコントロールするためだ。だが、そもそもなぜ未来をコントロールしたいのか。なぜ、未来が自然に開けるのにまかせて、あるがまま経験するのではいけないのか。なぜ、「今、ここ」と「かつて、あそこ」だけで満足できないのか。これには二つの答えが考えられる。一つは意外な正答で、もう一つは意外な誤答だ。

意外な正答は、人にとってコントロールすることが心地よいから、だ。コントロールによって手に入る未来ではなく、コントロールすること自体が心地よい。力を発揮すること――変化させる、影響をおよぼす、ことを引きおこすなど——は、人間の脳に生まれつき備わった基本的な欲求の一つであり、乳児期以降のわれわれの行動の大部分は、コントロールへの強い性向の表れにすぎない。人ははじめてのオムツさえあてられないうちから、吸いたい、眠りたい、排便したい、ことを起こしたいといううずくような欲求を持っている。この最後の欲求を満たせるようになるにはしばらくかかるが、これは自分に指があると気づくのにしばらくかかるからで、いったん気づいてしまえばご覧のとおり。幼い子どもは重ねた積み木を倒し、ボールを押し、カップケーキを額でつぶしては甲高い喜びの声をあげる。なぜか？　自分がやったからだ。「ほらママ、見てよ。ぼくの手でやったんだ。部屋の様子が変わったのは、ぼくがいたからだよ。積み木が倒れるかなと思ってたら、びっくり、ほんとに倒れちゃった。うわあ、ぼくってすごい！」

人間はコントロールへの情熱を持ってこの世に生まれ、持ったままこの世から去っていく。生まれてから去るまでのあいだにコントロールする能力を失うと、みじめな気分になり、途方にくれ、絶望し、陰うつになることがわかっている。死んでしまうことさえある。ある研究で、地域の老人ホームの入所者に観葉植物を配った。半数の入所者には自分で植物の手入れと水やりを管理するよう伝え（高コントロール群）、あとの入所者には職員が植物を世話すると伝えた（低コントロール群）。六カ月後、低コントロール群では三〇パーセントの入所者が死亡していたのに対して、高コントロール群で死亡したのはわずか一五パーセントだった。追試研究によって、コントロールする感覚が老人ホーム入所者の福利にいかに重要かがたしかめられたが、同時に予期せぬ不幸な結果を招いた。その研究では学生志願者を募って、入所者を定期的に訪問させた。高コントロール群の入所者には訪問してほしい日にちと滞在の時間を自分で決めさせ（「つぎの木曜に一時間ばかり来てちょうだい」）、低コントロール群の入所者にはそうしなかった（「では、つぎの木曜に一時間ばかりおじゃまします」）。二カ月後、高コントロール群の入所者は低コントロール群の入所者より幸せで、健康で、活動的で、とる薬の量が少なかった。この時点で研究者は研究を終了し、学生の訪問も終わった。数カ月後、高コントロール群だった入居者の死亡数が極端に多いと聞かされて、研究者たちは愕然とした。悲劇が起こってしまってからよく考えれば、原因ははっきりしていた。決定権を与えられ、コントロールすることでよい効果を得ていた入所者たちは、意図しなかったこととはいえ、研究が終わったとたん、そのコントロールを奪われてしまったのだ。コントロールを得ることは健康や幸福にプラスに働くが、コントロールをなくすのは、はじめから持っていないより深刻な事態を招きうる。

コントロールへの欲求はとても強く、コントロールしていると感じることでおおいに報われるため、人はコントロールのおよばないものまでコントロールできるかのようにふるまうことがある。たとえば、賭けごとをする場合、相手が有能そうなときより無能そうなときのほうが高い金を賭ける。偶然引きあてるしかないトランプをコントロールして、弱い相手につけこめるとでもいうのだろうか。宝くじなら、自分がくじの数字を選べるほうが当たる気がするし、さいころなら、自分がさいころを振れるほうが勝てる気がする。すでにさいころが振られ、出目《でめ》がわからない状態のときより、これからさいころが振られるときのほうが高い賭け金をだし、どの出目を勝ちにするかを他人ではなく自分が決められるときのほうが高く賭ける。いずれの場合も、コントロールのおよばない出来事があると理解している人がするにしては、滑稽きわまる行動だ。しかし、もし心の奥底で、たとえ影響はごくごくわずかだとしても少しはコントロールできると信じているなら、こうした行動をとってもなんの不思議もない。そして、たいていの人が心の奥底ではまさにそう信じている。昨夜のフットボールの結果を知らないのに、録画した試合を見てもつまらないのはなぜだろう。試合がもう終わってしまっているせいで、画面に向かっていくら応援しても、それが不思議な力でテレビからケーブルを伝わってスタジアムに届き、ゴールポストにすっ飛んでいくボールの軌道に影響を与える可能性がまったくないからだ。たぶん、コントロール幻想の一番奇妙な点は、幻想が生じることではなく、幻想するだけで真のコントロールがもつ心理学的な効用の多くが得られることだろう。この幻想がほとんど生じないと思われる人の中に、臨床的にうつの人たちがいる。うつ病の人たちは、自分のコントロールがおよぶ程度をほとんどの場面で正確に予測する傾向がある。こうしたさまざまな知見から、コントロールする感覚は、現実のものも幻想のものも精神衛生の源の一つだと結論づける研究者もいる。というわけで、「なぜ未来をコントロールしたいのか」という設問の意外な正答は、コントロールすることが心地よいから、以上。影響をおよぼすと満足する。影響力をふるうといい気分になる。みずからボートの舵をとって時の川をくだるのは、寄港地がどこだろうと喜びをもたらす。

ここであなたはたぶん、二つのことを思っているだろう。一つは、「時の川」などというきどった表現はもう二度と聞かなくて結構ということ。了解した。もう一つは、比喩のボートの舵をとって陳腐な表現の川をくだる行為が喜びと満足をもたらすとしても、ボートがどこへ向かうかは非常に大きな問題だということ。船長の役をするのはそれだけで楽しいが、舵をとりたいほんとうの理由は、ジャージーシティなどではなくハワイのハナレイにボートをつけたいからだ。どんな場所に到着するかが気分を左右するのだし、拡張された未来について考える人間特有の能力をもってすれば、最悪の場所を避けて最良の目的地へ舵を向けられる。ほかの動物なら、出来事の喜びや痛みを知るのに体験してみるしかないが、人間は先を読む力のおかげで、まだ起こっていないことを想像でき、身をもってつらい体験をせずにすますことができる。わざわざ燃えさしに手をださなくても、さわればやけどすることくらいわかるし、放棄、軽蔑、追いたて、降格、病気、離婚を一つ一つ経験しなくても、どれもつらい結末だから避ける努力をすべきだと知っている。未来のなかにもよしあしがあり、この距離からでもどれがいい未来か見分けられるはずなのだから、ボートの行き先は自分でコントロールしたいし、そうすべきだ。

この考えは説明するまでもないほど明白のようだが、ともかく触れておこうと思う。というより、本書の残りの部分は、これを説明することに費やすつもりだ。というのも、二言、三言述べるだけでは、この明白に思える考えが、じつは、さっきの設問に対する意外な誤答だと納得してもらえないだろうからだ。われわれは、自分がどこへ行くべきかくらいよくわかっているからと、ボートの舵をとりたがるが、舵とりの大部分は徒労に終わっている。ボートが舵に反応しないからでも、われわれが目的地を見つけられないからでもなく、未来が予想観測鏡で見えたものとまるでちがっているからだ。目の錯覚（「二本とも同じ長さの直線のはずなのに、ちがって見えるなんて不思議だよね」）や記憶の錯覚（「自分でゴミを出したはずなのに、ぜんぜん覚えがないなんて不思議だよね」）を起こすのとまったく同じで、われわれは先見の錯覚を起こす。しかもこの三種類の錯覚は、すべて同じ人間心理の基本原理で説明できる。

正直に言うと、意外な誤答について説明するだけですまそうとは思っていない。徹底的に叩きのめして、すごすごと退散させるつもりだ。意外な誤答は、とても合理的に見えるうえに広く一般に信じられているため、長期にわたってむち打ちする以外、われわれの従来の知識からすっかり消しされそうにない。そこで、この掃討《そうとう》作戦をはじめる前に、わたしの攻撃プランを見てもらおう。

＊

・**第2部**では、幸せの科学について話す。われわれは、自分が幸せになれそうな未来に向かって舵をとるが、ほんとうのところ、「幸せ」とはどういう意味なのだろう。いったいどうすれば、感情などというつかみどころのないものについて、しっかりした科学的な答えが得られるだろう。

・われわれは、空間を見るのに目を、時間を見るのに想像を使う。目が物事の現在の姿とはちがう姿をわれわれに見せることがあるように、想像は物事の未来の姿とはちがう姿を先見させることがある。想像には三つの欠点があり、それが先見の錯覚を引きおこす。これから本書でおもに扱うのはこの三つの欠点だ。**第3部**では第一の欠点について説明する。想像はあまりにすばやく、静かに、効果的に働くため、われわれは想像の産物を十分に吟味せずに受けいれてしまう。

・**第4部**では第二の欠点について説明する。想像の産物は……なんというか、その、それほど想像に富んでいない。想像した未来が現実の今とそっくりな場合があるのはそのためだ。

・**第5部**では第三の欠点について説明する。想像は、未来に到着したときわれわれがどう思うかをうまく伝えてくれない。未来の出来事を先読みするのがむずかしいというなら、その出来事が起こったときどう感じるか先読みするのはもっとむずかしい。

・最後に、**第6部**では、なぜ先見の錯覚が実体験やおばあちゃんから受け継いだ知恵で簡単に改善できないのか説明する。ここで先見の錯覚に効く単純な解決法を紹介するが、たぶん、あまり積極的に聞きいれる気にならないだろう。

ここまで読みすすめば、なぜ、ほとんどの人が舵とりと帆の操作で人生の大半をすごしながら、結局は理想郷《シャングリラ》が思っていた場所ではなかったと気づくことになるのかを理解してもらえるはずだ。

第2部　そもそも、幸せとは何か?

2 あなたは幸せですか?

だが、ああ、なんとつらいことだろう、
他人の目をとおしてしあわせをのぞき見るのは!

——シェイクスピア『お気に召すまま』

ローリーとリーバのシャペル姉妹は双子ではあるが、かなりちがった個性の持ち主だ。リーバは少しシャイな禁酒家で、カントリーミュージックのアルバムで賞を取った経験がある。ローリーは社交的な皮肉屋で、ストロベリーダイリキを好み、病院に勤めていて、結婚と出産を望んでいる。ふたりはよその姉妹のように喧嘩をすることもあるが、たいていは仲良しで、互いを褒めたり、からかったり、互いのことばを引きついで話したりする。ローリーとリーバには二つだけ変わったところがある。一つは、生まれたときからふたりの額が結合しているので、血液供給、頭蓋骨の一部、脳組織の一部を共有していることだ。ローリーの額の端とリーバの額の端が接着していて、ふたりは絶えず顔を見合わせてこれまでの人生を歩んできた。二つめの変わった点は、ローリーとリーバが幸せなことだ。たんに運命を甘受しているとか満足しているというのではなく、陽気で楽天的で喜びにあふれている。姉妹の独特な人生には多くの困難があるが、ふたりがよく言うように、困難のない人生を送る人などいない。分離手術を受ける気があるかと尋ねられたとき、ふたりを代表してリーバがこう答えた。「そのつもりはありません、ぜんぜん。受けたいわけないでしょう? ぜったいにいや。だって、そんなことをしたら、ふたり分の人生がだいなしになるのよ」。

ここであなたに尋ねたい。これが彼女たちの人生でなく、あなたの人生だったらどんな気持ちだろう。もし、答えが「陽気で楽天的で喜びにあふれている」なら、それは潔《いさぎよ》くない。もう一度考えてほしい。正しくではなく正直に答えてもらいたい。正直な答えは「落胆して絶望的で悲しみにくれている」だ。あたりまえの心の持ち主なら、このような状況で真に幸せでいられるはずがない。従来医学の知恵が、結合体双生児のひとり、あるいは両方を殺してしまう危険を冒してまで、誕生時に分離手術をすべきだと主張するのもそのためだ。ある著名な医学史家がこう記している。〝多くの単独体の人間、ことに外科医は、結合体双生児としての人生に生きる価値があるとは想像できず、分離のためならあらゆる危険――移動能力や生殖能力、双子の片方か両方の命を失うこと――を冒すべきだと考え、そうしない人がいるとすら思わない〟。ようするに、結合体双生児だと一般人より極端に幸せが少なくなることはだれもが知っているし、結合したままの人生にはなんの価値もないのだから、危険な分離手術が倫理上避けられないこともだれもが知っている、というわけだ。ところが、われわれのこの確信に影を落とすのは、とうの双子たちだ。ローリーとリーバに自分たちの境遇をどう思うか尋ねると、この状態でなければだめなのだと言う。先ほどの医学史家は、医学文献を残らず調べて、〝一体のままでいたいという願望は、意思の通じあう結合体双生児に広く見られ、ほとんど普遍的とさえ言える〟ことを発見した。どうも何かがおかしい。いったいなんだろう?

可能性は二つに絞れそうだ。だれか——ローリーとリーバか、世界じゅうのほかの人間か——が、幸せについて語るとき、とんでもない誤りを犯しているはずだ。われわれは「ほかの人間」の側なので、当然、まちがっているのはローリーとリーバだと結論づけ、幸せだという双子の言い分を無視して、傲慢にも「どうせ口先だけだろう」とか、「そう思いこんでいるだけだ」とか、もっとありがちな「ほんとうの幸せがどんなものか知らないのさ」(たいてい、自分は知っていると言わんばかりの口調で)などと発言する。いいだろう。しかし、双子の言い分と同じく、われわれの発言もたんなる主張にすぎず(科学的な主張も哲学的な主張も同様だ)、科学者や哲学者を何千年にもわたって悩ませてきた難問に対する答えを、勝手に想定している。言いかえると、幸せについて語るのはいいが、そもそも「幸せ」とはいったいなんなのだろう。

幸せの分類

幸せにかんする本はごまんとあり、そのほとんどが、幸せとは何かを説くことからはじまる。読みはじめてすぐ気づくとおり、これは、巡礼をはじめるにあたって手近な炭坑にまっすぐ突入するのと同じくらい無謀なことだ。というのも、「幸せ」とは、われわれことばの作り手が、なんであれ好ましい物事を表すのに使う便利な単語にほかならないからだ。問題は、このたった一つの単語が多種多様な物事を表している現状に、だれもが満足しているところだ。これがとんでもない用語上の混乱を招いているのに、学問分野のなかにはその混乱を基盤にしているものもある。この混乱の中で長くうろついていると、幸せとはそもそも何かという論争が、この単語で「あれ」や「これ」を表していいかどうかという語義についての論争ばかりで、肝心の「あれ」や「これ」の本質についての科学的・哲学的な論争でないことがわかってくる。「幸せ」と表現されることがもっとも多い「あれ」や「これ」はなんだろうか。「幸せ」ということばは、少なくとも三つの関連することがらを表すのに使われる。ここではひとまず、「感情の幸せ」、「道徳の幸せ」、「判断の幸せ」と呼ぶことにしよう。

わたしは幸せだ——感情の幸せ

感情の幸せは三つのうちもっとも基本的な幸せだ。基本的であるがゆえに、定義しようとすると、生意気な子どもが挑発的に the の意味を教えろとねだってきたときのように、ことばに詰まってしまう。感情の幸せは、気持ち、経験、主観的な心理状態の表現であり、物質界の具体的な何かを指し示すものではない。街角のパブにぶらりと立ち寄ってよその惑星から来た宇宙人に出会い、幸せの定義をきかれたら、この感情を引きおこしやすい具体物を指さすか、これと似た感情を引きあいにだすことになるだろう。主観的な経験を定義しろと言われてやれることは、せいぜいこのくらいだ。

ごく単純で主観的な経験、たとえば黄色をどう定義するか考えてみよう。黄色というのは色の一つだと思うかもしれないが、じつはちがう。黄色は心理状態の一つだ。ちゃんと機能する視覚器官を持つ人間が、波長五八〇ナノメートルの光を目に受けたとき経験するものだ。パブで出会った宇宙からの友人に、黄色を見ているという場合の経験を定義してくれと頼まれたら、たぶん、スクールバスやレモンやゴムのアヒルを指さして、「ほら、見てくれ。こういうのを見たときの視覚的な経験に共通するものを『黄色』と呼ぶんだ」などと答えるだろう。あるいは、「黄色」と呼ばれる経験を、別の経験で説明しようとするかもしれない。「黄色？　そうだな、オレンジ色の経験から、赤色の経験をちょっと引いたような感じだ」ここで宇宙人が、スクールバスとレモンとゴムのアヒルに共通するものがなんなのかわからないし、オレンジも赤も経験したことがないと打ちあけたら、そろそろビールのおかわりを注文して、全宇宙的なスポーツであるアイスホッケーに話題を移すころあいだろう。これ以外に黄色を定義する方法はない。哲学者の好む表現を使うと、主観的な心理状態は「還元不能」と言える。何を指さしても、何を引きあいにだしても、その神経学的基盤について何を言っても、経験そのものとは完全に置きかえられない、という意味だ。ミュージシャンのフランク・ザッパは、音楽を語るのは建築を踊るようなものだと言ったらしいが、黄色を説明するのも同じことだ。新しい飲み友だちに色覚の装置がないなら、こちらがどんなにうまく指さしたり説明したりしても、黄色という経験を分かちあうこと——あるいは、分かちあっていると自覚することはありえない。

感情の幸せもこれと似ている。感情の幸せは、生まれてまもない孫娘のはじめての笑顔を見たときや、昇進の通知を受けとったとき、美術館を探して道に迷った観光客に親切にしたとき、ベルギーチョコレートを舌にのせてゆっくり味わうとき、恋人のシャンプーの香りをかぐとき、高校時代に大好きだったのに何年も聞いていなかった歌を耳にしたとき、子猫の毛皮に頬ずりするとき、がんが完治したとき、コカインでハイになったときの気持ちに共通する気持ちだ。もちろん個々の気持ちはちがうが、共通する何かがある。不動産物件は株券とはちがうし、株券は一オンスの黄金とはちがうが、どれも同じ価値尺度に配置できる富の一形態だ。同様に、コカインの経験は頬ずりの経験とはちがうし、頬ずりの経験は昇進の経験とはちがうが、どれも同じ幸せ尺度に配置できる気持ちの一形態だ。どのケースも、この世界の何かと触れあうことでほぼ似たようなパターンの神経活動が生じるのだから、それぞれの経験に共通する何かがあるのは当然だろう。そのなんらかの抽象的な共通性によって、人間の記憶のおよぶかぎり昔から、寄せ集めのような雑多なケースが、同じ言語カテゴリーに分類されてきた。それだけじゃない。一つの言語の中で、全単語がどのように関連しているかを分析すると、単語のポジティブ度（幸せや不幸せの経験を指し示す度合い）が単語同士の関係を決定するもっとも重要な因子であるという結論にどうしてもたどりつく。トルストイの傑作には申しわけないが、ほとんどの人は、「戦争」というネガティブな単語なら、「平和」ではなく「嘔吐」のほうが関連が強いと考える。

つまり、幸せは暗黙の了解で通じる気持ちと言える。あなたが今世紀に生きる人間で、文化的背景がわたしと似ているなら、わたしが指さしたり例をあげたりした説明は効果的で、どの気持ちのことを言っているか正確に伝わるだろう。あなたがいまだに黄色と格闘している宇宙人なら、幸せを理解するのは大変な難題になる。だが気に病むことはない。あなたの星で、数を3で割ることと、ドアノブに軽く頭をぶつけることと、体の穴という穴から窒素ガスをリズミカルに噴出することに共通する気持ちがあると聞かされたら、わたしも頭を抱えることになる。その気持ちがどんなものかまったくわからないまま、その名称を覚えて会話で失礼なく使えるよう祈るしかない。感情の幸せは経験の一つなので、前例やほかの経験との関連からおおまかに定義するしかない。詩人のアレキサンダー・ポープは、『人間論』の四分の一を幸せの話題に割き、この設問で締めくくっている。〝ゆえにこれを定義する者は、こう言っているにほかならない。あの幸せは、幸せなのか?〟

感情の幸せは、ことばで定義しようとするとするりと逃げてしまうが、心で感じるときは、それが現実のものであり大切なものであることに疑いの余地はない。人間の行動を三〇秒以上つづけて観察すれば、人が必死に、ともすればひたすら、ともすれば一心不乱に、幸せを感じるべく努力していることに気づくはずだ。喜びより悲しみを、満足より不満を、快楽より苦痛を好む人間の集団が存在するとすれば、非常にうまく身を隠しているにちがいない。だれもそんな集団を見たことがないのだから。人間はみんな幸せになりたい。そのほかの願望は、たいてい、そこへ向かうのに役立ってくれそうな手段だ。いっとき幸せをあきらめる――食べるかわりにダイエットしたり、眠るかわりに残業したりする――ときでさえ、ふつうは、未来の幸せを増やすためにそうしているにすぎない。辞書によれば、好むとは〝ほかより心地よく思えるものごとを、数あるなかから一つ選んだり望んだりすること〟だ。幸せを追求する姿勢が、「好む」という願望の定義にずばり組みこまれている。とすれば、苦痛や忍耐を好むのは、病名がつくほどの精神状態というより、むしろ矛盾語法と言える。

心理学者は従来、幸せに向かう努力を人間行動論の中心に据えてきた。そうしなければ理論がうまく働かないと知っているからだ。ジークムント・フロイトもこう記している。

人生の目的は何かという問いは幾度となく繰り返されてきた。いまだに満足のいく答えは得られていないし、あるいはもともと解答の余地などないのかもしれない。〔中略〕そこで、それほど大げさでない問いに目を向けることにする。人の行動からわかる人生の目的と意図は何か。人は人生に何を求め、何を成しとげようとしているのか。答えは明らかだ。人は幸せを求めて努力する。人の望みは、幸せになり、幸せのままでいることだ。この努力には、正と負の二方向がある。一方は苦痛や不快がない方向を目指し、もう一方は強い快感を経験する方向を目指す。

フロイトはこの考えを明確に記した点では第一人者だが、創案者ではない。かたちこそちがえ、プラトン、アリストテレス、ホッブズ、ミル、ベンサムなどの心理学論にも同様の説がでてくる。哲学者であり数学者だったブレーズ・パスカルは、とくに歯切れがいい。

すべての人は幸せを求める。例外はない。用いる手段がどれほどちがっていても、みなこの目標に向かっている。戦争へ行く者の理由も避ける者の理由も、同じ願望に異なる視点が加わっただけである。この目的のためでなければ、意志は一歩も足を踏みださない。これが、あらゆる人のあらゆる行為の動機であり、みずから首をくくるような場合でさえあてはまる。

○○だから幸せだ――道徳の幸せ

あらゆる世紀のあらゆる思想家が、人は感情の幸せを求めていると認識してきたのなら、この単語の意味をめぐって、なぜこれほどの混乱が生じたのだろう。問題の一つは、幸せへの願望が排便への願望に少し似ていると考える人が多いことだ。だれもが持っているけれど、わざわざ誇るべきものではない。人びとが思い浮かべる幸せは低俗で安っぽい。意義ある人生の基盤にはなりえない空虚な〝牛の充足〟状態でしかない。哲学者のジョン・スチュアート・ミルはこう記している。〝満足したブタであるより、不満足な人間であるほうがいい。満足したおろか者であるより、不満足なソクラテスであるほうがいい。もし、おろか者やブタがこれに異を唱えるとしても、それはこのことを自分たちの側からしか知らないからだ〟。

哲学者のロバート・ノージックは、この信念があまねく存在することを示そうと、架空の仮想現実装置を使って説明した。この装置があれば、だれでも思いどおりの経験ができるし、自分が装置につながっていることも都合よく忘れられる。ノージックは、以後の人生をずっと装置につながってすごしてもいいと思う人間はいないと結論づけた。このような装置で経験した幸せは、ちっとも幸せではないからだ。〝たとえ本人がどう感じていようと、とんでもなく不当でまちがった基準にもとづいた感情の持ち主を幸せと呼ぶのには抵抗がある〟。ようするに、感情の幸せは、ブタならともかく、われわれのように洗練された有能な生き物にはふさわしくない目標ということだ。

ここで少し、この意見に賛同する人が立たされるむずかしい立場について考えてみよう。その人たちがどうやって解決するか予想してもらいたい。仮に、あなたの意見では、たんなる「感情」以上に実りのある重要な目的がなければ、人生など悲劇でしかないとしよう。それなのに、まわりを見るたびに、人間はひたすら幸せを求めて日々をすごしていると気づかざるをえないとしたら、どう結論づけたくなるだろう。そのとおり！　「幸せ」ということばがただの快感を指すのではなく、特別な方法でしか生じない特別な快感を指していると結論づけたくなる。たとえば、道徳をわきまえ、深奥をきわめ、豊かに、有意義に、ソクラテスのように、ブタとはちがう人生を生きて、はじめて生じる快感だ。このタイプの感情なら追い求めても恥じることはない。古代ギリシアには、このタイプの幸せを指す言葉「エウダイモニア」があった。文字どおりに訳すと「善き魂」になるが、おそらく、「人間の繁栄」とか「善く生きた人生」といった意味のほうが近いだろう。ソクラテス、プラトン、アリストテレス、キケロどころか、（ふつうはブタ式の幸せと結びつけられる）エピクロスでさえ、この種の幸せを引きだす唯一の方法は道徳上の義務を果たすことだと考えていた。古代アテナイの立法家ソロンは、何をもって「徳」とするか、それが個々の哲学者の取りくむべき問題だった。幸せは自己の潜在能力を十分に発揮して生きた結果であり、すべてが終わるまで見ないうちに、そんな判定はできないというわけだ。数世紀のち、キリスト教の神学者たちはこの古典的な概念に巧妙なひねりを加えた。幸せはたんに徳のある人生から生まれるものではなく、徳のある人生に対する報いであり、その報いは生涯のあいだに望めるとはかぎらないとした。

哲学者は二〇〇〇年にわたって、幸せを徳で定義しなければならないという思いに駆られてきた。

その種の幸せこそ人間が求めるべきものだと考えたからだ。あるいは、そのとおりかもしれない。しかし、徳のある人生を送ることが幸せをもたらすとしても、それは原因であって幸せそのものではなく、原因と結果を同じ名前で呼ぶのは議論をわかりにくくするだけだ。たとえば、あなたの指先を針で刺すか、脳の特定の場所を電気で刺激するかして痛みを感じさせるとしよう。このちがう方法で感じる二つの痛みをまったく同じ痛みにすることは可能だが、針のほうを「本当の痛み」、電気のほうを「嘘の痛み」と呼んでもなんの役にも立たない。原因がなんであれ、痛みは痛みだ。哲学者たちは、原因と結果をごちゃまぜにしてきたために、あまりに途方もないこじつけで弁明せざるをえない場合があった。たとえば、ナチの戦犯は南米の美しい浜辺で日光浴していても心から幸せでないのに対して、敬虔な宣教師は食人者に生きたまま食べられても幸せだ、といった主張だ。キケロは紀元前一世紀にこう記した。〝幸せは、どれほどの拷問にあっても恐れない〟。勇気は買うが、この声明はおそらく、派遣先でメインディッシュにされた宣教師の感想を言いあててはいないだろう。

「幸せ」は、経験を表すのに一般的に使われる単語であって、それをもたらす行為のことではない。つぎの文は意味をなすだろうか。「両親を殺して一日をすごしたフランクは幸せだった」じつは、これは意味をなす。こんな人間がいないことを願うばかりだが、文そのものは文法にかなっているし、整っていて、読解もできる。フランクは病的だが、本人が幸せだと言い、見るからに幸せそうなら、それを疑う理にかなった理由があるだろうか。では、「スーは昏睡状態にあることが幸せだった」は意味をなすだろうか。いいや、もちろん意味をなさない。スーに意識がないなら、惨事が起きる前にどれほどの善行を積んでいたとしても幸せではありえない。では、「そのコンピューターはモーセの十戒をすべて守り、満潮時のハマグリのように幸せだった（とても満足していることを表す英語の慣用表現）」はどうだろう。悪いが、これも意味をなさない。たしかに、ハマグリが感情を持っている可能性は皆無ではないので、ハマグリが幸せを感じられる可能性も皆無とは言えない。だからハマグリのような気持ちというのはあるかもしれないが、コンピューターのような気持ちがありえないのは確実で、したがって、コンピューターは十戒をどれだけ忠実に守って隣人の妻に手を出さなかったとしても幸せではありえない。幸せは気持ちを指し、徳は行動を指す。そして、徳のある行動は幸せな気持ちをもたらす。だが、いつももたらすとはかぎらないし、これだけがもたらすというわけでもない。

○○については幸せだ――判断の幸せ

人びとが「幸せ」という言う場合、ふつうは暗黙の了解で通じるあの気持ちを指すが、そうでない場合もある。哲学者が「幸せ」という単語の道徳的な意味と感情的な意味をごちゃまぜにしているとすれば、心理学者は「幸せ」の判断的な意味と感情的な意味をしょっちゅう、もののみごとにごちゃまぜにする。「まあだいたいのところ、これまでの人生には満足している《happy》」と聞けば、心理学者はたいてい、この人物が幸せ《happy》だととらえたがる。問題は、ものごとについての価値判断を表現するのに「幸せ《happy》」という単語を使う場合があることだ。たとえば、「うちの車のフロントガラスを割った悪ガキが捕まったことについては満足している《happy》よ」などの台詞は、喜びや快感とはほど遠い、いらいらした気分のときにも使う。相手が主観的な経験を披露しているのではなく、何かを判断して意見を述べているのだということは、どこで区別するのだろう。英語では、happy のあとに「～なら」や「～については」を意味する that 節や about がつづいた場合、ふつうは、happy を感情ではなく意見を表すことばと受けとってくれという話し手の意思表示だ。たとえば、妻から興奮した口調で、新しくできるタヒチ支社へ半年間赴任しないかと打診された話を聞かされたとしよう。その半年間、家に残って子どもの世話をする夫は、こう応じるかもしれない。「もちろんぼくとしては幸せじゃないけど、きみが幸せならぼくも幸せだよ」学校の作文の先生を卒倒させかねない文だが、出てくる「幸せ」がすべて感情の幸せを指すと考えさえしなければ、むしろ非常によくわかる。この文の最初の幸せは、暗黙の了解で通じるあの気持ち（感情の幸せ）を自分がけっして抱いていないことを伝え、最後の幸せは、妻があの気持ちでいる事実について自分が満足していることを示している（判断の幸せ）。○○については幸せだとか、○○なら幸いだという表現は、○○が喜びのもとになるかもしれない、あるいは喜びのもとになったと述べているだけだったり、喜びのもとであるはずなのに現時点ではどうしてもそう思えないと述べているだけだったりする。喜びやそれに似た感情を経験しているという表明ではない。というわけで、妻にはこう答えるべきかもしれない。「ぼくは幸せじゃないけど、きみが幸せなのはわかるよ。もしタヒチに行くのがぼくで、悪ガキどもと家に残るのがきみなら、うらやましがるんじゃなくてぼくが幸せを噛みしめられるのに」もちろん、こんなふうに言うからには、人との親しい付きあいをすべて犠牲にする覚悟がいる。だからわれわれは、どんなに心かきみだされていても、ありふれた短い台詞のほうを選んで、○○なら自分も幸せだと言う。それはそれでいい。人がときに心と裏腹なことを口にすることさえ肝に銘じておけば。

黄色を説明してみよう

「幸せ」という単語の意味を、「楽しい感じ」や「うれしい感じ」のように、漠然と表現される類の主観的な感情経験だけにかぎるとしよう。そして、その経験を引きだすためにする行為の道徳性や、その経験に対する価値判断を表す単語としては使わないと約束したとする。さて、ここでこんな疑問がわかないだろうか。向かいに住むお年寄りに手を貸したときの幸せは、バナナクリームパイをひと切れ食べたときの幸せとはべつの種類の、より大きく、より善く、より深い感情経験なのではないか。ひょっとして、善行によって経験する幸せは、ほかの種類の幸せとはちがう気持ちではないだろうか。などと考えているうちに、ふと、バナナクリームパイを食べたときの幸せと、ココナツクリームパイを食べたときの幸せもちがうだろうかとか、このバナナクリームパイではなく、あのバナナクリームパイを食べたらちがうだろうかと、気になりだすかもしれない。主観的な感情経験が同じかちがうかは、どうやって見分けるのだろう。

じつは見分けられない。自分がスクールバスを見たときの黄色の経験と、ほかの人が同じスクールバスを見たときの黄色の経験が同じかどうかわからないのといっしょだ。哲学者はもう長いあいだこの問題にがむしゃらに身を投じてきたが、せいぜい傷あとくらいの成果しか残せていない。二つのものの類似性を正確にはかるには、測定者が二つを並べてくらべるしかなく、それには、二つを並べて経験するしかないからだ。おまけに、SFでもなければ、だれもほかの人の経験をほんとうの意味で体験することはできない。子どものころ、スクールバスを見たときのあの経験を「黄色」と呼ぶのだと母親から教わり、素直なちびっこ学習者だったわれわれはそのとおりに覚えた。幼稚園にあがったとき、みんなもスクールバスを見て黄色を経験したと言うのを知って、うれしくなったはずだ。しかし、だれもがこの経験を同じ名前で呼んでいるために、それぞれにとっての実際の黄色の経験が異なっている事実が隠されてしまう。小さいころ色覚障害であることに気づかず、眼科医に指摘されてはじめて、ほかの人が区別できるらしい色を自分は識別できないと知る人がいるのもそのためだ。スクールバスを見たときの経験や、赤ん坊の泣き声を聞いたときの経験、スカンクが残したにおいをかいだときの経験が、人によって極端にちがうとは考えにくいが、ちがうという可能性はある。ちがうと信じたければ信じてちっともかまわないし、わざわざ時間を割いてあなたを説得する人もいないだろう。

ちがいを記憶する

いやいや、そんなに簡単にあきらめてはいけない。二つの幸せがほんとうにちがって感じるかどうかを決めるには、べつの人が経験したものを比較するのはやめて、ひとりで二つとも経験した人に尋ねたらどうだろう。わたしは、自分の黄色の経験があなたの黄色の経験とちがうかどうかは知りようがないが、自分の黄色の経験と自分の青色の経験なら、二つを心の中でくらべてちがっていると断言できる。でしょ？　残念ながら、この方法は見た目より複雑だ。一番の問題は、二つの主観的な経験を心の中でくらべるといっても、そのときに両方を実際に経験しているわけではないことだ。よくても一方を経験中でもう一方は過去の経験にすぎない。どちらの経験のほうが幸せか、二つの幸せは同じかなどときかれても、現在している経験と過去にした経験の記憶を比較するのが精一杯だ。それでも、記憶――なかでも経験の記憶――が、あてにならないものの代名詞になるほどいいかげんなしろものでなければ、この方法でも文句はない。しかし、記憶のいいかげんさは手品師も科学者も実証ずみだ。まず手品から見てみよう。図４の六枚の絵札から、好きなカードを一枚選んでくれたまえ。いや、どれを選んだかわたしに言わないように。ただカードの名前を口の中でつぶやくかメモをとって、何ページか先まで覚えておいてもらいたい。

　よろしい。では、経験を記憶する問題に、科学者がどう取りくんできたかを見てみよう。ある研究では、近所の工具店のペンキ売り場にあるような色見本を志願者に提示し、五秒間じっくり見せた。つぎに、一部の志願者には三〇秒間その色について口頭で説明させ（描写群）、残りの志願者にはさせなかった（非描写群）。その後、三〇秒前に提示した色を含む六種類の色見本を見せ、最初の色見本と同じものを選ばせた。第一の興味深い結果は、非描写群で正しく選んだ人の割合が七三パーセントにすぎなかったことだ。つまり、今の黄色の経験と三〇秒前の黄色の経験が同じだとわかった人は全体の四分の三に満たなかったことになる。第二の興味深い結果は、色の描写が識別課題の成績を良くするどころか、悪くしたことだ。描写群ではじめの色を正しく選べたのは、わずか三三パーセントだった。どうやら、描写群は口頭で経験を説明したために、経験そのものの記憶が書きかえられ、経

図4

験したことではなく、経験について語ったことを記憶してしまったらしい。しかも、語った内容は、三〇秒後にふたたび見てそれと気づく助けになるほど、明瞭でも正確でもなかったわけだ。

ほとんどの人は身に覚えがあるだろう。繁華街のしゃれたビストロで飲んだシャルドネのハウスワインなり、大好きなバルトークの第四番をやった弦楽四重奏団の演奏なりにがっかりしたと友人に愚痴をこぼしはしても、しゃべりながら、実際にワインがどんな味だったか、演奏がどんな音だったかを思い出すことはまずない。むしろ、ワインも音楽もでだしは期待させたのに終わりがお粗末だったと、コンサートの帰りに連れに話したことを思い出しているのではないだろうか。シャルドネや弦楽四重奏や人への親切やバナナクリームパイの経験は、豊かで複雑で多元的でとらえどころがない。言語の機能の一つは、そうした経験をとらえやすくすることだ。言語が経験の要点を抽出して記憶するのを助けてくれるおかげで、あとで分析したり人に伝えたりできる。〈ニューヨーク・タイムズ〉のオンライン映画アーカイブには、映画そのものではなく映画の批評やあらすじが収録されている。映画そのものだと、はるかに大きな容量が必要で、検索もはるかに大変なうえ、映画を見ずに内容を知りたい人にとっても、まったく無意味でしかない。経験は、要素をいくつも足して多元的にした映画のようなものだ。脳に記憶されるのが、人生を整然とことばに表したものではなく、ノーカット版の長篇映画だとしたら、今の数倍は大きい頭が必要だろう。また、彫刻庭園の見学に入場料を払うだけのことがあったかどうかを話したり教わったりするときも、出来事の全体を再生しないことには答えがでない。何を思い出すにも、その出来事にかかった時間とまったく同じだけの時間が必要となり、これでは、だれかにシカゴでの子ども時代はどうだったかと一度聞かれただけで、永久に人生の本道にもどれなくなってしまう。だからわれわれは、経験を「幸せ」などのことばに圧縮する。経験をそれなりに表現しているにすぎないが、これなら手軽に着実に未来へ持っていける。バラの香りをよみがえらすことはできないが、よい香りであり甘い香りであると知ってさえいれば、つぎの機会には立ち止まって香りをかごうと思える。

ちがいに気づく

過去の記憶は不完全なため、古くなった幸せの記憶と新しい幸せとを比較して、主観的な経験がほんとうにちがうかどうかを判断するのは危険だ。そこで、この方法に少し手を加えてみよう。きのうのバナナクリームパイの気持ちを鮮明に覚えていないせいで、きょう善いおこないをしたときの気持ちとくらべられないのなら、二つの経験のあいだに時間をおかず、変化する様子が実感できるくらい近づけて比較したらどうだろう。たとえば、色見本の実験で、最初の色見本の提示から六色の選択肢の提示までの時間を短くすれば、最初に見たのがどの色だったか簡単に選べるにちがいない。でしよ？　間隔を二五秒にしたらどうだろう。一五秒？　一〇秒？　一秒より短くしたら？　あるいは、ボーナス問題として、志願者に色見本を数秒見せたあと、コンマ何秒かのうちに比較用の色見本を一色だけ（選択肢六色じゃなく）見せて最初の色と同じかどうかを判定させたらどうだろう。記憶を混乱させる口頭での描写もなし。目を混乱させる選択肢もなし。最初の色見本と比較用の色見本のあいだに、ごくごくわずかな間《ま》があるだけだ。いやはや。これだけ課題を簡単にすれば、だれでもらくにやってのけ、いろいろ悩む人などいないだろう。

と思いたいところだが、そうでもない。今たてた実験計画と構想の似た研究がある。志願者はコンピューター画面にでてくる風変わりな文を読む。どこが風変わりかというと、文字が交互に大文字と小文字になっている。たとえば、lOoKeD lIkE tHiS（こンなグあイ）だ。周知のことかもしれないが、人が何かをじっと見つめているとき、視線は一秒間に三、四回、凝視しているものからわずかにそれる。人の目を近くで観察すると眼球が小刻みに動いて見えるのはそのためだ。研究者は、視線追跡装置を使って、志願者の視線が画面の文字に固定されているか、一瞬それているかを調べた。志願者の視線がコンマ何秒間か文字からそれるたびに、コンピューターがいたずらをする。志願者が今読んでいる文の大文字と小文字を入れかえて、lOoKeD lIkE tHiS（こンなグあイ）だったものを、いきなりLoOkEd LiKe ThIs（コんナぐアい）にするのだ。驚くことに、文を読んでいるとき文字種が一秒間に数回切りかわっても、志願者にはわからなかった。その後の研究で、人がさまざまな種類の「視覚の断絶」に気づかないことがわかっている。映画製作者が観客にまったく悟られずに、カットの切れ目で女の服装や男の髪の色をいきなり変えたり、テーブルに載っていたものを消し去ったりできるのもこのおかげだ。しかしおもしろいことに、人びとは、自分がこうした視覚の断絶に気づかないはずはないと自負している。

ところが、われわれが見落とすのはささいな変化どころではない。場の風景が劇的に変わっても見逃すことがある。〈どっきりカメラ〉にならったある研究では、研究者が大学の構内で通行人を呼びとめ、道を尋ねた。研究者の地図を見ながら通行人と研究者が話しているところへ、ふたりの建設作業員が大きなドアを運んでやって来てずうずうしくあいだを通り、一時的に通行人から研究者が見えないようにする。建設作業員が通っているあいだに、最初の研究者は身をかがめてドアの後ろに隠れ、建設作業員といっしょに去る。入れかわりに、それまでドアの後ろに隠れていたべつの研究者が姿を現して、何事もなかったように通行人との会話をつづける、という寸法だ。最初の研究者と、入れかわった研究者は、背の高さも体型も異なり、声も髪型も服装も明らかにちがう。ふたりが並んで立っていたら、なんの問題もなく見分けられるはずだ。では、道に迷った旅行者を助けようと立ち止まった善きサマリア人たちは、このどんでん返しをどう思っただろう。なんのことはない。ほとんどの人が気づかなかった。会話していた相手がいきなり、まったくの別人に変身してもぜんぜん気づかなかったのだ。

ならば、人間は経験している世界が目の前で変化しても気づけないと結論づけるべきだろうか。もちろんそうじゃない。この研究を論理的につきつめると、過激派がやりがちなことに行きついてしまう――不条理のぬかるみにはまり、パンフレットをばらまくことになる。もしほんとうに、経験している世界の変化にまるで気づかないとしたら、どうやって何かが動いていると感知し、交差点で止まるか進むか判断し、一より大きい数を数えられるだろう。たしかにこうした研究から、過去の自分がした経験は、他人がした経験と同じくらいぼんやりしている場合もあることがわかる。しかし、より重要なのは、もっともそうなりやすい条件と、もっともなりにくい条件が何かわかることだ。ここに取りあげた研究の結果を左右した重大な要素は何か。どの研究でも、志願者が刺激の感知に集中していないときに、刺激が変化した。色見本の研究では、三〇秒の中断のあいだに隠れて色見本を取りかえた。読みの研究では、志願者の視線がそれた一瞬に文字を切り替えた。ドアの研究では、通行人の視界が大きな板で妨げられているあいだに研究者が入れかわった。志願者の見ている目の前で、こげ茶色が蛍光の薄紫色になったり、「this（これ）」が「ｔｈａｔ（あれ）」になったり、ポキープシ出身の会計士がエリザベス二世になったりしたら、同じ結果がでるとは思えない。実際、刺激がちょうど変化する瞬間に注視していれば、志願者は瞬時に確実に気づくことがわかっている。こうした研究の要点は、人間に経験の変化を知覚する能力がまるでないということではない。経験が変化する瞬間にその部分にしっかり集中していないと、変化を知覚するために記憶に頼らざるをえなくなる、つまり、現在の経験と過去の経験の記憶とを比較するしかなくなる、という点だ。

手品師は、もちろん何世紀も前からこのことを心得ていたし、古くからその知識を使ってほかの人の大金をたっぷりまきあげてきた。さて、何ページか前で六枚のトランプから一枚選んでもらった。あのときは明かさなかったが、じつはわたしには人間の力を超えた能力が備わっていて、事前にあなたの選ぶカードがわかっていた。それを証明するために、あなたが選んだカードを抜いておいたので、図5を見てくれたまえ。驚いたかな？　どうやったのかって？　このトリックは、言うまでもなく、

図5

はじめにトリックだと知らないほうが何倍もおもしろいし、オチを聞くまでに何ページも退屈な文章を読まされていなければ、もっとおもしろかっただろう。しかも、二つの図を見くらべるとだいなしになる。ぱっと見ただけで、図5の中に図4のカードが一枚も（あなたが選んだカードも）ないとばれてしまうからだ。しかし、手品師が巧妙な手わざなり、鋭い推論なり、テレパシーなりを使ってあなたの選ぶカードを知っているかもしれず、しかも、最初の六枚のトランプからべつの五枚に変わる瞬間をあなたの小刻みに震える目が見逃したとしたら、この手品はかなり印象的だ。それどころか、あるウェブサイトでこれがはじめて紹介されたとき、わたしの知る聡明な科学者たちがこんな仮説までたてたほどだ。いわく、最新のテクノロジーを使ってサーバー経由でこちらがキーを叩く速度や加速度を検知し、どのカードを選ぶか推測しているのではないか。わたし自身、わずかな動きも検知されないようにマウスから手を離してみたりしたものだ。ようやくわかったのは三度目に試したときだった。最初の六枚を見てはいたが、自分で選んで名前をつぶやいたカードしか覚えていなかったため、残りのカードがごっそり入れかわっても気づかなかったわけだ。本書の趣旨に重要なのは、こうしたトランプのトリックが成功するのも、前の結婚生活がどのくらい幸せだったか説明しにくいのとまったく同じ理由によるということだ。

幸せくらべ

リーバとローリーのシャペル姉妹は自分たちが幸せだと言い、われわれはそれに当惑する。ぜったいにそんなはずがないと確信しているのに、姉妹の幸せとわれわれの幸せとを比較する確実な方法はどうも見あたらない。本人たちが幸せだと言うなら、何を根拠にまちがいだと決めつけられるだろう。もっと弁護士ふうの戦法をとって、自分たちの経験を認識・吟味・表現する姉妹の能力を問題にする手もある。「ふたりは幸せだと思っているかもしれないが、それは、ほんとうの幸せがなんなのか知らないからだ」というぐあいだ。ローリーとリーバは、われわれ単独体がする経験――野原で輪まわしをする、グレートバリアリーフをスノーケリングで泳ぐ、野次馬の注目を浴びずに街路をぶらぶらする――の多くを経験できないのだから、幸せの経験が乏しく、人生についてわれわれとはちがう評価をするのではないか、という疑問がわく。たとえば、ふたりに誕生祝いのケーキを贈り、八段階の評価尺度（異なる幸せの大きさを「1」から「8」の八語で表す、いわば人工のことばのようなもの）で主観的な経験を表現してもらったら、最高にうれしい「8」だったとしよう。しかし、姉妹の「8」とわれわれの「8」が、根本からちがうレベルの喜びを指している可能性はないだろうか。人がどれほど幸せになりうるか知りようのない損な境遇のせいで、ふたりの八語の用法がゆがんでいるとは考えられないだろうか。ローリーとリーバにとってバースデーケーキが最高の「8」だとすれば、ふたりの八語の用法はわれわれとちがっているかもしれない。ふたりが、最高に幸せな経験を、八語ことばの最高の幸せを表すことばで表現するのは当然だが、だからといって、ふたりが「8」と呼ぶ経験をわれわれなら「4・5」と呼ぶかもしれない点を見逃してはいけない。姉妹の幸せは、われわれが言うところの幸せではない可能性がある。図6に、経験が乏しいためにことばが圧縮され、かぎられた範囲の経験をすべての範囲の語彙で表現する場合を示した。これによれば、姉妹が天にものぼる心地だと言うとき、実際は、われわれが言うところの「うれしい気持ち」を感じていることになる。

ことばを圧縮する

この「ことば圧縮説」にはいい点が二つある。一、どこでもだれでも、バースデーケーキをもらったら同じ主観的経験をし、べつの言い方で表現したとしても経験そのものは同じだと考えられる。これなら、世界は住むにもケーキを焼くにもややこしい場所ではなくなる。二、この説を採用すれば、われわれは、本人たちがなんと言おうと、ローリーとリーバはやはり幸せではないのだと信じつづけることができ、自分たちの人生のほうがいいという考えを正当化できる。一方で、この説には難点もたくさんある。ローリーとリーバの八語の用法がわれわれとちがうのは、輪まわしの興奮を味わったことがないせいだろうかと気にする前に、ほかの問題を気にすべきだ。たとえば、自分にはけっして

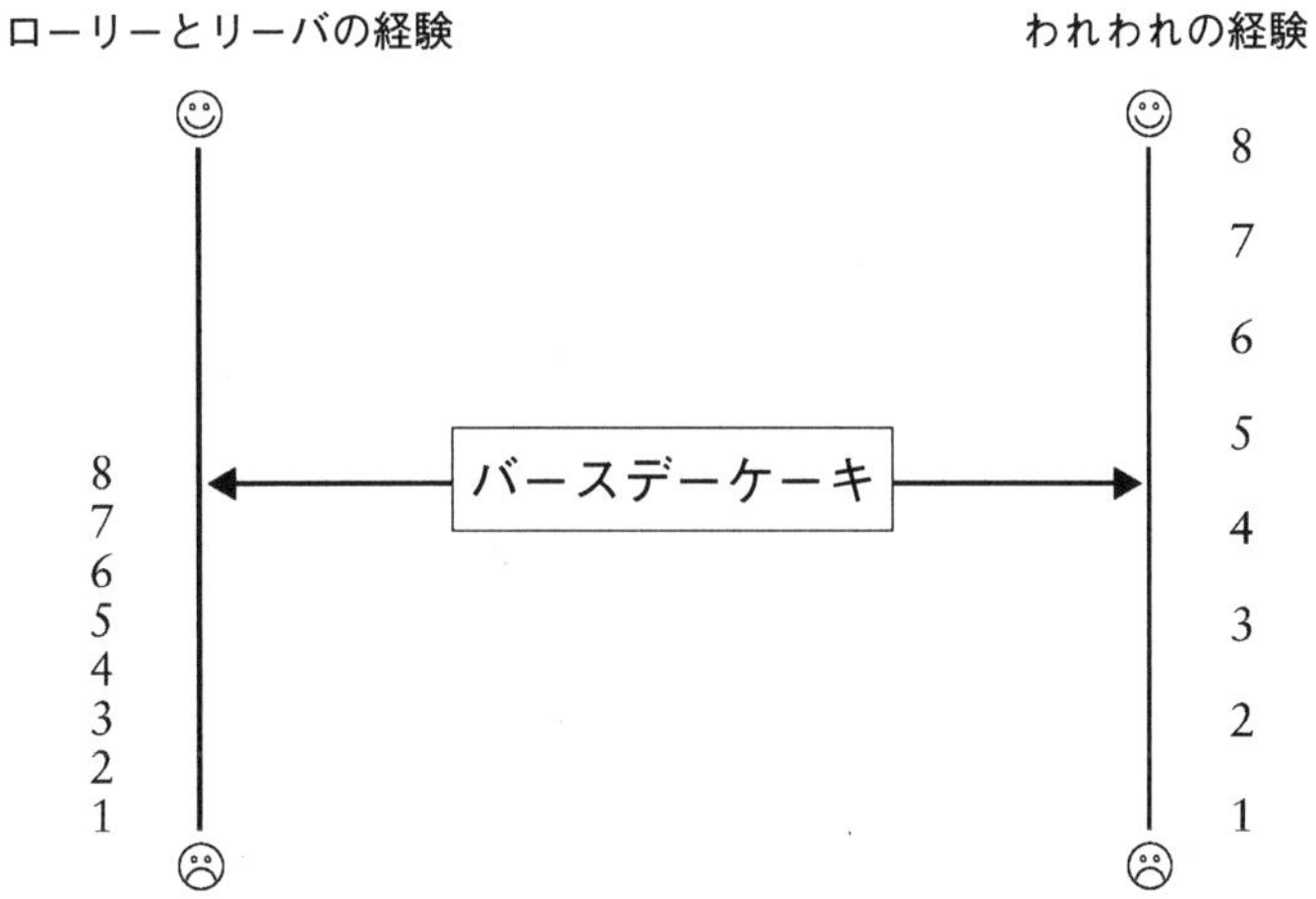

図6　ことば圧縮説によると、バースデーケーキをもらったとき、ローリーとリーバはあなたと同じ気持ちを抱くが、ちがう言い方で表現する。

知りえない感覚を心配したほうがいい。最愛の姉（妹）がいつもそばにいることや、虫のいどころが悪い日にどんなにひどいことを言ったりしたりしても、ふたりの友情が壊れることはぜったいにないことや、これからもずっと自分以上に自分のことを理解して、希望も不安も分かちあえる人がいることからくる、言いようのない安心とやすらぎは、われわれにはけっして経験できない。ローリーとリーバがわれわれと同じ経験をしたことがないと言うなら、われわれだってふたりと同じ経験をしたことがないのだから、圧縮されたことばを使っているのがわれわれのほうだとしても、ちっとも不思議はない。ローリーとリーバとちがって、みごとに調和した愛も至福の一体感も純粋なアガペーも経験したことのないわれわれは、無上の喜びだと口にするときも、自分が何を言っているのかまるで理解できていないのではないか。そして、われわれはみんな（わたしも、あなたも、ローリーも、リーバも）、自分のこれまでの経験よりはるかにすばらしい経験――飛行機なしで空を飛ぶ、わが子がアカデミー賞とピュリッツァー賞を受賞する、神に会って秘密の握手を教わる――があるかもしれないことや、どの人の八語の使い方にも欠陥があって、だれひとりほんとうの幸せがなんなのか知らないのかもしれないということを心配したほうがいい。この考えに従うと、われわれはソロンの助言どおり、死ぬまで幸せだと口にすべきではないのだろう。さもないと、本当の幸せがやって来たときには、もうそれ以上のことばがなくなっていて、集まってきた記者に何もコメントできなくなってしまう。

だが、こうした心配はまだほんの序の口だ。気がかりはまだほかにもある。ローリーとリーバがほんとうの幸せを知らないだけだときっぱりと証明する思考実験をしたければ、魔法の杖でふたりを別々にして、単独体の人生を経験させられたらと仮定するのがいいだろう。それぞれひとりで数週間すごしたあと、姉妹が前言を撤回してもとにもどさないでくれと頼んだら、以前の姉妹は「4」と「8」を取りちがえていたのだと、われわれも本人たちも納得できそうだ。だれの知りあいにもひとりくらい、改宗したり離婚したり心臓発作から回復したりしてはじめて目を開かされたと主張し、自分が前世で何を考え何をしゃべっていたとしても、今までのあれはほんとうの幸せではなかったと言う人がいるものだ。こうしたみごとな変貌をとげた人のことばは信頼できるだろうか。

そうとはかぎらない。たとえば、志願者にクイズ番組の問題を見せて、どのくらい正答できるか予想させた研究がある。一部の志願者には問題だけを見せ（問題のみ群）、あとの志願者には問題と答えを見せた（問題‐解答群）。問題のみ群の志願者は問題がかなりむずかしいと考えたが、問題（「フイロ・T・ファーンズワースは何を発明したか」）と答え（「テレビ」）を両方見ることができた問題-解答群の志願者は、解答を見なかったとしても簡単に正答できたはずだと感じた。どうやら、いったん答えがわかると問題が簡単に思えてしまい（「そりゃあテレビに決まってるさ。だれだって知ってる」）、答えを知らない人にとってこの問題がどれくらいむずかしいか判断できなくなるようだ。

こうした研究から、いったん経験してしまうと、それを脇において、未経験だったときのまっさらな気持ちで世界を眺められなくなることがわかる。裁判官は失望するだろうが、陪審員たちは検察官の嫌みな発言を聞いたら、二度と頭から追いやれないものだ。経験はすぐに、過去、現在、未来を眺望するレンズの一部になる。そしてレンズの例にもれず、われわれが見るものをかたち作りもし、ゆがませもする。このレンズは、好きなときにはずしてベッド脇においておける眼鏡というより、強力接着剤で永遠に目玉に貼りついたコンタクトレンズのようなものだ。いったん読むことを学んだら、文字は二度とたんなるインクのたくりには見えなくなる。いったんフリージャズを知ったら、オーネット・コールマンのサックスは二度とただの雑音には聞こえなくなる。ゴッホが精神を病んでいたことや、エズラ・パウンドが反ユダヤ主義者だったことをいったん知ったら、二度と彼らの芸術を以前と同じ気持ちで鑑賞できなくなる。ローリーとリーバが別々に数週間すごし、今のほうが以前より幸せだと言った場合、ふたりは正しいかもしれないし、正しくないかもしれない。たんに、単独体としてのふたりが、ずっと単独体だったわれわれと同じように結合体の境遇をつらいと思った、というだけのことかもしれない。いくら結合体双生児だったときの考えや発言を覚えているにしても、単独体としてのもっと新しい経験によって、結合体の経験を評価する目が曇っていても不思議はなく、単独体になったことのない結合体双生児ならどう感じるかは断言できないはずだ。姉妹はいわば、分離の経験によってわれわれ側の人間になってしまうため、われわれが結合体の経験を想像しようとして陥るのと同じむずかしさを味わうことになる。単独体になれば、過去の見方にどうしても無視できないような影響がでる。つまり、新しい経験をした人が、これまでの自分のことばは圧縮されていた――あのときは幸せだと思いもしたし言いもしたけれど、ほんとうの幸せではなかった――と発言したとしても、それが思いちがいの場合もあるということだ。人は、過去の自分がまちがえていたと思うまさにそのとき、現在においてまちがいを犯している可能性がある。

経験を伸張する

ローリーとリーバは、われわれにとって幸せ尺度の最高に近いあたりにくること――輪まわし、スキューバダイビング、あなたの場合はなんだろう?――の多くを経験していないのだから、ここにはちがいが生じるはずだ。経験の乏しさがことばを圧縮するとはかぎらないなら、かわりに何を引きおこすのだろう。ここで、ローリーとリーバに乏しい経験歴しかないと仮定しよう。その経験にもとづいて、何かちょっとした出来事、たとえば、誕生日にいつものチョコレートケーキをもらった経験を評価したとする。一つの可能性として、経験の乏しさが姉妹のことばを圧縮しているとも考えられるが、ことばを圧縮するより、むしろ経験を伸張させている可能性もある。つまり、姉妹がバースデーケーキをもらったときの気持ちと、われわれがグレートバリアリーフでスキューバダイビングをしなながら水中輪まわしをしたときの気持ちがまったく同じで、姉妹の言う「8」とわれわれの言う「8」が完全に同じ意味で使われている、ということだ。図7に、「経験伸張説」を示す。

「経験の伸張」は奇妙な表現だが、奇妙な考えではない。われわれはよく、とうてい幸せとは思えない状況なのに自分は幸せ者だと断言する人をこんなふうに評する。「幸せだなんて言えるのは、自分に何が欠けているか知らないからだ」ごもっともごもっとも。いや、だがまさにそこなのだ。われわれは何が欠けているか知らないがために、それが満たされたら二度と幸せと思えなくなるような境遇にあっても、ほんとうに幸せだと満足している可能性がある。何が欠けているか知らない人が、何も欠けていない人より不幸せだという意味じゃない。実例はわたしの人生にもあなたの人生にも豊富にあるので、わたしの話をしよう。わたしは葉巻を吸うことがある。幸せになれるからだ。妻は、なぜ幸せになるために葉巻を吸う必要があるのか理解してくれない。葉巻を吸わなくても（自分だけでなく、わたしが吸わなければなおさら）幸せでいられるのに、ということらしい。経験伸張説によれば、もしわたしが、奔放な青春期に葉巻の薬理上の神秘を経験してさえいなければ、葉巻なしでも幸せでいられたはずだ。だが実際は経験してしまったし、経験したがために、いまでは葉巻を吸わないとそれが欠けていることを意識してしまう。だから、春の休暇にカウアイ島の黄金の砂浜でビーチチェアにもたれてタリスカーをちびちびやりながら、琥珀の海にゆっくりと沈みゆく夕日を眺める夢のようなひとときでも、鼻につくキューバ産のあれをくわえていないとどうも完璧とは思えない。自分の幸運と結婚生活を犠牲にする覚悟なら、妻にことば圧縮説をふりかざして、きみはモンテクリスト・ナンバー4のつんとくる土臭さを経験したことがないから乏しい経験歴しかなく、ほんとうの幸せがな

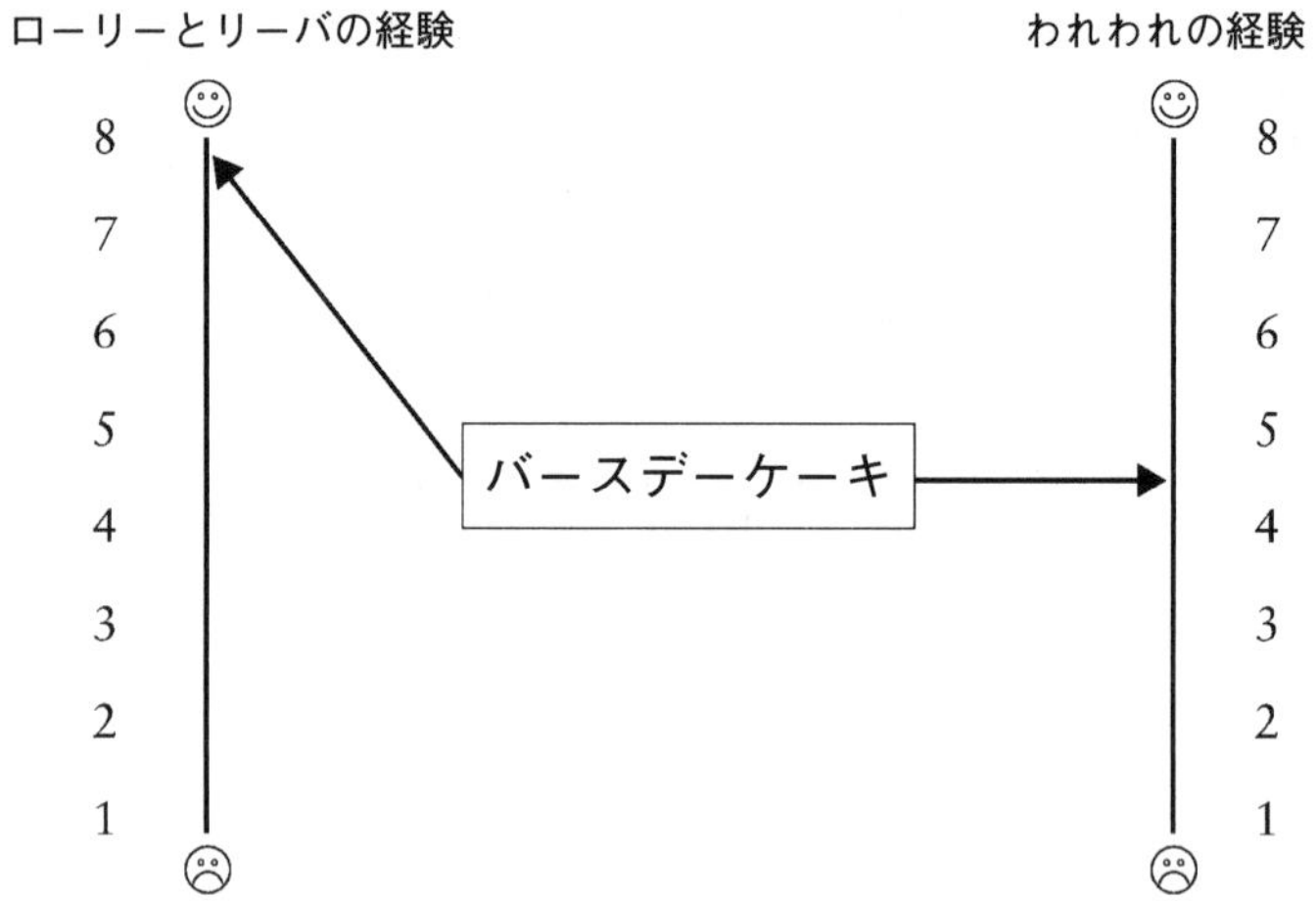

図7　経験伸張説によると、バースデーケーキをもらったとき、ローリーとリーバはあなたとちがう気持ちを抱くが、用法の同じことばを使って表現する。

んなのか知らないのだと、こと細かに説得することもできる。だが、もちろん負けるのはこちらだ。いつもそうだし、とくに今回にかぎっては負けてもしかたがない。葉巻の楽しみを知ったことでわたしの経験歴が変わってしまい、うかつにも、葉巻のない未来の経験をすべてだいなしにしたと説明するほうが腑《ふ》に落ちるからだ。もともとハワイの夕焼けは「8」だったのに、ハワイの夕焼け葉巻添えが「8」に君臨したせいで、葉巻なしの夕焼けが「7」まで落ちてしまったわけだ。

だが、わたしと休暇の話はもう十分だ。つぎは、わたしとギターの話に移ろう。弾きはじめて数十年になるが、ギター歴が長くなると、スリーコードが延々とつづくブルースを弾いてもあまり楽しくなくなってくる。ところが、ギターをはじめたばかりの十代のころは、二階の自室にこもって大満足で三つのコードをかき鳴らし、しまいにはいつも、一階の両親が天井を叩きだして、ジュネーヴ条約にもとづいた権利を行使しようとしたものだ。ことば圧縮説によると、演奏が上達したおかげで目が開かれ、十代のころのあれがほんとうの幸せではなかったことにようやく気づいたと説明できなくはない。だが、経験伸張説を持ちだして、かつては喜びをもたらしてくれた経験が、もうそうではなくなったと説明するほうが妥当だろう。モハーヴェ砂漠を一週間さまよった直後に水をもらった人は、その幸せを「8」と評価するかもしれない。一年後に同じ水をもらっても、せいぜい「2」の気持ちしか起こらないだろう。ではこの人は、命を与えてくれるひと口を錆《さ》びた空き缶から飲んだとき、自分がどれだけ幸せかまちがえて判断したと考えるべきだろうか。それとも、ひと口の水は飲む人の経験歴によって、法悦の源にもなれば、潤いの源にもなると考えるほうが妥当だろうか。経験の乏しさが経験を伸張するのではなく、ことばを圧縮するのなら、ピーナツバターとジャムで大喜びする子どもは明らかにまちがっていて、もっとあとになって、はじめてフォアグラを口にして過去のまちがいを認めるが、それが正しいのも、大人になって脂っこい食べ物で胸焼けするようになるまでの話であり、そのときになって、フォアグラのときもまちがっていたと気づくことになる。毎日が前の日の否定になる。日々、より大きな幸せを経験し、今（ありがたいことに、いつも「今」）までいかにひどい勘ちがいをしていたか気づかされるからだ。

さて、どっちの仮説が正しいのか。答えはでない。ただ、幸せだという主張が、すべてだれかの視点――現在の経験を評価する筋道やレンズや背景となる独自の過去の経験を持つ、ひとりの人間の観点――からの主張だということは言える。科学者がいくら望んでも、どこのだれのものともわからない無色透明の視点などというものは存在しない。いったん何かを経験してしまったら、二度とそれ以前の見方で世界を見ることはできない。われわれの無垢は失われ、もう二度と帰れなくなる。思ったことや言ったことを覚えているかもしれない（覚えているとはかぎらない）し、やったことも覚えているかもしれない（これも覚えているとはかぎらない）が、経験を完全によみがえらせて、過去のその時点でくだしただろう評価と同じ判断をする可能性は、悲しいほど低い。われわれは、葉巻を吸う人やギターを弾く人やパテを食べる人になった時点で、かつての自分について語る資格をなくし、第三者と同じになる。分離した姉妹は、結合体だったことについて今どう感じるかは語れても、分離を経験したことのない結合体双生児がどう感じるかは語れない。リーバやローリーの「８」がわれわれの「８」と同じなのかどうか、だれにもわからないし、未来のどんなリーバ本人、ローリー本人にもわからない。

＊

一九一六年五月一五日の朝、南極探検家のアーネスト・シャクルトンは、史上まれにみる厳しい冒険の最後の行程にのりだした。エンデュアランス号はすでにウェッデル海に沈没し、シャクルトンほか乗組員は、エレファント島に漂着していた。漂着から七カ月、シャクルトンと五人の乗組員は小型の救命艇に乗り、三週間かかって極寒の荒れくるう海を渡った。サウスジョージア島につくと、飢えと凍傷にやられていた男たちは、上陸して徒歩で島を横断する準備をはじめた。島の反対側にある捕鯨基地にたどりつくことに期待をかけていたが、かつてこの長旅から生還した者はなかった。ほぼ確実な死に直面したこの日の朝のことを、シャクルトンはのちにこう記した。

　厄介な岩と、波に揺れる海草が両側からせまる入り江の狭い口を抜け、東へ進路をとって快調に湾内を進んでいくと、霧を通してさしこむ陽光が、飛びちる水しぶきをきらきら輝かせた。われわれはさぞ奇妙な一行だっただろうが、明るい朝の日ざしを浴びてみんな幸せだった。歌まで飛びだしたほどだ。ロビンソン・クルーソーのような姿でなかったら、一見すると、ノルウェーのフィヨルドかニュージーランド西海岸の美しい入り江《サウンド》に入る行楽の一行に見えたかもしれない。

まさかシャクルトンは本気でこう書いたのだろうか。シャクルトンの言う「幸せ」がわれわれの「幸せ」と同じでありうるだろうか。それを判断する方法はあるだろうか。すでに見てきたように、幸せは主観的な経験であり、自分自身にも他人にも説明するのがむずかしいため、他人の主張する幸せを評価するのはおそろしく困難な仕事だ。だが心配はいらない。仕事というのは、困難ないばらの道を乗りこえてこそうまくいくものだ。

3　わたしは幸せですか？

どうかご自分の胸を訪ね、
扉を開き〔中略〕お聞きになってください。
——シェイクスピア『尺には尺を』

心理学の教授にまつわるジョークはあまり多くないので、われわれは数少ないジョークを大切にする。たとえばこれ。心理学の教授同士が廊下ですれちがうとき、なんとあいさつするか。「やあ、きみは元気だね。ぼくはどうだい？」はいはい、おっしゃるとおり。そんなにおもしろいジョークじゃない。これのどこがおもしろいはずかというと、人は他人がどう感じているかなど知るはずがないけれど、自分自身がどう感じているかぐらいは知っておけというところだ。「元気かい？」がひどくなじみがあるのと同じ理由で、「ぼくはどうだい？」はひどく奇妙に聞こえる。だが奇妙どころか、人はときどきほんとうに自分の心がわからなくなるようだ。結合体双生児が幸せだと主張したら、たんに幸せだと思いこんでいるだけではないかと疑ってみる必要がある。ふたりは自分たちのことばを信じているかもしれないが、そのことばがまちがっているかもしれない。しかし、幸せだと言う人の主張を受けいれるかどうか結論をだす前に、まず、人が自分の感情を思いちがうことが理論上ありうるかどうか検討する必要がある。われわれは、大豆の値段、チリダニの寿命、フランネルの歴史など、じつにさまざまなことで思いちがいをするが、自分自身の感情の経験を思いちがったりするものだろうか。実際には抱いていない気持ちを抱いていると思いこむことがありうるだろうか。世界じゅうで使われる「元気かい？」の質問に正確に答えられない人など、ほんとうにいるのか？いる。鏡をのぞくと、そこにも一人いるはずだ。では説明しよう。

自分の胸にきいてみよう

でもちょっと待った。つづきを読む前に一つやってもらいたいことがある。本を下において自分の親指をじっくり眺めてほしい。さて、賭けてもいいが、あなたはわたしの要請に応じなかっただろう。自分の親指を見るなんて簡単すぎて、そんなくだらないゲームはごめんだと、そのまま読みつづけたにちがいない。たしかに、だれもが勝率一〇割では、退屈すぎて試合は中止になる。しかし、親指を見るのがそれほどばかばかしく思えるなら、われわれが外界の物体——親指、グレーズがけドーナツ、獰猛《どうもう》なクズリ（大イタチ）——を見るときに、実際にはどれだけのことが起きているのか、ちょっと考えてもらいたい。物体の表面で反射した光が目に届いたときから、われわれがその物体を認識するまでのわずかな時間に、脳は物体の特徴を抽出・分析し、記憶内の情報と比較して、その物体がなんなのか、どう対処すべきなのかを決定しなければならない。これはきわめて複雑な現象で、いまだにどんな科学者もきちんと解明できていないし、どんなコンピューターでもシミュレーションできていない。ところが、この類の複雑な処理なら、脳は驚異的なスピードと正確さでやってのける。それどころか、あまりに分析に長けた脳のおかげで、われわれの意識にのぼる経験は、左を向いたこと、クズリを見たこと、恐ろしいと感じたこと、安全なスズカケノキの陰で今後の分析に備えたことくらいだ。

ここで少し、見ることがどのように起こるか考えてみよう。何もないところから脳を設計するとしたら、たぶん、まずは外界の物体が何かを認識し（「鋭い歯、茶色い毛皮、小さく鼻を鳴らすような妙な音、熱いよだれ――うわ、クズリだ！」）、そのあとどう行動するか判断する（「どうやら逃げたほうがよさそうだぞ」）ように設計するだろう。だが、人間の脳は何もないところから設計されたわけじゃない。重要度の高い機能が最初に設計され、重要度の低い機能は何千年もかけておまけのように追加されていった。だから、脳のとくに大事な部分（呼吸を制御する部分など）は奥深くにあって、その上に、なくても生きていけそうな部分（気分を制御する部分など）がコーンのアイスクリームのように載っている。こうしてみると、猛獣であるクズリから大急ぎで逃げるのは、相手がクズリだと知ることよりはるかに重要だ。逃走などの行動は、われわれの祖先である陸生の哺乳類が生存するのにぜったい不可欠だった。そのため、進化は危険を冒すことなく、「あれはなんだ？」の質問より先に、まず「どうしよう?」に答えるように脳を設計した。実験によると、物体に遭遇した瞬間、脳はすぐに二、三の鍵となる特徴だけを分析し、その特徴があるかないかにもとづいて、「この物体は、今すぐ反応すべき重要なものかどうか」という単純な決定をすばやくくだす。獰猛なクズリ、泣き叫ぶ赤ん坊、投げつけられた石、手招きしている連れあい、いすくんでいる獲物などは、どれも生存競争にとって非常に重要なもので、出くわしたら瞬時に行動をおこす必要があり、正体がわかるまでぐずぐずと細かい観察などしていられない。そのため脳は、まずはじめに物体が重要かどうかを判断し、そのあとに物体の正体を判断するよう設計されている。つまり、あなたが頭を左に向けたコンマ何秒かのあいだ、脳はクズリを見たとは気づかず、ただ何か恐ろしいものを見たとだけ思っていたわけだ。

それにしても、なぜこんなことが可能なのか。物体が何かわからないのに、どうしてそれが恐ろしいものだとわかるのだろう。それを理解するには、広大な砂漠を横断してこちらに近づいてくる人物が何者か、見きわめるときのことを考えてみるといい。最初に目に入るのは、地平線にちらちら見える小さな動きだ。じっと目をこらしていると、やがて、近づいてくる物体の動きだとわかる。物体が近づくにつれて、それが生物の動きだとわかり、しだいに、その生物が二足歩行で、人間で、女で、太っていて髪が黒くてバドワイザーのTシャツを着ているとわかる。そして――あれ、メイベルおばさんがサハラ砂漠で何をやっているんだ? ということになる。

メイベルおばさんの識別は進展する。はじめは漠然としていて、時間とともに具体的になっていき、最後は親族の再会にいたる。同様に、すぐそばにいるクズリの識別も、時間(わずかコンマ数秒だが)とともに、やはり漠然としたものから具体的なものに進展する。研究によると、識別する過程のごく最初の漠然とした段階では、物体が恐ろしいものかどうか判断できるだけの情報はあるが、物体がなんなのか判断できるほどの情報はない。脳は、何か恐ろしいものを前にすると、すぐに内分泌腺に指令を出してホルモンを分泌させ、生理的な覚醒水準をあげて(血圧の上昇、心拍数の増加、瞳孔の収縮、筋肉の緊張)すばやくつぎの行動がとれるようにする。脳は、完全な分析を終えて物体がクズリだとわかる前に、体をいつでも逃走できる状態、つまり、全身が張りつめてうずうずしている状態にする。

覚醒の原因となったものの正体がはっきりしなくても身体が覚醒するというのは、自己の感情を識別する能力にも大きくかかわっている。ノースバンクーバーのカピラノ川にかかる長く狭いつり橋を使って、若い男性の反応を調べた研究がある。このつり橋は、木の板と金属のケーブルでできていて、前後左右に揺れ、川からの高さは七〇メートルある。どの男性にも若い女性が近づいていって、アンケート調査に協力してくれるよう頼む。アンケートが終わると、女性は電話番号を渡し、連絡をくれれば研究についてもっと詳しく説明すると伝える。さて、どんな落とし穴があるのか。女性が近づくタイミングのちがいだ。一部の男性は橋を渡っている途中に女性と会ったが、ほかの人たちは渡り終えてからだった。ふたをあけてみると、橋の途中で女性に会った男性のほうが、あとで女性に連絡する傾向がはるかに高いことがわかった。なぜか？　不安定に揺れるつり橋の途中で女性に会った男性は、生理的に極度に覚醒していた。ふつうは恐怖と認識する状態だが、魅力的な女性から質問されていたため、男性はこの覚醒を性的な引力と勘ちがいした。どうやら、くらくらする高さにいれば恐怖と解釈される感情も、くらくらする色香を前にすると情欲と解釈されることがあるらしい。ようするに、人はたしかに自分の感情を誤解する場合がある。

痛いことと、痛いと感じること

作家のグレアム・グリーンは、〝憎しみは愛と同じ分泌腺に作用するようだ〟と記した。実際、生理的覚醒はさまざまに解釈でき、われわれが覚醒をどう解釈するかは、何をその原因ととらえるかに左右される。恐怖を情欲と、気がかりを罪悪感と、恥かしさを不安と勘ちがいすることはたしかにありうる。しかし、感情の経験をどう呼べばいいのかわからない場合があるからといって、その経験がどんなものかわからないわけではない。呼び名が出てこなかったり、生じた原因がわからなかったりしても、どう感じるかはかならずわかっているはずだ。でしょ？　まったく何も感じていないのに、何か感じていると思いこむことなど、ありうるだろうか。哲学者のダニエル・デネットは、この設問をつぎのように表現した。

ある人が、後催眠暗示で、目覚めたら手首が痛くなっていると暗示をかけられたとする。暗示がきいた場合、これは、催眠術で痛みが引きおこされたことになるのか、それとも、痛いという思いこみが引きおこされただけなのか。催眠術が本物の痛みを引きおこしたと考えるなら、後催眠暗示が「目覚めたら、あなたは手首が痛いと思いこんでいます」だったらどうだろう。この暗示がきいた場合、事情はさっきと同じだろうか。痛いと思いこむことと、痛いこととは同等ではないのだろうか。

痛みを感じないのに、感じると誤って思いこむことがあると仮定するのは、一見ばかげているように思える。「痛みを感じる」と「痛みを感じると思いこむ」のちがいが、ことばの上での人為的な区別に思えてしかたがないことだけをとってもそうだ。だが、一歩踏みこんで、つぎのシナリオを検討してみよう。

あなたは、オープンカフェで濃いエスプレッソを飲みながら、ゆうゆうと日曜版の新聞を読んでいる。のんびりと脇をすぎていく人びとはさわやかな朝の空気を吸いこみ、近くのテーブルにいる若いカップルのアツアツぶりが春の奇跡の永遠を物語っている。アカフウキンチョウの歌声が途切れるたびに、ベーカリーから漂ってくる焼きたてクロワッサンのイーストの香りが鼻をくすぐる。読みはじめた選挙資金制度改革にかんする記事はとても興味深く、何もかもが心地よい。ところがふと気づくと、あなたは記事の第三段落を読んでいる。第一段落の途中からパンの香りに鼻をひくつかせ、小鳥のさえずりに耳を傾けていたせいで、読んでいる記事の内容がまったくわからなくなっている。ほんとうに第二段落を読んだだろうか。それとも読んだ気がしただけ？ 目をもどしてざっと確認すると、なんのことはない、どの単語も見覚えがある。読みかえしてみると、ほんの少し前に、頭の中の語り手が、びっくりするほどあなたとそっくりな声で読みあげていたのを聞いた記憶さえよみがえってくる。一つか二つ段落を読むあいだ、その声は春ののどかさに埋もれてしまっていたらしい。

ここで二つの疑問がわく。第一に、最初にそこを読んだとき、あなたはその段落を経験したのか。第二に、もしそうなら、自分が経験していると自覚していたのか。答えは、一つめが「はい」で、二つめが「いいえ」だ。あなたはその段落を経験し、だからこそ読みかえしたときに見覚えがあった。あなたのテーブルに視線追跡装置がついていれば、ずっと中断せずに読んでいたという結果がでただろう。たしかに、流れるように読んでいた真っ最中に、ふとわれに返ると……返ると……返ると、なんだ？　われに返ると、経験していると自覚せずに経験していた——これだ。

ではここで、あなたがルリノジコの高く澄んだ鳴き声に耳を傾けはじめるといけないので、少しペースを落として、今のことばをていねいに見ていこう。「経験する（experience）」は、ラテン語で「試みる」を意味する単語 experientia に由来し、「自覚する（aware）」は、ギリシア語で「見る」を意味する単語 horan に由来する。経験は出来事に参加することであり、自覚は出来事を観察することだ。この二つの単語は、英語の日常会話ならふつうは入れかえてもあまり問題ないが、印象が異なる。一方はかかわっているという感覚を与え、他方はそのかかわりを認識しているという感覚を与える。一方は投影を指し、他方は投影されたものを指す。自覚は、自己の経験を経験すること、ととらえてもいい。

ふたりの人が、犬に「意識」があるかどうか議論しているとしよう。この使いふるされた用語を、ひとりはいつも「経験する能力」の意味で使い、もうひとりは「自覚する能力」の意味で使う。ひとりが、犬は石ではないのだから、当然、意識を持っていると主張すると、もうひとりは、犬は人ではないのだから、当然、意識など持っていないと反論する。おそらくどちらの言い分も正しい。たぶん犬は、黄色や甘みを経験したことがあるだろう。人間にはけっしてわからないとしても、甘くて黄色いものが目の前にあるときの犬の気持ちのようなものが何かあるはずだ。だが犬は、経験している最中に、その経験を自覚して、もぐもぐしながら「うわ、なんてうまいクッキーだ」などとは考えない。

経験と自覚は、たいてい強く結びついているため、区別しづらい。クッキーを口に放りこみ、甘みを経験し、甘みを経験しているなと自覚する。少しもむずかしいことには思えない。しかし、こんなふうに経験と自覚がいつも結びついているせいで、二つを区別できるというのがへりくつに聞こえるとしたら、少しテープを巻きもどすといいかもしれない。カフェで新聞に目を走らせているうちに、ふっと心が離れてまわりの音や香りに向かいかけた、あの瞬間までもどってみよう。再生ボタンを押してこう想像する。心がさまよいでて、迷子になって、そのまま帰ってこない。そのとおり。今回は、新聞記事を経験しているとき、あなたの自覚は経験から永久にときはなたれ、あなたは漂い流れていく自分に気づかないままでいる——はっとして自分が新聞を読んでいたことを思い出す瞬間はやってこない。

さて、近くのテーブルでしばらく前にいちゃつくのをやめていた若いカップルが、そんなあなたのほうに身を乗りだして、選挙資金制度改革の最新ニュースを聞かせてくれと言う。あなたはじっくり説明してやる。わたしにそんなことがわかるものか。なぜなら、きみたちが自分の性ホルモン以外のことにも注意を向けてさえいれば気づきそうなものだが、今わたしは心地よい春の音に耳を傾けているところで、新聞など読んでいないからだ。若いカップルはこの反応にとまどうだろう。ふたりから見れば、あなたはたしかに手に新聞を持ち、あなたがいくら否定しようとも、視線はまちがいなくページの上をすばやく往復していたからだ。ふたりはひそひそと話しあってもう一つキスをしてから、あなたが嘘をついていないかたしかめることにしたらしい。「何度もすみませんが、ぼくらはどうしても、先週、選挙資金制度改革法案に何人の上院議員が賛成したのか知りたいんです。よかったら、あてずっぽうでもいいので教えてください」あなたはクロワッサンの香りに鼻をひくつかせたり、小鳥の鳴き声に耳を傾けたりしていて新聞を読んでいなかったので、何人の議員が法案に賛成したかなど知りようがない。それでも、このしつこいふたりを追いはらうには何か答えるしかなさそうなので、どこからともなく数字を引っぱりだしてきて言ってみる。「四一人でどうだい」すると驚くことに（驚くのはあなただけだが）、その数字はぴったり合っている。

このシナリオはとっぴすぎて真実味がないかもしれない（なにより、四一人の上院議員が選挙資金制度改革に賛成する見込みがどれだけあるだろう？）が、シナリオも賛成票の数も真実だ。視覚の経験とその経験の自覚は脳のべつの場所で生じるため、ある種の脳損傷（とくに、V1野とも呼ばれる第一次視覚野の病変）によって、一方だけが損なわれてもう一方は残り、経験と自覚のいつもの固い絆がゆるむ場合がある。たとえば、「盲視《もうし》（ブラインドサイト）」という症状のある人は、見えている自覚はまったくなく、本心から自分は全盲だと言う。脳スキャンの結果もその訴えに信憑性《しんぴょう》を与えるもので、視覚経験の自覚と関連するとされる部分の脳活動が低下している。ところが、視覚と関連する部分の活動が正常に近いことも、やはり脳スキャンでわかっている。そのため、壁のどこか一点をぱっと照らし、盲視の人に今の光が見えたかと尋ねれば、「いいえ見えません。盲導犬をご覧になってておわかりでしょうが、わたしは全盲です」と答える。しかし、どこに光があたったか推測してくれるよう頼むと（「あてずっぽうでいいので何か言ってみてください。どこか適当に指さしてもらってもかまいません」）、その「推測」はまぐれあたりの場合より正解率がずっと高い。光を経験することと光の位置を知ることを「見える」とするならこの人は見えているが、見えたと自覚していないことを「盲目」とするなら、この人は盲目だ。この人の目は現実の映像を頭の中の小さなスクリーンに映写しているが、観客たる意識はそれを見ずにロビーでポップコーンを買っている。

　自覚と経験の乖離は、感情の場合にも同じような奇異さを生むことがある。われわれのなかには、自分の気分や感情を敏感に自覚できる人もいるし、さらに、そのあらゆる機微を表現する作家の才能に恵まれた人もいる。一方で、もっと基本的な感情を表す語彙しか備わっていない人——恋人にすれば不満だろうが、「いいね」と「いまいちだ」と「前に言っただろう」が三大基本語——もいる。フットボールシーズンでなくても症状がでるほど深刻な表現力の欠如が長引くようだと、失感情言語化症《アレキシサイミア》（失感情症）と診断されるかもしれない。失感情言語化症は文字どおり、「感情を表現することばの欠如」を意味する。失感情言語化症の人に何を感じるか尋ねると、たいてい「何も」と答え、どう感じるか尋ねると、たいてい「わからない」と答える。悲しいかな、ポケット類語辞典や語彙力強化の短期コースでは治せない。失感情言語化症は、感情表現の常套句が不足しているというより、感情の状態を内省的に自覚できない症状だからだ。どうやら、感情はあるのに、ただそれに気づいていないようだ。

　たとえば、志願者に切断された手脚や大破した車などの感情を喚起する写真を見せた研究がある。失感情言語化症者の生理反応と一般の人の生理反応にちがいは見られなかった。ところが、写真の不快さをことばで表現させると、失感情言語化症者は、大破した車などの写真と虹や子犬の写真とを区別する能力が、一般の人より明らかに低かった。この失感情言語化症は、いくつかの証拠から、脳の前帯状皮質の機能不全によって起こるらしいことがわかってきた。前帯状皮質は、内的状態をはじめ、さまざまなことを自覚する仲介役とされる部位だ。自覚と視覚経験の分離が原因で盲視が起こるように、自覚と感情経験の分離によって「鈍麻感（numbfeel）」とでも呼べそうな症状が起こる。どうやら、幸せだったり、悲しかったり、退屈だったり、好奇心がわいたりしても、少なくとも一部の人は、場合によってそれに気づかないことがあるようだ。

幸せのはかり方

その昔、あごひげを生やした神が小さくて平らな土地を創って空の真ん中に貼りつけ、人間がすべての中心になるようにした。その後、物理学が現れて、ビッグバンやらクオークやらブレーンやら超ひもやらで世界観を複雑にした。物理学の登場から数百年後の今、こうした批判的分析のつけがすべてまわってきて、ほとんどの人は自分がどこにいるのかわからなくなっている。心理学も、人間についての直感的な理解のあらを暴きだすことで、かつては存在しなかった問題を生みだした。ひょっとしたら宇宙にはいくつもの小さな次元時空があって、より大きな次元時空の中に詰めこまれているのかもしれないし、ひょっとしたら時間はやがて止まったり逆行したりするのかもしれないし、ひょっとしたらわれわれ人間は、永遠に何も理解できない存在なのかもしれない。それでも、常にあてにできるものが一つある。自分の経験だ。哲学者にして数学者のルネ・デカルトは、われわれが揺るぎない確信を持てるのは自己の経験のみであり、これ以外で知っていると思いこんでいるものは、すべて経験からの推論にすぎない、と結論づけた。ところが、だ。これまで見てきたように、「幸せ」などのことばが意味するものをそこそこ妥当に表現しても、幸せだと主張するふたりの人物が同じ経験をしているかどうかも、現在の幸せの経験と過去の幸せの経験がちがうかどうかも、自分が経験しているのがほんとうの幸せなのかどうかさえ断言できない。科学の目的が、かつて十分に理解できていたものを前にして、気おくれしたり無知を自覚したりすることなら、心理学はほかのどの科学より成功したと言えそうだ。

だが幸せと同様、「科学」も、あまりに多くの人にとってあまりに多くの意味を持つため、まったく何も意味しないことばになる危険がつきまとっている。わたしの父は著名な生物学者で、何十年もこの問題を熟考したそうだが、最近わたしに、心理学はほんとうの科学ではありえないともらした。電気を使わないものは科学じゃないからだという。どうやら、足首の電気ショックは数に入らないらしい。わたし自身の科学の定義はもう少し折衷的だが、ただ一つ、わたしも父も大半の科学者も意見が一致するのは、測定できない物事は科学的に研究できないということだ。もちろん研究はできるし、数量化できないものを研究するほうが、科学をすべて一列につないだものより価値があると論じる人さえいるかもしれない。しかし、それはすばらしい研究であっても科学ではない。科学とは測定することだからだ。測定不可能なもの——時計や定規など、それ自体でないものと比較できないもの——

は科学的探求の対象になりえない。すでに見てきたように、個々人の幸せを測定して、測定の妥当性と信頼性にぜったいの自信を持つのは、とんでもなくむずかしい。人は自分の感情がわからなかったり思い出せなかったりするし、それができたとしても、測定する科学者のほうは、相手がどれだけ正確にその経験を表現しているか厳密に知ることができないため、相手の主張をどう解釈すべきかはっきり判断できない。そう考えると、主観的な経験の科学研究はおそろしく困難だ。

しかし、不可能ではない。経験のあいだに横たわる溝には橋——ただし鉄骨の橋や六車線の有料道路ではなく、まずまず丈夫な一本のロープ——を渡せるからだ。そのためには、つぎの三つの前提を受けいれなければならない。

正しくはかる

第一の前提は、大工がよく知っている。不完全な道具を使うのは厄介だが、自分の歯で釘を打つことを思えばないよりまし、ということだ。主観的な経験の性質からして、「幸福計」——他人の主観的な経験の特徴を寸分の狂いなくはかれる信頼性の高い計測器で、測定、記録、ほかの結果との比較ができる——が登場することはないだろう。道具にそこまでの精密さを望むなら、視線追跡装置や脳スキャナーや色見本を片づけて、主観的な経験の研究の権利を詩人に譲渡したほうがいい。詩人たちは、最初の数千年間、この件ではすばらしい仕事をしてきた。だが、もしほんとうにその気なら、この研究だけでなく、ほとんどすべての研究を詩人に任せるべきだ。クロノメーター、温度計、気圧計、分光計など、科学者が対象を測定するのに使う計器はどれも不完全だ。どの計器も測定結果にはある程度の誤差がつきもので、政府や大学は少しでも完全に近づけようと毎年べらぼうな金をかけている。もし、真実の不完全な近似しかもたらしてくれないものをすべて追放するとしたら、心理学や自然科学ばかりか、法学も経済学も歴史学も排除しなければならない。やることすべてに完璧を求めすぎると、数学と〈ホワイト・アルバム〉しか残らないような事態を招く。多少のあいまいさは大目に見て、文句を控えるのがよさそうだ。

第二の前提は、主観的な経験の測定にはどれも不備があるが、もっとも不備が少ないのは注意深い人の正直なその場その場の報告である、というものだ。もちろん、幸せを測定する方法はいろいろあり、本人の主張よりずっと厳密で科学的で客観的に見えるいい方法もある。たとえば、筋電図は顔の横紋筋（不快な経験をしたとき眉間にしわをよせる皺眉筋《しゅうびきん》や、ほほ笑むとき、口角を耳の方向に引っぱりあげる大頬骨筋など）で発生する電気信号を測定できる。生理機能測定は、強い情動を経験したとき変化する自律神経系の皮膚電気活動、呼吸活動、心臓活動を測定できる。脳波検査、陽電子放射断層法（ＰＥＴ）、磁気共鳴映像法（ＭＲＩ）は、脳内の電気活動や血流を測定できる。正の感情を経験しているときは左前頭前野が、負の感情のときは右前頭前野が活性化することが知られている。たんなる時計でさえ幸せを測定するのに使える。たとえば、驚いて瞬きする速さは、恐怖や不安を感じているときより幸せを感じているときのほうが遅い傾向があり、時計があればはかることができる。

本人の報告を頼みにする科学者は、この方法を採用するにあたって、主観的な報告と、幸せを測定するほかの方法とのあいだに強い相関があると示さなければ気がすまないらしい。だが考えてみれば、それでは本末転倒だ。なにしろ、筋肉の動きだろうが脳の血流だろうが、こうした身体の変化を幸せの指標とするただ一つの根拠は、本人が幸せだと主張していることなのだ。頬骨筋が収縮し、瞬きがゆっくりになり、左前頭前野の血流が増えているとき、みんながみんな、激しい怒りなり暗澹とした気持ちなりを感じると言いだせば、幸せの指標とされるこうした生理的変化の解釈を再検討して、今後は不幸せの指標としなければならなくなる。人がどう感じているか知りたければ、決定的な見地から観察できる人物がひとりだけいることを認識しなければ話ははじまらない。その人物は、自分が以前どう感じたか覚えていない場合もあるし、今何か感じているのに自覚していない場合もあるかもしれない。われわれはその報告に当惑し、相手の記憶を疑い、相手がわれわれと同じことばの使い方をするのか心配になるかもしれない。しかし、さんざんやきもきしたあとは、「自分が幸せか」答えられる可能性をわずかでも持つ人がいるとすれば、それは当事者である本人だけだと認めるほかない。本人の主張がほかのあらゆる測定結果の判断基準になっているのもそのためだ。その主張が本人ほど特別な立場にない第三者の観察と一致したり、本人が経験を評価するとき背景にするものがわれわれと同じだったり、本人が経験していると主張するときの身体の反応がわれわれの大半と同じだったりすれば、その人の主張をもっと信頼しやすくなる。だがたとえ、こうした幸せの指標がすべてうまくかみ合ったとしても、その人の内的世界の実態をとらえたと確信するのは不可能だ。それでも、近づけるだけ近づいて観察したことだけはたしかで、このへんで満足すべきだろう。

何度もはかる

第三の前提は、測定が不完全なのは避けられない問題だが、それが大きな影響を与えるのは、問題を認識していない場合だけ、ということだ。眼鏡に深い傷があるのに気づかないでいると、空間に小さな裂け目があっていつもついてくるといった誤った結論をだしかねない。だが眼鏡の傷に気づいていれば、空間にぱっくりあいた亀裂に見えるものは観察道具の不備でしかないと心にとめて、その要素を観察から除外するよう配慮できる。主観的な経験の報告につきものの不備を見やぶるために、科学者は何ができるだろう。答えは、統計学者が言うところの「大数《だいすう》の法則」にひそんでいる。

多くの人は大数を誤解して、小さい数が大きくなっただけだろうと考えている。だから、少数がやれることをもっとたくさんやるだけで、何かちがうことをやれるとは思っていない。例をあげよう。軸索《じくさく》と樹状《じゅじょう》突起を介して電気化学信号をやりとりする二個の神経細胞に意識などあるはずがないことは、みんな知っている。神経細胞は単純な装置で（量販店のシアーズで売っているトランシーバーのほうが複雑なくらいだ）、単純な作業を一つこなす。受けとった化学物質に反応して、自分も化学物質を放出するという作業だ。ところが、この単純な装置一〇〇億個が単純な作業を一〇〇億こなせるだけだと安易に決めつけてしまうと、何百億個が集まったとき、二個や一〇個や一万個では持ちえない特性を示すことなど想像できない。このあらたに現れる特性こそ、まさしく「意識」だ。人類の脳内で互いにつながっている神経細胞の数の多さが原因の一つとなって起こる現象であり、脳の一部だけでも数個つながった神経細胞だけでも起こらない。

量子物理学も似たような実例を示してくれる。素粒子がストレンジネス（奇妙さ）やチャーム（魅力）などの性質を持ち、同時に二カ所に存在できることはみんな知っている。ところが、素粒子でできたものもこれと同じようにふるまうはずだと決めつけると、すべての牛があらゆる牛小屋に同時に存在すると考えなければならなくなる。現実は明らかにそうではない。とてつもなく小さい部品がとてつもない数をなして相互作用することで固定性が現れるからであり、これもやはり単体の部品では持ちえない性質だ。つまり、多数は、たんに少数より多いのではなく、少数とは別ものの場合がある。

大数の魔法は、確率の法則と協力して、主観的な経験をはかる不完全な測定の問題をかなり改善してくれる。公正な硬貨を何回も投げあげると、投げた回数のだいたい半分は表がでるはずだというのはご存知だろう。それでは、火曜の晩で暇なときがあれば、ハーバードスクェアのグラフトンストリートトパブにあなたをお誘いして、「ダンと割り勘」という愛すべきばかげたゲームをしたいのだが、いかがだろう。ルールはこうだ。一枚の硬貨を投げあげる。わたしが表と言い、あなたが裏と言う。毎回、負けたほうが、人のいいパブの主人ポールに代金を払って、勝ったほうにビールをおごる。さて、硬貨を四回投げてわたしが三回勝ったら、きっとあなたは自分がついていないせいだと考えて、ダーツで勝負しようと言いだすだろう。しかし、硬貨を四〇〇万回投げてわたしが三〇〇万回勝ったとしたら、あなたは相棒といっしょになってわたしを厳刑に処そうとするにちがいない。

なぜか？　たとえ確率論の初歩を知らなくても、数が小さければちょっとした不完全さ――突風が吹いたとか、指先が汗で湿っていたとか――が硬貨投げの結果に影響をおよぼすかもしれないか、数が大きくなればそんな不完全さは問題でなくなることを直感的に知っているからだ。一、二回は硬貨に少し汗がついていたかもしれないし、気まぐれな風がさっと吹いたかもしれない。硬貨を四回投げたとき予測されるより一回多く表が出たのは、こうした不完全さで十分説明がつく。しかし、こうした不完全さのせいで予測より一〇〇万回多く表が出る確率がどれだけあるだろう。無限小、とあなたの直感は告げているだろう。その直感は正しい。その確率は、この世のものが消滅することなく限りなく無限小に近づくときくらい小さい。

主観的な経験の問題にも同じ論理があてはまる。ふたりの志願者に、幸せを誘発すると考えられる経験を一つずつさせるとしよう。たとえば、ひとりには一〇〇万ドルを贈り、もうひとりには小口径のリボルバーをプレゼントする。そして、それぞれの志願者にどれくらい幸せか答えてもらう。にわか成り金の志願者は無上の喜びだと言い、武装した志願者は（こちらが想定したほど幸せを感じていないかもしれないが）まあまあうれしいと言う。ふたりが同じ主観的な感情経験をしていながら、異なる表現をした可能性はあるだろうか。ある。新興の百万長者は喜びより礼儀を表しているかもしれない。新規の銃保有者は天にものぼる心地なのに、グレートバリアリーフのそばで神の手に触れる体験をした直後だからと、控えめに満足と表現しているだけかもしれない。こうした問題は現実に起こりうる重要な問題で、この二つの報告をもとに、かつて幸せは撃ちおえたばかりの熱い銃《ハッピネス・イズ・ア・ウォーム・ガン》だったが今はちがう、と結論づけるのはばかげている。

しかし、もし拳銃一〇〇万丁と現金入り封筒一〇〇万枚をばらまいて、現金を手に入れた人の九〇パーセントが武器を手に入れた人の九〇パーセントより幸せだと主張することがわかれば、人による表現のちがいに惑わされる確率はきわめて低くなる。同じように、きょうのバナナクリームパイのほうがきのうのココナツクリームパイより幸せに感じたとひとりの人から聞かされても、きのうの経験を誤って記憶しているのではないかと勘ぐりたくなる。しかし、何百人、何千人もの人が同じことを言い、しかもココナツクリームパイを先に食べた人もバナナクリームパイを先に食べた人もいるとしたら、二つのパイの経験にはたしかにちがいがあって、バナナのほうが喜ばしい経験だったのだろうと考えてよさそうだ。なにしろ、みんながみんな記憶ちがいをしていて、バナナのほうを実際以上に、ココナツのほうを実際以下に覚えている確率がどれだけあるだろう。

経験の科学における根本的な問題は、もしことば圧縮説か経験伸張説のどちらかが正しければ、自己の経験をことばに写すとき、ひとりひとりちがった写し方をする可能性があることだ。主観的な経験を分かちあうにはことばで表現するしかないため、経験の本質を完全に測定するのはぜったいに無理ということになる。経験と表現の尺度が使う人によって少しずつちがっているなら、科学者がふたりの人間の二つの主張を比較するのは不可能だ。これは問題だ。だが、問題は「比較」にあるのではなく「二つ」にある。二では数が小さすぎる。これが二〇〇や二〇〇〇なら、人によるちがいは全体で帳消しになる。もし、世界じゅうの巻尺や定規やヤード尺を作っている工場の作業員が、会社の休日パーティで酔っぱらって、目盛りが少しずつちがうものさしを何百万個も生産しだしたら、Aさんの測定した恐竜がBさんの測定したカブより大きいかどうかさえ確信が持てなくなる。酔っぱらった定規ではかったかもしれないからだ。しかし、定規を持った何百人もの人が問題の恐竜なりカブなりに近づいて何百もの定規で測定すれば、結果の平均値をだし、ある程度の確信をもって、ティラノサウルスのほうが根菜よりたしかに大きいと言えるようになる。恐竜を測定した人が全員たまたま伸びた定規を使い、カブを測定した人が全員たまたま縮んだ定規を使う確率がどれだけあるだろう。たしかに可能性はあるし、その確率をかなり正確に計算することもできるが、わざわざ計算しなくてもわたしが保証しよう。確率はごくごくわずかで、数字で書くと世界じゅうのゼロの在庫を使いきってしまう危険さえあるほどだ。

結論を言おう。注意深い人の正直なその場その場の報告は、主観的な経験の不完全な近似でしかないが、唯一の選択肢である。フルーツサラダや恋人やジャズ・トリオが不完全にしか自分の好みに合わなければ、われわれは食べたりキスしたり聴いたりするのをやめる。しかし、大数の法則に従えば、測定が不完全にしか自分の好みに合わなくても、測定をやめるべきではない。その反対だ。むしろ、何度も何度も測定して、些細な不完全さが膨大なデータに埋もれてしまうまでつづけるべきだ。同時にあらゆる場所に存在したがる素粒子は、たがいの行動を打ち消しあうため、われわれが牛とか車とかフランス系カナダ人とか呼ぶ素粒子の巨大な集塊は、置いた場所にそのままいつづける。同じ論理で、経験の報告を大数になるまで慎重に集めれば、一つの不完全さがべつの不完全さで相殺《そうさい》される。ひとりの人の報告は、あなたのものであろうが、わたしのものであろうが、だれのものであろうが、完全に調整された申し分のない経験の指標にはなりえない。しかし、十分な人数の人たちに同じ質問をすれば、その答えを平均したものが平均的な経験の指標として、だいたい正確だと確信できる。幸せの科学には賭けが必要で、そのため、引きだされた情報は誤っている危険性がつねにつきまとう。だが、もし、幸せの科学が負けるほうに賭けたいと言うなら、その硬貨をもう一回投げるといい。それから財布を出して、わたしにおごるギネスをポールに注文してくれたまえ。

＊

しゃくにさわることが多いポピュラー音楽史の中でとくにしゃくにさわる一曲は、“Feelings, nothing more than feelings（感情、そう感情でしかない）”ではじまる曲だ（日本では〈フィーリング〉のタイトルでハイ・ファイ・セットがカバーした）。この曲を聞くたびに、讃美歌を“Jesus, nothing more than Jesus（キリスト、そうキリストでしかない）”と歌いだすのと同じじゃないかという気がして、びくりとしてしまう。感情でしかない？　感情より重大なものがこの世にあるだろうか。なるほど、「戦争」と「平和」を思いつくかもしれない。だが、戦争も平和も、それが生みだす感情なしで重大と言えるだろうか。戦争が痛みや苦悩の原因でなく、平和が観念や肉体の喜びをもたらさないとしても、やはりわれわれにとって重要だろうか。戦争、平和、芸術、金銭、結婚、誕生、死、病気、宗教――血とインクが大量に流されてきた真に重要な問題のごく一部をあげたにすぎないが、これが真に重要な問題である理由はたった一つ。どれも人間にとって強力な感情の源だからだ。高揚したり、思いつめたり、感謝したり、絶望したりする原因でなければ、インクも血も流さずにおくだろう。プラトンもこう問うている。〝これらが善なのは、どれも最後は快楽に帰し、苦痛をなくしたり防いだりするという以外に理由があるだろうか。これらを善と呼ぶとき、きみたちは快楽や苦痛以外の基準にも目を向けているのか〟。

たしかに、感情は重要というだけでなく、その重要さに意味や方向性を与える。焼かれると苦痛を感じ、食物を与えられると快楽を感じる生き物は、やけどを悪、食事を善と呼ぶだろうし、消化管のない綿のような生き物にとってはそんな決め方が理不尽に思えるだろう。倫理学者は、善と悪を定義するべつの方法を何世紀にもわたって探しているが、だれひとり、ほかの人（というか、わたし）を説得できていない。われわれは、何にとってよいのかわからないうちは、それが善だと呼べない。われわれの種が善と呼ぶさまざまなものや経験をすべて調べて、それが何にいいのかを問えば、答えは明らかだ。われわれが善と呼ぶものは、ほとんどがわれわれを幸せな気持ちにするのにいいものだ。

それほど重要な感情について、それがなんなのか、どうやって測定するのかを正確に言えたらさぞいいだろうが、これまで見てきたとおり、科学者が望むような正確さで述べることはできない。しかし、科学が開発してきた方法論や概念の道具を使って、一個人の感情を寸分の狂いもなく測定するのは無理だとしても、こうした道具があれば、少なくとも、暗闇でつまずきながらも酔っぱらった定規で何十人もの人を何度も何度もはかることはできる。これから取りくむ問題は難問だが、あまりに重要で無視するわけにはいかない。何が未来の自分を幸せにしてくれるか、なかなか見分けられないのはなぜか、という問題だ。科学はこの問いに興味深い答えを示してくれている。では、問題意識を持ち、一般的な問題解決法を手にしたところで、いよいよ探索にのりだそう。

第3部　感覚のトリック
～実在論に気をつけろ

＊実在論（じつざいろん）――物事は心に現れるままの姿で現実に存在するという考え。

4　脳はこっそり穴を埋める

そして想像力がいまだ人に知られざるものを
思い描くままに、詩人のペンはそれらのものに
たしかな形を与え、ありもせぬ空《くう》なる無に
それぞれの存在の場と名前を授けるのだ。

——シェイクスピア『夏の夜の夢』

史実としてここまでわかっている。アドルフ・フィッシャーは、ヘイマーケットの暴動を組織していない。扇動したわけでもない。それどころか、警官が殺された晩、暴動現場の近くにもいなかった。しかし、一九世紀末ごろのシカゴで、フィッシャーのつくった労働組合は、強大な産業経営者が自分たちの搾取工場で働く男や女や子どもに対しておこなっていた締めつけに抗議したため、制裁を加えられる運命にあった。アドルフ・フィッシャーは裁判にかけられ、裏金による虚偽の供述をもとに、

犯してもいない罪のために死刑を宣告された。一八八七年一一月一一日、絞首台に立ったフィッシャーは、最期のことばで人びとを驚かせた。〝人生で最高に幸せな瞬間だ〟。数秒後、足もとの落とし戸が開き、ロープで首を折ってフィッシャーは死んだ。

幸い、アメリカの職場に公正を求めたフィッシャーの夢はそう簡単に根だやしにならなかった。絞首刑の一年後、聡明な若者が写真乾板の製造プロセスを完成させて、革命的なコダックカメラを世にだし、一躍、世界の富豪の仲間入りを果たした。つづく数十年間、この若者ジョージ・イーストマンは、革命的な経営哲学もどんどん開発した。従業員の就業時間を減らし、傷病手当、退職年金、生命保険、利益分配の制度を作り、最終的には自社持ち株の三分の一を従業員に譲渡した。一九三二年三月一四日、発明家にして人道主義者だったこの愛すべき人物は、机にすわって短いメモを書き、きちんと万年筆のふたをしてからタバコを一本吸った。そして、みずから命を絶って人びとを驚かせた。

フィッシャーとイーストマンは、みごとに対照的だ。どちらも、一般の労働者に適正な賃金と適切な労働環境の権利があると信じ、工業時代の黎明期に人生の大半を社会改革に捧げた。フィッシャーはみじめに失敗し、非難にまみれた貧しい犯罪者として死んだ。イーストマンは大成功を収め、尊敬される裕福な勝者として死んだ。ではなぜ、ほとんど何も成しえなかった貧しい男が死刑を目前にして幸せだったのに、多くを成しとげた裕福な男が自殺せずにいられないほど思いつめたのだろう。それぞれの境遇に対するふたりの反応はあまりに正反対で、そっくり逆転しているようにさえ見える。うわべだけの強がりか、精神の錯乱のせいではないかと勘ぐりたくなるほどだ。フィッシャーは悲惨な一生の最後の日にいかにも幸せそうで、イーストマンは充実した人生の最後の日にいかにも不幸せそうだった。もしわれわれが彼らの立場だったら、まったく逆の感情を経験するにちがいない。このふたりはどうかしていたのだろうか。それとも、ひょっとして、どうかしているのはあなたやわたしのほうなのだろうか。そして、われわれのどうかしている点は、「もし○○だったらどんな気持ちだろう」と想像しようとして、一貫したまちがいを犯していることではないだろうか。

「もし○○だったらどんな気持ちだろう」という想像は、うわついた空想のようにも聞こえるが、実際は人間にできる非常に首尾一貫した心的行為のひとつだ。われわれは毎日これをやっている。だれと結婚するか、どこで働くか、いつ子どもをもうけるか、どこで老後をすごすか決めるとき、もし「こっち」の出来事が起こって「あっち」が起こらなかったらどんな気持ちかと想像し、それに重きをおいて決定をくだす。人生はかならずしも自分が望んだり計画したりしたとおりの結果になるとはかぎらないが、もしそのとおりになれば、幸せはあふれんばかりにやってくるだろうし、悲しみはほんのちょっぴりですぐに消えさるはずだと信じて疑わない。たしかに、望むものがいつも手に入るとはかぎらないが、少なくとも何を望めばいいかくらいは、はっきりわかっている。幸せというのはゴルフコースでは見つかるけれど組み立てラインでは見つからず、ラナとならつかめるけれどリサとではつかめず、陶工としてなら得られるけれど配管工では得られず、アトランタにはあるけれどアフガニスタンにはないものだとわかっている。なぜなら、われわれは未来に目を向け、まだ存在しない世界をシミュレーションできるからだ。決断をせまられると――もう一本フィッシュスティックを食べようか、それともあとはチョコパイにすべきか。カンザスシティの仕事を受けようか、それとも今の職場で昇進を待つべきか。膝の手術を受けようか、それとも先に理学療法を試すべきか――われわれは、選択肢が与えてくれる未来を想像し、それぞれの未来でどんな気持ちがするか想像する（手術がうまくいかなかったら、理学療法を試さなかったことをあとあとまで後悔するだろうな）。〈フォーチュン〉誌のトップ五〇〇社に入る会社のＣＥＯでいるほうが、絞首刑執行人のロープの死重になるより幸せだろうと想像するのは、それほどむずかしくない。われわれは先を読んだ類人猿であり、アドルフ・フィッシャーやジョージ・イーストマンの人生を実際に生きてみなくても、ふたりの立場に立ったらどんな気持ちがするか想像できる。

ただし一つ落とし穴がある。その立場にいた当人たちの意見が、どうもわれわれの結論とちがうらしいのだ。フィッシャーは幸せだと証言し、イーストマンは不幸な男のようにふるまった。ふたりが自分たちの人生を生きて感じた気持ちを勘ちがいしたのでないかぎり、われわれはほかの可能性を検討せざるをえない。まちがっているのはこちらのほうで、フィッシャーやイーストマンの身になって気持ちを想像したつもりでも、その想像がどういうわけか役立たずだったのではないか。明らかによい人生に見えるほうがじつはよくない人生で、自分がこれから歩むかもしれない人生の予定表を見くらべても、どれがどれか見分けがつかないのではないか。心の中で自分から抜けだしてフィッシャーやイーストマンの立場に立ったとき、じつは何か根本的なまちがいを犯していて、これと同じまちがいのせいで誤った未来を選んでしまうのではないか。

いったい、どんなまちがいだろう。想像は「何もないところ」からイメージを作りだす強力な道具だが、道具の例にもれず欠点がある。本章と次章で一つめの欠点を説明しようと思う。想像（未来を見せてくれる能力）の一つめの欠点を理解する最良の方法は、記憶（過去を見せてくれる能力）と知覚（現在を見せてくれる能力）の欠点を理解することだ。これから詳しく見ていくが、過去を誤って記憶させたり現在を誤って知覚させたりする欠点こそ、未来を誤って想像させる欠点そのものだ。そして、この欠点を引きおこすのは、脳が毎日、毎時間、毎分しかけてくるトリックにほかならない。脳は今この瞬間もあなたにトリックをしかけている。では、脳の恥ずべき秘密をお教えしよう。

脳の暗躍

マルクス兄弟の初期の映画には、だいたい、あどけない道化役のハーポがだぶだぶのトレンチコートに深々と手を突っこんで、フリューゲルホルンや湯気のたつコーヒーや洗面台や羊を引っぱりだす不思議な場面がある。たいていの人は三歳までに、大きなものが小さなものの中に入らないことを学ぶ。だから、だれかがポケットからトランペットや家畜を引っぱりだすと、その理解が崩れてコメディになる。どうやったらフリューゲルホルンがトレンチコートの中に納まるのだろう。どうやったらあんな小さい車にゆかいなピエロが全員乗れるのだろう。どうやったらあんな狭い箱に手品師の助手が体を折りまげて入りこめるのだろう。もちろんどれも無理だし、みんなもそれはわかっている。だからこそわれわれは、彼らが見せてくれる錯覚に惜しみない賞賛を送る。

記憶の穴埋め

人間の脳も似たような錯覚を作りだす。もしあなたがお気に入りのテレビ番組を一シーズン分まるごとコンピューターのハードディスクに保存したことがあるなら、外界のものを忠実に写しとるのにどれだけ膨大な容量が必要か知っているだろう。ところが、脳は何百万もの写真を撮り、何百万もの音を録音し、におい、味、手触り、三次元立体情報、時系列、途切れのない実況解説まで記録している。しかも、脳は一日じゅう、毎日、何年も何年もそれをつづけて、世界の写しを記憶装置に保存している。記憶装置はけっして容量がいっぱいにならないばかりか、六年生のとき歯列矯正器のことでフィル・メイヤーズをからかって、放課後になったら殴ってやると脅された最悪の日をあっというまに思い出させてもくれる。経験という広大な宇宙を、左右の耳にはさまれたさほど大きくもない収納庫にどうやって詰めこんでいるのか。じつはハーポがやったことをやっている。ずるをしているのだ。前章までに見てきたとおり、経験の緻密なタペストリーは記憶に保存されない――少なくともそっくりそのままのかたちでは保存されない。保存できるようにタペストリーを圧縮して、まずは、概要を表すことば（「ディナーはがっかりだった」）や少数の特徴（硬いステーキ、コルクくさいワイン、横柄なウェイター）といった数本の重要な糸だけにする。のちのち経験を思い出したくなったら、脳はタペストリーを織りなおすために、大量の情報をすばやくでっちあげ――よみがえらせるのではない――われわれはそれを記憶として経験する。このでっちあげは、非常にすばやく無理なくおこなわれるため、すべてのものがつねに頭の中にあったような錯覚を起こす（観客がうまい手品師にいつもしてやられるのと同じだ）。

それが錯覚にすぎないことは簡単に実証できる。ある研究で、志願者に一連のスライド――赤い車が〈徐行〉の標識へ向かって走り、右折し、歩行者をはねるまでを撮った写真——を見せた。その後、一部の志願者には何も質問せず（質問なし群）、残りの志願者には、「赤い車が〈一時停止〉の標識で停まっていたとき、別の車が通りましたか」という質問をした（質問あり群）。つぎに、すべての志願者に二枚の写真——一枚は赤い車が〈徐行〉に近づいている写真、もう一枚は赤い車が〈一時停止〉に近づいている写真——を見せて、さっき見たのがどちらだったか尋ねた。志願者が経験を記憶に保存していれば、赤い車が〈徐行〉に近づいている写真を選ぶはずで、たしかに、質問なし群の志願者の九〇パーセントはそちらを選んだ。ところが、質問あり群の志願者の八〇パーセントは、車が〈一時停止〉に近づいている写真を選んだ。先にした経験の記憶が質問によって塗りかえられたのは明らかだ。脳が経験を織りなおしているとすれば、なんの不思議もないが、脳が経験をそのまま取りだしているとすればありえないことだ。

出来事のあとで得た情報が出来事の記憶を改変することは、さまざまな実験室や実地の環境で何度も繰り返し再現され、ほとんどの科学者はつぎの二点を信じるようになっている。一、記憶行為には、保存されなかった細部の「穴埋め」が必要である。二、穴埋めは苦もなく瞬時におこなわれるため、われわれはたいてい、その穴埋め作業に気づかない。穴埋め現象はとても強力で、だまされるものかと思っていても阻止できない。ためしに、つぎの単語リストを読んで、読み終えたらすぐにリストを手で隠してみてほしい。あなたをだましてみせよう。

ベッド　　起きる　　いびき

休息　　　　いねむり　　　　昼寝
目覚め　　　毛布　　　　　　平安
疲れ　　　　うたた寝　　　　あくび
夢　　　　　まどろみ　　　　睡魔

ここからが引っかけだ。つぎの単語のうち、リストにないのはどれか？　ベッド、うたた寝、眠る、ガソリン。そう、正解は「ガソリン」。だがもう一つ正解がある。「眠る」だ。疑うなら、ページから手をどけてたしかめるといい（もっとも、なんにしても手をどけてもらわないと先に進めないわけだが）。たいていの人は、リストに「ガソリン」がないことはわかっても、「眠る」はあったと誤って記憶している。リストの単語がどれも密接に関連しているため、あなたの脳は、読んだ単語を一つ一つ保存するかわりに、要点だけ（「眠りに関係する単語の集まりだな」）を保存したのだ。ふだんならかしこい経済的な記憶法と言える。要点が経験のタペストリーを織りなおす指示書になり、リストの単語を読んだことを思い出させてくれる。しかし今回にかぎっては、この要約語――キーワード、要となる語――がリストになかったために、脳がだまされた。脳は、経験のタペストリーを織りなおすとき、要点が暗に示しているけれど実際にはリストにない単語を、誤って織りこんでしまった。ちょうどさっきの標識の研究で、質問が暗に示しているけれど実際にはスライドにない〈一時停止〉を誤って織りこんでしまったのと似ている。

単語を使ったこの実験は、さまざまな単語リストで何十回とおこなわれ、二つの驚くべき結果が得られている。一、人びとは要約語を見たとぼんやり思い出すわけでも、たぶん見ただろうと推測しているわけでもなく、要約語を見たことを鮮明に記憶していて、まちがいなくあったと確信を持っている。二、この現象は、事前に注意をうながしても起こる。こちらをだまして要約語を見たと記憶ちがいをさせようとする研究者の意図がわかっていても、われわれに記憶ちがいを止める術はない。

知覚の穴埋め

過去の思い出の空白を満たそうとする強力で感知できない穴埋めは、現在の知覚にも同じように勢力をふるう。たとえば、ひどく退屈な火曜日に、ふと自分の目玉を解剖することを思いたったとする。そのうち、網膜の裏の一点から視神経が脳に向かって伸びている場所にいきあたるだろう。視神経が集まって眼球から出ていくその一点は、像を処理できないので、「盲点」と呼ばれている。盲点には視覚受容器がなく、ここに結ばれた像はけっして見ることができない。ところが、リビングルームを見まわしても、ソファに腰かけてチーズディップをたいらげている義弟の像に黒い穴があいている様子はない。なぜか？　脳が盲点のまわりの情報をもとに、盲点が盲点でなければ見るだろう妥当な映像を推測して、視野の穴埋めをしているからだ。そのとおり。脳は生みだし、作りだし、でっちあげている。あなたに相談することも、許可を求めることもしない。脳は、欠けている情報の性質をできるかぎり妥当に推測して、視野の穴を勝手に埋めている。チーズディップ好きの義弟の本物の顔に反射している本物の光によって生じる義弟という視覚経験の一部は、脳がうり二つに見えるようにでっちあげたものだ。事実かどうか確認したければ、左目を閉じて、右目だけで図8の手品師を見つめ、本をゆっくりと顔に近づけてみるといい。焦点は手品師に合わせたままだ。地球が盲点に入ると、かき消えたように見えなくなる。脳が地球のまわりの白さを見て、盲点の部分も白いだろうと誤って推測するため、実際には地球がある部分が急に真っ白に見える。そのまま本を近づけると、また地球が現れる。さらに近づけると、やがて鼻がウサギにぶつかって、不自然に取りつくろうはめになるのでご注意を。

穴埋めのトリックは視覚だけにかぎったことではない。テープ録音した音を使った研究がある。

The state governors met with their respective legislatures convening in the capital city.
(それぞれの州知事は州都に召集された州議会に出席した)

という文を録音し、テープに手を加えて legislatures の最初の s の音を咳の音に置きかえて志願者に聞かせた。志願者は咳を聞きとったが、欠けているはずの s もきちんと聞きとり、咳は単語と単語のあいだに聞こえたと判断した。欠けている音に注意して聴くよう指示しても、練習試行を何千回繰り返しても、志願者は、脳があるはずだと判断して親切にも補ってくれた「欠けている」文字を指摘できなかった。もっとすごい研究がある。「eel（ウナギ）」という単語の直前に咳（*で表すことにする）を録音した音を使ったものだ。志願者は、「The *eel was on the orange（オレンジに*eel がついていた）」という文では「*eel」を「peel（皮）」と聞きとり、「The *eel was on the shoe（靴に

図8　右目だけで手品師を見つめて本を顔のほうにゆっくり近づけると、地球が盲点に入ってかき消える。

*eelがついていた)」という文では「*eel」を「heel（かかと)」と聞きとった。英語の場合、二つの文のちがいは最後の単語だけであり、文末まで待たないと「*eel」に欠けている情報を補えないことを考えると、なんとも鮮烈な結果だ。しかし、脳はこれをやってのけた。しかも、なんの苦もなく瞬時にやったため、志願者の耳には欠けている情報が正しい位置で発音されるのがたしかに聞こえた。

　こうした実験は舞台裏への通行証になり、脳がいかにして信じがたい奇術をやってのけるかを見せてくれる。もちろん、手品ショーの舞台裏へ行ってケーブルや鏡や舞台のせりをすべて見てしまうと、座席にもどったときショーがつまらなくなる。いったんトリックのしくみを見やぶってしまえば、もう引っかからないからだ。でしょ？　ところが、図8のトリックをもう一度試すとわかるが、この何ページかを読んで視覚の盲点について科学的に詳しく理解したはずなのに、あいかわらず盲点のトリックに引っかかってしまう。そればかりか、視覚についてどれだけ詳しく学んでも、絵のウサギに幾度鼻をぶつけても、けっしてこのトリックがきかなくなることはない。いったいどうしてだろう。ここまで、物事がいつも外見どおりとはかぎらないことを納得してもらえるよう説明してきたが、つぎは、そうわかっていても、どうしても外見どおりだと思いこんでしまうのだと納得してもらおうと思う。

脳は魔法使いだ

あなたが子ども時代をすっ飛ばして、裏ごしニンジンを食べていたころから一足飛びに住宅ローンに苦しむ大人になったのでなければ、たぶん、『オズの魔法使い』で、ドロシーたちが偉大にして恐ろしきオズを前にして縮みあがる場面を覚えているだろう。それまでオズは、威嚇するように浮かぶ巨大な頭だったり、火の玉だったりした。ところが、犬のトトが急に暴れだして部屋の隅にあったついたてを倒すと、そこに隠れて機械を操作していた小男の姿があらわになる。主人公たちはあっけにとられ、かかしは小男をペテン師だと非難する。

「まったくそのとおり!」小男は、喜んででもいるかのように両手をこすりあわせて言いました。
「わたしはペテン師だ」〔中略〕
「あなたがペテン師だってこと、ほかの人は知らないの?」ドロシーがききました。
「知っているのはきみたち四人——それと、わたしだけだ。もう長いことみんなをだましてきた

から、ずっとばれっこないと思っていたよ」〔中略〕

「だけど、へんよ」ドロシーはわけがわからなくなってききました。「いったいどうして大きな頭に見えたのかしら?」

「わたしのトリックの一つでね」オズが答えました。〔中略〕

「あなたって、すごく悪い人だと思う」ドロシーは言いました。

「いやいや、とんでもない。わたしはとてもいい人間だよ。ただ、ひどくできの悪い魔法使いなのさ」

魔法を疑う——観念論の発見

一八世紀末ごろ、哲学者たちはドロシーの身に起こった目の覚めるような体験にかなり近い体験をし、多少ためらいつつも、人間の脳はとてもいい器官だが、ひどくできの悪い魔法使いだと結論づけた。それまで哲学者は、感覚を一種の導管ととらえ、外界の事物にかんする情報がそこを通って心に流れこむと考えていた。心は映画のスクリーンのようなもので、そこに外界の事物が中継放送される。ときどきこのしくみが作動しなくなるため、人は本来の姿ではないものを見たりする。しかし感覚がきちんと働いてさえいれば、あるがままの姿が見える。一六九〇年、哲学者のジョン・ロックは、この実在論をつぎのように説明した。

感覚が知性になんらかの観念を伝達するとき、われわれは自分の外に何かがたしかに存在すると確信せずにはいられない。その何かは、感覚に影響をおよぼし、観念を生みだしてわれわれに渡すことで、感覚を通じてわれわれに存在を知覚させる。感覚を通じて単純観念が一つの集成として観察されるなら、その集成がたしかに存在することさえ疑ってかかるほど、感覚の証言に不信の念を抱くことはできない。

つまり、脳は信じはするが、勝手な空想はしないということだ。浮かんでいる巨大な頭を見たら、それは巨大な頭が視界で実際に浮かんでいるからである。心理学的に考える哲学者にとっての唯一の疑問は、それを忠実に反映するという驚くべき仕事を、脳がいかにして成しとげるかだった。

ところが、一七八一年にイマヌエル・カントという孤独好きのドイツ人教授が暴れだして部屋の隅にあったついたてを倒すと、脳が第一級のペテン師だということがあらわになった。カントの新しい「観念論」によれば、知覚は、目が外界の像をなんらかの方法で脳に伝達する生理的過程の産物ではない。知覚は、目が見るものと、われわれが考え、感じ、知り、望み、信じているものとを結合させ、この感覚情報とすでにある知識の結合物とをもとに、現実の知覚を組みたてる心理的過程の産物だ。カントはこう記した。〝悟性（知性）は何も直観できず、感性は何も考えられない。両者の統合によってのみ認識が成りたつ〟。歴史家のウィル・デューラントは、カントの思想を一文にまとめるとうすばらしい偉業を成しとげた。〝われわれの認識する世界は、一つの建造物、完成品、あるいは、ほとんど製造品とさえ呼べるものであり、事物が刺激としてこの世界に寄与しているのと同じくらい、心もかたち作る型としてこの世界に寄与している〞。カントによれば、ある人にとっての浮かんでいる頭の知覚は、その人の持つ浮かんでいる頭に対する知識、浮かんでいる頭に対する記憶、浮かんでいる頭に対する信念、浮かんでいる頭に対する要望、そしてときに――常にではない――浮かんでいる頭そのものの実在から組みたてられる。知覚は肖像画であって写真ではなく、その形態は描写されるものを反映しているだけでなく、画家の筆致をこと細かに表している。

この理論はまさに啓示だった。それから数世紀のあいだ、心理学者はこの理論を拡大して、哲学がへてきた発見の旅とほぼ同じ行程を、個々の人間がたどると提唱した。一九二〇年代、心理学者のジャン・ピアジェは、幼い子どもが、物事の実際の性質と自分の知覚とを区別できないことに気づいた。子どもは、物事が本当に見えているとおりだと考え、ほかの人も自分と同じように見ていると信じる傾向がある。二歳児は、遊び友だちが部屋から出ていったあと、大人がクッキーの瓶からクッキーをとって引出しに隠すのを見ると、もどってきた友だちが引出しのクッキーを捜すだろうと考える。大人が瓶からクッキーをとって引出しに隠したとき、友だちが部屋にいなかったことは気にしない。なぜか？　二歳児は、クッキーが引出しに入っているのを自分が知っているのだから、ほかの人もみんな知っているはずだと考える。外界のものと心の中のものを区別できなければ、べつの心にはべつのものが宿っていることが理解できない。もちろん、子どもは成長するにつれて実在論から観念論へ移行する。そして、知覚がたんなる視点にすぎず、自分が見ているものがかならずしもそこにあるものとはかぎらないことや、ふたりの人がいれば、同じものに対して異なる知覚や観念を持つかもしれないことに気づく。ピアジェはこう結論づけた。〝子どもは思考において実在論者〞であり〝その発達は最初の実在論からの脱却にある〟。つまり、人は哲学者と同様に、実在論者として出発し、いずれそこから卒業する。

魔法は存在しない――実在論の否定

だが、実在論は去るとしても、そう遠くへは行かない。大人でも状況によっては実在論者のようにふるまうことがわかっている。ある研究で、ふたりひと組の大人の志願者を図9のような仕切り棚をはさんで向かいあわせにすわらせた。ありふれた小物がいくつか棚においてある。一部の仕切りは両面があいていて、大トラックや中トラックなどはどちらの志願者からもちゃんと見える。片面しかあいていない仕切りもあり、小トラックなどはひとりの志願者には見えるがもうひとりには見えないようになっている。ふたりの志願者は、一部の仕切りが見えない側（誘導役）と全部の仕切りが見える側（移動役）に分かれ、誘導役の指示にしたがって移動役が特定の小物を特定の場所へ移動するというゲームをする。さて、誘導役が「小トラックを一番下の列に移動してください」と言うとどうなるだろう。移動役が観念論者なら、中トラックを動かすだろう。誘導役には小トラックが見えていないのだから、誘導役の視点では中トラックが一番小さいトラックで、これのことを言っているにちがいないと気づくからだ。一方、移動役が実在論者なら、自分に見えているものが誘導役には見えていないことにはおかまいなしに、小トラックを動かすだろう。では、実際に移動役が動かしたのはどのトラックか。

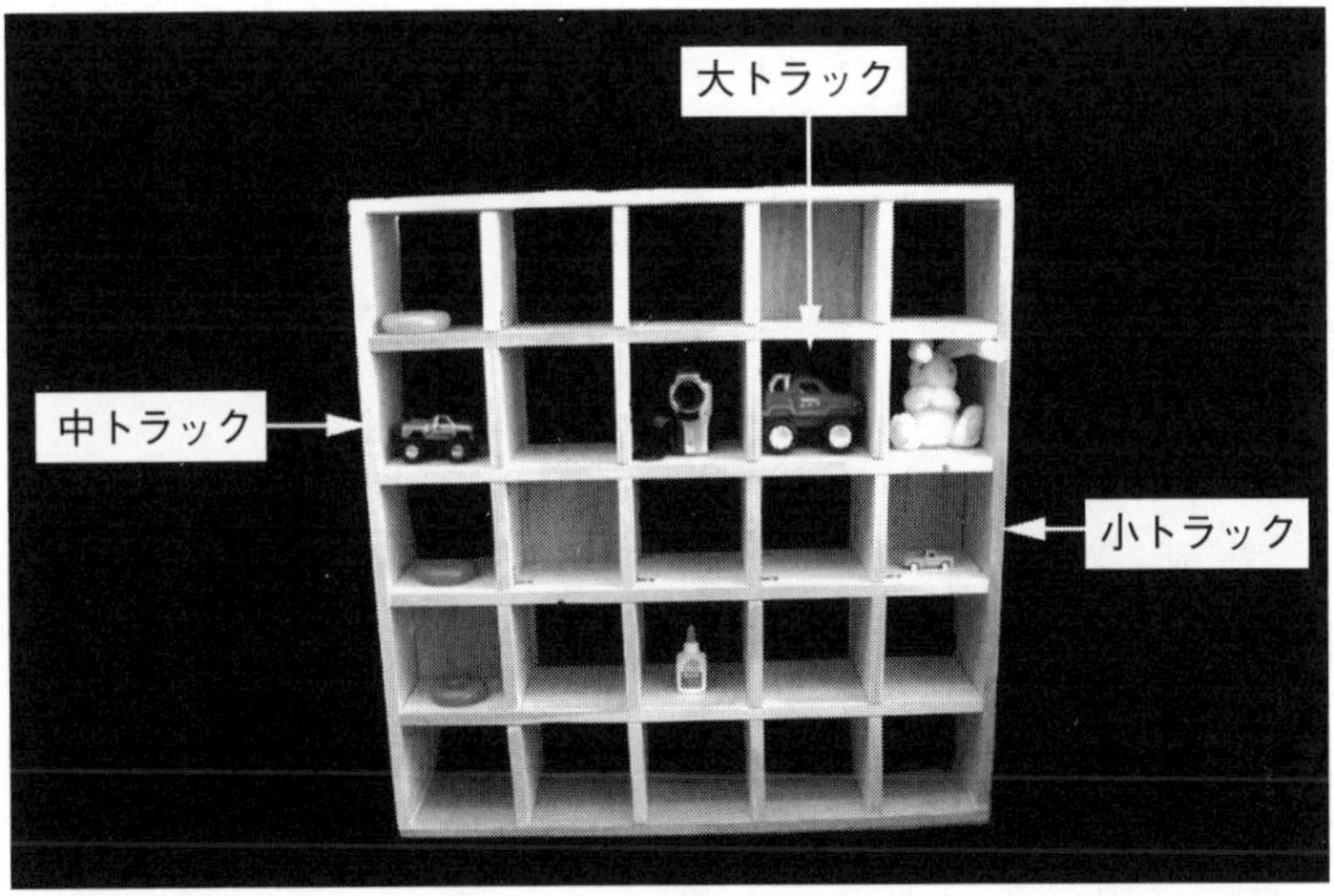

図9

もちろん中トラックだ。え、移動役がばかだとでも思った？　この人たちはふつうの大人だ。無傷の脳、いい仕事、銀行口座、テーブルマナーの知識、とにかくひととおりのものを持っている。誘導役の視点は自分とちがっているのだから、「小トラックを移動してください」というのは中トラックの話にちがいないと知っていた。しかし、この無傷の脳を持ったふつうの大人たちが完璧な観念論者のようにふるまっていたとき、その手が物語っていたのは話のほんの一部だった。研究者は、移動役の手の動きを調べただけでなく、視線追跡装置で移動役の目の動きも調べていた。視線追跡装置は、「小トラックを移動してください」と聞こえた瞬間、移動役がちらりと小トラック——誘導役から見て一番小さい中トラックではなく、自分から見て一番小さい小トラック——のほうを見たことを暴きだした。つまり、移動役の脳は最初、「小トラック」を、自分の視点から見て一番小さいトラックのことだと解釈し、誘導役の視点が自分とちがう事実は考慮しなかった。小トラックを移動しようとちらりと思ったあと、ようやく、誘導役がちがう視点を持っていることに思いいたり、中トラックのことにちがいないと気づいて、手に中トラックを動かすよう指令を送った。手は観念論者のようにふるまったが、目は、脳が一瞬だけ実在論者だったことを暴露してしまった。

こうした実験から考えると、われわれは実在論を卒業するというより実在論をだしぬくことを学ぶのかもしれず、大人になっても、知覚はとっさに実在論に頼る性質があるのかもしれない。この論法でいくと、われわれはまず、物事の主観的な経験が、物事の特性を忠実に表現していると無意識に仮定する。その後——もし時間とエネルギーと能力があれば——すばやくその仮定を退けて、現実の世界がほんとうは自分に見えているとおりではないかもしれないと考えはじめる。ピアジェは実在論を〝記号と、記号が指し示す事物とを無意識かつ瞬間的に混同する傾向〟と説明した。物事についての主観的な感覚を客観的なものとみなすこの傾向が、生涯ずっと無意識で瞬間的なままだということが研究によって示されている。実在論は永遠になくなることはないし、ときどきなくなるわけでもない。まにあわせの信念で、一瞬のうちにすばやく崩れてしまうが、世界を知覚する第一段階はいつもこの実在論だ。われわれは見たものを信じ、そのあと必要があればそれを疑う。

そう考えると、心理学者のジョージ・ミラーが〝脳の最高の知的業績は現実世界だ〟と記したのは正しかったと言える。両耳にはさまれた一四〇〇グラムのミートローフは、たんなる記録装置どころか、おそろしくかしこいコンピューターで、情報を収集し、鋭い判断をし、それに輪をかけて鋭い推測をし、現状について最良の解釈を提供してくれる。この解釈は、たいてい世界の実際の構成と酷似していて、よくできていることが多いため、われわれは、自分が解釈を見ているのだと気づかない。頭の中で悠然とすわったまま、目という透明なフロントガラス越しに世界のあるがままの姿を眺めている気になってしまう。自分の脳がでっちあげの天才で、織りあげる記憶や知覚のタペストリーは細かい部分まで説得力があるせいでほとんど偽物とわからないという点を忘れがちだ。われわれはある意味で全員が偽金作りであり、みずから偽札を印刷するし、他人の偽札も喜んで受けとりながら、うまく仕組まれた詐欺の加害者であり被害者でもあることを自覚していない。これから詳しく見ていくが、われわれはときに、この基本的な事実を見失って、とんでもなく高い代償を払うことがある。穴埋めのトリックを一瞬だけ無視して、記憶や知覚の妥当性を考えなしに受けいれるときに犯すまちがいと、未来を想像するときに犯すまちがいがまったく同じだからだ。

未来の穴埋め

ジョン・レノンは、〝想像してごらんよ、国境のない世界を〟と呼びかけて、すぐにこう言いたした。〝べつにむずかしいことじゃない〟。たしかに、ふつうは想像するのに努力などいらない。昼食に食べるつもりのライ麦パンのパストラミサンドや、母さんが先週送ったと言いはる新しいフランネルのパジャマのことを考えるのに、わざわざ時間をやりくりして予定をあけ、腕まくりまでして、サンドイッチや寝巻きのイメージを思い浮かべる真剣な仕事に集中する必要はない。それどころか、考えてみようかなという気にちょっとなった瞬間、脳はなんの苦もなく、デリカや昼食や小包や母親についての知識をもとに心の絵（温かいパストラミ、黒いライ麦パン、ウサギ足つきのタータンチェックのパジャマ）を描き、われわれはそれを想像の産物として経験する。知覚や記憶と同じで、こうした心の絵はわれわれの意識に既成事実を放りこむ。想像が難なくこれをやってくれている点には感謝すべきだが、われわれは、心にイメージが生まれる過程を意識して監視していないため、想像を記憶や知覚の場合と同じように扱ってしまう。想像しているものが実際の姿を正しく反映していると仮定してしまうのだ。

たとえば、スパゲティを想像して、それをあすの夕飯にしたらどのくらい楽しい食事になると思うか聞かせてくれないだろうか。はい、ありがとう。ここで、二つのことに注目してもらいたい。一つは、たいした苦もなく想像できたということだ。たぶん、一日じゅうパスタのことを考えつづけても、あなたは汗ひとつかかずにいられるだろう。心のイメージを作りだす大変な仕事は脳に任せて、あなたは新しいパジャマを着てのんびりすごしていられる。もう一つ、あなたが想像したスパゲティが、わたしの言ったスパゲティよりはるかにぜいたくだった点に注目してもらいたい。ひょっとしたら、あなたの想像上のスパゲティは、缶から出したベタベタのまずいスパゲティかもしれないし、生バジルとローズマリーの風味がたっぷりのボロネーズパスタかもしれない。ソースはトマトソース、クリームソース、アサリソース、もしかしたらグレープゼリーソースだろうか。たっぷり盛った麺の上に、定番のミートボールが二個載っていたり、ケーパーと松の実をまぜた鴨のソーセージのスライスが散らしてあったりするかもしれない。片手には新聞、もう片方の手にはコーラを持って、キッチンカウンターで立ったまま食べるところを想像したかもしれないし、お気に入りのイタリアンレストランで、ウェイターが用意してくれた暖炉のそばのテーブルについて、まずはコクのある一九九〇年のバローロを注いでもらっているところを想像したかもしれない。

どんな想像をしたにせよ、わたしがスパゲティと言ったとき、きっとあなたは、たった一皿の麺を思い浮かべる前に、ソースや場面の細かい条件をわたしに問いただそうなどという、無駄な衝動に駆られることはなかったはずだ。あなたの脳は、木炭の大ざっぱなスケッチを極彩色の油絵にする注文を受けた肖像画家のごとく、わたしの質問に欠けていた細部をすべて穴埋めし、想像上の山盛り特製パスタをあなたにさしだした。あなたは、この未来のスパゲティの喜びを予測するとき、特定の記憶や特定の知覚に反応するのと同じように、この特定の心のイメージに反応した。細かい部分も自分の想像によって具体化したのであって、脳のでっちあげではないと思いこんだ。

そのさい、あなたは、スパゲティを食べる未来の自分が後悔するかもしれないまちがいを犯した。「あすの夕飯にするスパゲティ」という表現は、ひとつの出来事というより、同種の複数の出来事を表していて、その中のどの出来事を想像したかが、どのくらい楽しい食事になるかという予測を左右する。どんなスパゲティかわからないのに、どのくらい楽しめるか予想するのは、どんな車かわからないのに（フェラーリか、シボレーか）いくら払うか予想したり、連れあいが何を達成したかわからないのに（ノーベル賞を受賞したか、街一番の離婚専門弁護士を見つけたか）連れあいの偉業をどのくらい誇りに思うか予想したり、親族のだれが死ぬかわからないのに（最愛の父さんか、いとこのアイダの祖父である偏屈なシャーマン大おじか）死んだらどのくらい悲しいか予想したりするようなものだ。スパゲティは千差万別で、あなたがどんなスパゲティを想像したかは、その経験がどれくらい楽しいかという予測にまちがいなく影響をおよぼす。想像した出来事に対する自分の反応を正確に予測するには、こうした細部が欠かせない。今回はその重要な細部がわからなかったのだから、スパゲティについて予測するのをさしひかえるか、少なくとも、「アルデンテで熱々のポモドーロなら気に入ると思う」といったただし書きをつけて予測を加減するのがかしこいやり方だったかもしれない。

だが、まずまちがいなく、あなたは予測をさしひかえたり加減したりせず、電子レンジディナーよりすばやく想像上のスパゲティを出して、その一皿と自分がどんな関係になるか自信を持って予測しただろう。もしそうしなかったなら、おめでとう。自分に勲章を授けよう。しかし、もしそうしたのだとしても心配しなくていい。それはけっしてあなただけではない。研究によると、人は、未来の出来事に対する自分の反応を予測するとき、想像に付きものの穴埋めトリックを脳がやっていることを忘れがちだ。たとえば、志願者に未来のさまざまな状況下でどう行動するか尋ねた研究がある。電話調査の質問にどのくらいの時間なら応じてもいいか、サンフランシスコのレストランで特別なお祝いディナーをするのにいくらなら投資してもいいか、などなど。さらに、それぞれの予測の正しさにどれくらい自信があるかも尋ねた。予測する前に、一部の志願者には、想像中の未来の出来事をこと細かに描写させ（「今、〈ジャルディニエール〉でショートリブのワイン煮こみ根菜のロースト添えパセリのクーリを食べているところを想像しています」）、描写した細部がすべて正しいと想定するよう指示した（想定あり群）。ほかの志願者には細かい描写をさせたり正しいと想定するよう指示したりしなかった（想定なし群）。その結果、想定なし群が抱いた自信は、想定あり群とまったく変わらないことがわかった。なぜか？　想定なし群は何もないところから予測したのではなく、ディナーについて尋ねられたとき、瞬間的かつ無意識に、特定のレストランでの特定の食事を心に思い描き、その細部が正しいと推定したからだ。

われわれもみんな、気づかぬうちにこれと同じ状況に陥っていることがある。連れあいにつぎの金曜の晩はパーティに付きあってほしいと頼まれると、脳はすぐに、都心にあるホテルのペントハウスでのカクテルパーティで、オードブルの載った銀のトレーを持った黒い蝶ネクタイのウェイターが、少し退屈そうなハープ奏者の前を横切るイメージを作りあげる。そしてこうやって想像した出来事に自分がどう反応するか予想して、口をあける大きさも時間の長さも新記録の大あくびだろうと結論をだす。たいてい考えから落ちてしまうのは、いかにさまざまなパーティがあるか――誕生祝い、画廊の開店、映画の打ちあげ、ヨットパーティ、職場のパーティ、どんちゃん騒ぎ、徹夜の宴会――という点と、それぞれに対する自分の反応がいかにちがうかという点だ。それで、連れあいにパーティはやめようと言い、当然ながらどのみち連れていかれて、結局は最高にすばらしい時をすごしたりする。なぜか？　パーティの中身がクラシック音楽と海草クッキーではなく、安いビールとフラフープで、自分の好みにぴったりだったからだ。性に合わないと予測したものを気に入ったのは、脳がもっともありそうな事態を詳しく予測したのに、今回は脳の推測がまちがっていたせいだ。ようするに、われわれは未来を想像するとき、ちょくちょく心の目の盲点に入ったままで想像する。そのせいで、どう感じるか検討したい未来の出来事も、誤って想像してしまうことがある。

この傾向は、ありふれたパーティやレストランやスパゲティについての予測だけにとどまらない。

例をあげよう。ほとんどの人は、イーストマンでいるほうがフィッシャーでいるよりまちがいなく楽しいだろうと考える。だが、まちがいなくと言えるのは、ちょっと立ちどまって、われわれの脳がこのふたりの人生と死の細部を、いかにすばやく躊躇《ちゅうちょ》なしに穴埋めしたか、そして、このでっちあげの細部が、予測にいかに大きく影響したかを考えるまでの話だ。あなたの脳が本章の冒頭で作りださなかったにちがいない二つの物語を見てみよう。

あなたは、人のごったがえす汚い街――一九世紀のシカゴに住む若いドイツ人移民だ。ひとにぎりの裕福な一族――アーマー家、マコーミック家、スウィフト家、フィールド家――が産業を独占し、あなたや家族を機械や馬のように使う権利を持っている。あなたは社説で社会正義を呼びかける小さな新聞社に寸暇を割いているが、なかなか抜け目がなく、こうした論説では何も変わらないことも知っているし、工場があいかわらず紙を製造し、豚肉を製造し、トラクターを製造しながら、生産の原動力である血と汗にまみれて疲れきった労働者を吐きだしつづけることにも気づいている。あなたは虫けら同然の消耗品だ。これぞまさしくアメリカ。ある晩、ヘイマーケット広場で工場労働者と地元警察の争いが起こる。あなたは爆弾が投げこまれたときその場にいなかったにもかかわらず、ほかの「アナーキスト指導者」たちとともに一斉検挙され、暴動を指揮した罪を負わされる。とたんに、あらゆる大新聞の一面に名前が載り、あなたは全国に自分の意見を発表する場を得る。裁判官がでっちあげの証拠をもとに判決をくだしたとき、あなたは、この恥辱にまみれた瞬間が歴史の本に残り、自分が「ヘイマーケットの犠牲者」として知られるようになり、みずからの死刑執行によって、求めていたが無力で達成しえなかった改革への道がしかれることに気づく。数十年後には、今よりはるかにいいアメリカになっていて、犠牲的行為を果たした自分を国民がたたえてくれるだろう。信心家ではないが、十字架にかかったイエス――冤罪《えんざい》を受け、不当に有罪を宣告され、無残にも処刑されたイエスが、偉大な思想を後世に残すために命を捧げたことが頭をよぎる。死を覚悟しながら、もちろん神経は高ぶっている。しかし、深い意味で、この瞬間は思いがけない幸運であり、夢の成就であり、ひょっとしたら、人生で最高に幸せな瞬間とさえ言えるかもしれない。

二つめの物語に移ろう。一九三二年、ニューヨーク州ロチェスター、世界恐慌の真っただ中だ。あなたは、帝国を築き、技術を進歩させ、自分の富を図書館や交響楽団、大学、歯科医院に寄付して、何百万もの人生を向上させることに人生を費やしてきた七七歳の老人だ。長い人生の至福のときは、カメラをいじったり、ヨーロッパの美術館を巡ったり、釣りや猟をしたり、ノースカロライナのバンガローで大工仕事をしたりする瞬間だった。ところが、脊髄の病気のために、これまで楽しんできた活動的な生活を送るのがだんだん困難になった。ベッドですごす毎日は、かつてあれほど生気に満ちていた男にはあまりに似つかわしくない。あなたはけっして若返れないし、けっして回復しない。よき日々は終わりを告げ、あとは日々老いていくばかり。ある月曜の午後、あなたは机にすわり、お気に入りの万年筆のふたをとってレポート用紙にこう書き記す。〝親愛なる友人たちへ。わたしの仕事は終わった。なぜ待つ必要がある？〟その後、タバコに火をつけ、その一本を心ゆくまで楽しんでからもみ消すと、ルガーオートマティックの銃口を慎重に胸にあてる。医者が心臓の位置を教えてくれたし、今はそれが早鐘を打っているのが手に伝わってくる。引き金を引く覚悟をしながら、もちろん神経は高ぶっている。しかし、深い意味で、この狙いすました弾丸によって、すばらしい過去をあとに残し、つらい未来から逃れられると感じる。
ささあ、暗い顔は終わり。ここに書いたアドルフ・フィッシャーとジョージ・イーストマンの人生の細部は正確だが、それはあまり重要ではない。重要なのは、パーティやパスタにあなたの好きなものと嫌いなものがあるように、大金持ちのあり方や処刑のされ方にもいろいろあり、われわれが考えるより大金持ちになることがすばらしいことでなかったり、処刑されることがひどいことでなかったりするという点だ。フィッシャーとイーストマンの反応がひねくれているように見えた理由の一つは、まずまちがいなく、あなたが彼らの境遇を誤って想像したことだ。あなたは考えなおしもせず、強情な実在論者のようにふるまって、目を離したすきに脳が作りだした細部を疑うことなく、それをもとに自分ならどう感じるか予測した。あなたのあやまちは、知りようがない物事を想像したことじゃない――むしろそれこそ、想像のなんたるかだ。あなたのあやまちは、よく考えずに、想像したものを事実の正確な反映であるかのように扱ったことだ。あなたはりっぱな人にちがいない。ただ、ひどくできの悪い魔法使いだ。

*

受精のときに自分の脳を選べたとしたら、あなたはたぶん、トリックをしかけるこの脳を選ばなかっただろう。選択肢がなくて幸運だった。穴埋めのトリックなしでは、スケッチふうの記憶や空っぽの想像しか持てず、どこへ行くにも視野に小さな黒い穴がついてまわる。カントは、〝観念のない直観は盲目だ〟と書き記して、穴埋めのトリックがなければ、当然のものとして軽視されている主観的経験のまがいものさえ味わえないことを指摘した。われわれは、実際にはそこにないものを見たり、実際には起こらなかったことを記憶していたりする。まるで水銀中毒の症状のように聞こえるかもしれないが、これは、継ぎ目がないほど滑らかで、ありがたいほど正常な現実を作るレシピに欠かせない材料だ。だが、この滑らかさと正常さは高くつく。脳が穴埋めのトリックをしていると机上でなんとなくわかった気になっていても、どうしても自分が想像したとおりに未来が展開することを期待してしまうからだ。しかし、これから詳しく見ていくが、脳が水増しする細部は、脳が放っておく細部にくらべれば、まだかわいいものだ。

5　脳はこっそり無視をする

ああ、憎むべき誤解よ、憂鬱の落とし子よ、
おまえはなぜ信じやすい人の心につけこんで
ありもせぬものを見せるのだ？
――シェイクスピア『ジュリアス・シーザー』

名競走馬の白銀号が失踪してまもなく、グレゴリー警部とロス大佐は、怪しい男が厩舎《きゅうしゃ》に忍びこんで白銀号を盗みだしたことを突きとめた。しかし例のごとく、シャーロック・ホームズは警察の一歩先を行っていた。警部は偉大な探偵を頼りにした。

「何かもっと気をつけるべき点があれば教えていただきたいのですが」

「あの晩、犬が奇妙だった点に注目すべきでしょうな」

「犬はあの晩、何もしなかったそうです」
「だから奇妙だと言うのです」シャーロック・ホームズは答えた。
どうやら厩舎には犬が一匹いたらしいが、馬が盗まれたとき、厩舎の働き手はふたりとも眠りこんでいたようだ。この二つの事実から、ホームズは今回もまぎれもない名推理をした。あとでこう説明している。

わたしは、犬がおとなしかったという重大な事実をつかみました。〔中略〕厩舎には犬がいたというのに、何者かが入りこんで馬を盗みだしても、上で寝ていたふたりの働き手が目を覚ますほど激しくは吠えなかったわけです。この真夜中の訪問者は、犬がよく知っている人物だったにちがいありません。

警部と大佐は起こったことに気づいたが、起こらなかったことに気づいたのはホームズだけだった。犬が吠えなかったのは、警察の突きとめた怪しい男が犯人ではないことを意味する。シャーロック・ホームズは、出来事が欠如していることに細心の注意を払うことで、ほかの全人類からさらに一歩抜きんでた。これから詳しく見ていくが、ほかの全人類は未来を想像するとき、どの想像が欠けているかほとんど気づかない。その欠けている部分は、われわれが思っているよりはるかに重要なのだ。

足りないものに気づけ

あなたが高い建物のある街に住んでいるなら、ハトの並はずれた排便能力を知っているだろう。ハトは、あなたの一番高いセーターにちょうど命中する絶妙なタイミング、速度、位置で糞《ふん》をする。爆撃手としてのこの才能を考えると、ハトがもっとずっと単純なことを学べないのは奇妙に思える。たとえば、光をつけたり消したりできる二つのレバーを取りつけた鳥かごに入れると、ハトは光ったレバーをさげれば餌がもらえることを学習できる。しかし、餌をもらうために光っていないレバーをさげることはけっして学習できない。光があるのは食べられる合図だというのは難なく理解するが、光がないことがその合図だというのは理解できない。研究の結果、この点は人間も少しハトに似ていることがわかってきた。

ある研究では、志願者に三文字の文字列（SXY、GTR、BCG、EVXなど、アルファベット三文字を組み合わせた文字列）のセットを見せて推論ゲームをさせた。研究者は、一セットに含まれる複数の文字列のうち一つを指して、志願者にこの文字列だけ特別だと告げる。志願者に課せられるのは、なぜその文字列が特別なのかを突きとめることだ。つまり、特別な文字列のどの特徴が、ほかの文字列とちがっているかを見きわめなければならない。志願者に文字列のセットをつぎつぎ見せながら、研究者が特別な文字列を一つずつ指していった。志願者は何セット見たところで、特別な文字列の特徴を推論できただろう。半数の志願者が見たセットでは、Tのある文字列が特別な文字列で、各セットに一つだけ含まれていた。この志願者たちは、およそ三十四セット見たところで、特別な文字列の特徴はTがあることだと突きとめた。あとの半数の志願者が見たセットでは、特別な文字列を特徴づける点は、セットの中でその文字列にだけTが含まれていないことだった。驚くべき結果がでた。文字列のセットをいくつ見せられても、だれひとりこの特徴を見きわめることができなかったのだ。文字があることに気づくのは簡単でも、犬の吠え声の例と同く、文字がないことに気づくのは不可能だったわけだ。

現在での欠如

これが鳥の餌や三文字の文字列だけの話なら気にとめることはない。しかし、欠如について考えられないという一般的な傾向が、日々の生活で生じる誤りの重大な原因になっていることが明らかになってきた。ほんの少し前、わたしは、ハトには歩行者に命中させる並はずれた才能があると指摘した。あなたも、みごとなシミの犠牲になったことがあるなら、たぶん同じ意見だろう。それにしても、ハトがほんとうに狙いをつけているとか、狙いどおりに命中させられるとか感じてしまうのはどういうわけだろう。それは、多くの人が、横桟にずらりと並んだこのはた迷惑なネズミ野郎の下を通ったとき、白いかたまりをまともにぶつけられてしまったという経験を何度もしているからだ。下を通るのはほんのわずかな時間だし、上空から見れば人間の頭など小さくて動きの速い的にちがいないのだから、偶然のはずがない。ごもっとも。だが、ハトがわれわれを狙おうと心に決めていて、そのために欠かせない技能を備えているかどうかをほんとうに知りたければ、横桟の下を歩いてきれいなままだった回数も考えに入れなければならない。都会のハトの悪意と爆撃の腕を計算する正しい方法は、上着に糞がついているときと、ついていないときの両方を検討することだ。ハトの命中率が一〇回中九回なら、その正確さをたたえるべきだろうし、やつらに近づかないのが利口だろうが、命中率が九〇〇回中九回なら、狙いが正確で態度も悪いように見えるのは、たぶんただのまぐれにすぎない。はずれは、命中からどんな推測が合理的に引きだせるかを左右する重大な要素だ。科学者は、二つの物事の相関関係——雲の種まきと人工降雨、心臓発作とコレステロール、なんでもいい——を確定しようと思ったら、二つが両方ある場合（コレステロール値が高く心臓発作を起こした人の数）と片方のみの場合（コレステロール値が高く心臓発作を起こさなかった人の数と、コレステロール値が高くないのに心臓発作を起こした人の数）と両方ない場合（コレステロール値が高くなく心臓発作を起こさなかった人の数）をすべて考慮したデータを用いて計算する。二つの物事に真の相関関係がある可能性を正確に評価するには、以上の数値が全部必要になる。

こうしたことはみんな、しごくもっともなことだ——統計学者にとっては。しかし、ふつうの人が二つの物事に相関関係があるかどうか知りたいと思ったら、ふつうは起きたことについて調べたり、注目したり、考慮したり、思い出したりするだけで、起きなかったことについては、あれこれ考えないことが研究で示されている。どうやら、人はこの誤りを長いあいだ犯してきたらしい。四世紀近く前、哲学者であり科学者でもあったサー・フランシス・ベーコンは、心の誤り方について記し、欠如を考慮しないことがもっとも深刻だと指摘した。

人間の理解力を何よりも妨害し異常にさせるのは、〔中略〕感覚にじかに影響をおよぼさないけれど、より重要な場合があるものより、感覚にじかに影響をおよぼすもののほうが重視される〔という事実だ〕。したがって、熟考の対象は見えるものにかぎられ、見えないものにはほとんど、あるいはまったく注意が払われない。

ベーコンはこの論点を説明するのに、ローマの神殿を訪れた男の物語を使った（この物語は、さらに一七世紀さかのぼったキケロから借用したものだったことがのちにわかった）。この訪問者が神々の力に感銘を受けるよう、ローマ人は、先ごろ船が難破したのに、信仰心のおかげで生き残ったとされる敬虔な船乗りたちの肖像画を見せた。これが奇跡の証拠だと信じるようせまられた訪問者は、抜け目なく尋ねた。「ですが、神々に誓いをたてていたのに死んだ船乗りたちの肖像画はどこですか」。科学的にも示されているが、われわれのような凡人は、行方不明の船乗りの絵などめったに見たがらない。

欠如しているものや「〇〇でないもの」について考えられないせいで、われわれはかなり奇妙な判断をすることがある。三〇年ほど前におこなわれたある研究では、アメリカ人に、セイロンとネパール、西ドイツと東ドイツという二つの組み合わせのうち、互いの国がより似ているのはどちらか尋ねた。ほとんどの人が東西ドイツのほうを選んだ。ところが、似ていない国の組み合わせがどちらか尋ねても、ほとんどのアメリカ人は同じく東西ドイツを選んだ。一方の組み合わせのほうがもう一方の組み合わせより似ていて、同時に似ていないことがありうるだろうか。もちろんありえない。しかし、二国が似ているかどうかを判断するよう求められると、人は類似点（国名をはじめ、東西ドイツにはたくさんある）を探そうとし、類似点でないものを無視する。二国がちがっているかどうかを判断するよう求められると、相違点（政治体制をはじめ、東西ドイツにはたくさんある）を探そうとし、相違点でないものを無視する。

　欠如しているものや「○○でないもの」を無視する傾向は、もっと個人的な判断も混乱させる。たとえば、つぎの二つの島のうち一つで休暇をすごす準備をしているとしよう。平凡島《モデラシア》（気候も平凡、砂浜も平凡、ホテルも平凡、夜の娯楽も平凡な島）か、極端島《エクストリミア》（気候はよく、砂浜もすばらしいが、ホテルはみすぼらしく、夜の娯楽がない島）か。予約をする時期がきて、どちらかに決めなければならなくなった。さあ、どっちにする？　ほとんどの人は、極端島を選ぶ。では、どちらの島にも仮予約がしてあったらどうか。クレジットカードから解約料が引き落とされる前に、どちらかに決めなければならない。さあ、どっちをキャンセルする？　ほとんどの人は極端島の予約をキャンセルする。なぜ選ぶのも却下するのも、どちらも極端島なのか。選ぶときは選択肢の長所を考え、却下するときは短所を考えるからだ。極端島には最大の長所と最大の短所があるため、選ぶべきよい点を探しているときも、却下すべき悪い点を探しているときも、極端島が目につく。もちろん、休暇先を選ぶ論理的な方法は、長所と短所の有無をすべて検討することだが、ほとんどの人はそんなことはしない。

未来での欠如

欠如を軽視する傾向は、未来についての考え方にも影響をおよぼす。過去の出来事をこと細かに記憶していない（高校の卒業式に何色の靴下をはいていった？）のや、現在の出来事をこと細かに見ていない（今あなたの後ろにいる人は何色の靴下をはいている？）のとまったく同じように、われわれは未来の出来事をこと細かに想像しない。たとえば、ここで目を閉じて、五・五リットルV型一二気筒三六バルブのツインターボチャージャー付エンジンを搭載した銀のメルセデスベンツSL600ロードスターを乗りまわしている自分の姿を、まる二時間想像しようと思えばできるだろう。フロントグリルの曲線、フロントガラスの傾斜、黒革張りの内装の新しいにおい。しかし、たとえ何時間かけて想像したとしても、心に浮かべたイメージをじっくり調べてナンバープレートの登録番号を読みあげてくれと言われたら、その点は想像しなかったと認めざるをえないはずだ。もちろん、すべてを想像できる人などいるわけがないし、そうすべきだと忠告するのはばかげている。だがわれわれは、自分が想像した未来の出来事の細部を、実際に起きるものとして扱う傾向があるのと同様に、自分が想像しなかった未来の出来事の細部を実際には起こらないものとして扱うという、同じくやっかいな傾向がある。つまりわれわれは、想像がどのくらい穴埋めするか気にしないし、どのくらい穴埋めせずに放っておくかも気にしない。

この点を人に説明するとき、わたしはよく、最初の子どもが突然死んだとしたら二年後にどんな気持ちでいると思うか聞かせてくれと相手に頼む。ご想像のとおり、これでわたしはパーティの注目の的だ。いや申しわけない。こんな残酷な想像をあなたに強制するつもりはない。だが、万が一あなたが応じてくれるとすれば、たぶん、ほとんどだれもが返す答えと同じ返答をするだろう。大筋はこんな感じだ。「あんた、どこかおかしいんじゃないか？　打ちのめされて、ぼろぼろになってるに決まってるだろ。朝ベッドから起きるのもままならない。自殺だってしかねない。で、あんたをパーティに招いたのはどこのどいつだ？」

この時点で相手のカクテルを頭からかぶっていなければ、たいていもう少し切りこんで、どうやってその結論にいたったかを尋ねる。どんな考えやイメージが心に浮かんだのか、どんな情報を検討したのか。だいたいは、死の知らせを聞いたときのことや、葬式をしたときのこと、空っぽの寝室のドアをあけたときのことを想像したという答えが返ってくる。わたしは何年もこの質問をしつづけ、そのせいで、かつて属していたあらゆる社交界から締めだされるはめにもなったが、これまで一度も、この胸の張り裂けそうな恐ろしいイメージのほかに、子どもの死から二年のあいだに当然起こるだろう出来事をあわせて想像したという人にはお目にかかっていない。それどころか、だれひとり、下の子の学芸会を見にいくことや、暑い夏の夕方にりんご飴《タフィアップル》を食べること、夫婦生活、読書、執筆、サイクリングなど、その二年間でするだろうさまざまな活動について、ひと言も触れたことがない。いや、いくらわたしでも、べたべたする飴で子どもを亡くした埋め合わせができるなどとほのめかすつもりは微塵《みじん》もない。そうではなく、わたしが言いたいのは、不幸な出来事のあとの二年間にも、かならず何かがあるはずだ、ということだ。なんらかのエピソードや事件がつまっているにちがいなく、そのエピソードや事件がなんらかの感情をもたらすはずだ。もたらされる感情が大きいか小さいか、正か負かにかかわらず、このことを考慮に入れなければわたしの質問には正確に答えられない。ところが、質問が意味する一つだけの惨事のほかに何か想像した人は、わたしの知るかぎりひとりもいない。未来を想像するときには、欠けているものがたくさんあり、その欠けているものこそが重要になる。

これを実証した研究がある。ヴァージニア大学の学生に、大学のフットボールチームが今度のノースカロライナ大学との試合で勝ったら（負けたら）、数日後はどんな気持ちでいると思うか尋ねた。予測を立てる前に、一部の学生にはふだんの一日に起こる出来事を描写させ（描写群）、一部の学生にはさせなかった（非描写群）。数日後、学生に実際はどのくらい幸せか尋ねたところ、非描写群だけが勝敗の影響を大幅に大きく見積もっていたことがわかった。なぜか？　非描写群は、未来を想像したとき、試合後に起こるだろう出来事の細部まで想像しなかったからだ。たとえば、自分たちのチームが負けた（悲しいこと）直後に友だちと飲みに行ったり（うれしいこと）、チームが勝った（うれしいこと）直後に図書館へ行って化学の期末試験の勉強をはじめたり（悲しいこと）することを考えに入れていなかった。非描写群は、未来のたった一つの側面――フットボールの試合結果――にしか注目せず、飲んだくれパーティや化学の試験といった幸せに影響をおよぼすだろう未来のほかの面を想像しなかった。一方、描写群は、非描写群が気にしなかった細部まで考慮に入れざるをえなかったため、より正確な予測をした。

注目の焦点をしぼらないようにするのはむずかしい。つまり、自分が考慮していない事柄はいったいなんだろうと考慮するのはむずかしい。これは、未来の出来事に対する自分の気持ちをちょくちょく誤って予測してしまう理由の一つだ。例をあげよう。ほとんどのアメリカ人はつぎのどちらかのタイプに分類できる。カリフォルニアに住んでいて、そのことが幸せな人と、カリフォルニアには住んでいないけれど、もし住んでいれば幸せだと信じている人だ。ところが、研究によれば、カリフォルニア住民はけっしてほかの人たちより幸せというわけではない。ではなぜ、カリフォルニア住民がほかの人たちより幸せだと、だれもが（本人たちも含めて）信じているのだろう。カリフォルニアは米国本土でも有数の美しい景観とすばらしい気候を誇り、非カリフォルニア住民がこの魔法のことばを聞くと、とたんに想像力が働いて、さんさんと日のふりそそぐ砂浜やセコイアの巨木のイメージを心に作りあげる。しかし、いくらロサンゼルスの気候がオハイオ州のコロンバスよりいいといっても、気候は人の幸せを左右するたくさんの事柄の一つにすぎない。にもかかわらず、そのときほかの事柄は心のイメージから抜けおちている。砂浜とヤシの木という心のイメージから抜けおちているもの——たとえば、交通量、スーパーマーケット、空港、スポーツチーム、ケーブルテレビの料金、住宅費、地震、地すべりなど——を追加すれば、LAがコロンバスにまさる点（よい気候）もあれば、コロンバスがLAにまさる点（少ない交通量）もあることに気づく。カリフォルニア住民のほうがオハイオ住民より幸せだとわれわれが考えるのは、ほとんど細部のないカリフォルニアを想像し、想像しそこねた細部が結論を劇的に変える場合があるという事実を勘定に入れないからだ。

われわれがカリフォルニア住民の幸せを過大に見積もる原因は、慢性疾患や障害のある人たちの幸せを過小に見積もる原因にもなる。たとえば、晴眼《せいがん》の人は、盲目の状態を想像するとき、盲目が専業の仕事ではないことを忘れてしまう。盲目の人は見ることこそできないが、晴眼の人がやることをほとんどなんでもやる——ピクニックに行き、税金を払い、音楽を聴き、交通渋滞にはまる——ので、幸せは晴眼者とまったく変わらない。晴眼の人にできて盲目の人にできないこともあるし、盲目の人にできて晴眼の人にできないこともあるため、盲目の人と晴眼の人の人生はまったく同じではない。しかし、盲目の人の人生がどんなものだとしても、盲目というだけの人生ではありえない。ところが、晴眼の人が盲目の状態を想像すると、盲目の人生にまつわるそのほかすべてのことを想像できず、誤った予測をして、どれほど満ちたりた人生になりうるかに気づけない。

遠くのものは小さく、きれいに見える

およそ五〇年前、ケンゲという名のピグミーがアフリカの熱帯密林からはじめて出て、人類学者といっしょに開けた草原へ行った。遠くにスイギュウが姿を現すと――色あせた空を背景にした小さな黒い点に見えた――ケンゲは物珍しそうに眺めた。やがて、ケンゲは人類学者に顔を向けて、どんな種類の昆虫かと尋ねた。〝あの昆虫はスイギュウだと話すと、ケンゲは大笑いして、ばかげた嘘をつくなと言った〟。この人類学者はばかでもないし嘘をついたわけでもない。そうではなく、ケンゲはこれまでの人生を地平線の見えない密生したジャングルですごしてきたため、ほとんどの人があたりまえと思っていること、つまり、遠くにあると物体がちがって見えることを学んでいなかった。わたしやあなたは昆虫と大型動物をごっちゃにしたりしない。広大な広がりを見わたすことに慣れていて、物体が近くにあるときより、遠くにあるときのほうが、網膜に写る像が小さいことを早い時期に学習したからだ。脳は、網膜上の小さな像の正体が、近くにある小さい物体なのか、遠くにある大きい物

体なのかをどうやって知るのだろう。微に入り細をうがつということばがあるが、それがあてはまる。われわれの脳は、近くにある物体の表面はきめの細かい細部を保っていられるが、物体が遠ざかるにつれて細部がぼんやりして見分けられなくなると知っていて、見ることのできる細部の細かさをもとに、目と物体との距離を見積もる。もし網膜上の小さな像の細部がくっきりしていれば――蚊の頭の細い毛や翅のセロファンのような質感が見えれば――脳はその物体が目から二、三センチメートルの位置にあると推測する。もし網膜上の小さな像の細部がぼんやりしていれば――スイギュウの体のぼやけた輪郭と陰影のない形しか見えなければ――脳はその物体が数キロメートル離れた位置にあると推測する。

空間上で自分に近いものが遠いものより詳細に見えるのと同じで、時間軸上で自分に近い出来事は詳細に見える。近い未来は細部まで克明で、遠い未来はのっぺりしておぼろげだ。たとえば、若いカップルに、「結婚」を心に描くときどんなことを考えるか尋ねると、式から一カ月の隔たりがある（一カ月後に結婚する場合も一カ月前に結婚した場合も）カップルは、結婚をかなり抽象的におぼろげに思い描き、「真剣な誓いをたてる」とか「まちがいを犯す」といった大づかみな説明をする。しかし、挙式を翌日に控えたカップルは、結婚を具体的にこと細かく思い描き、「プロに写真を撮ってもらう」とか「特別な衣装を着る」といった説明をする。同様に、志願者に自分があすドアの鍵をかけるところを想像させると、心に描いたイメージを「鍵を錠にさしこむ」などの詳しいことばで説明するが、来年のこととして想像させると、「戸じまりをする」などのあいまいなことばで説明する。われわれは遠い過去や遠い未来の出来事について考えるとき、抽象的にどうしてその出来事が起きたのか、あるいは起きるのかを考えがちだが、近い過去や近い未来の出来事について考えるときは、具体的にどんなふうにその出来事が起きたのか、あるいは起きるのかを考える。

時間軸上で見るのは空間上で見るのと似ている。だが、空間と時間の地平線には一つ重大なちがいがある。遠方のスイギュウを知覚するとき、脳は、スイギュウがおぼろげでのっぺりしていて、細部がわからないのが遠くにいるせいだと気づいている。スイギュウそのものがおぼろげでのっぺりしているなどと、まちがった結論を出すことはない。ところが、時間軸上で遠方の出来事を思い出したり想像したりするとき、脳は、細部がわからないのは時間軸上の隔たりのせいだという事実を見逃すらしい。遠くの出来事も、自分が想像したり思い出したりしたとおり、実際におぼろげでのっぺりしていると結論づけてしまう。たとえば、何か約束をしても、それを果たす段になると深く後悔してばかりいるのはなぜだろうと考えたことはないだろうか。われわれはみんなそうだ。来月、姪と甥の子守りをする約束をして、手帳にわざわざメモするくらい楽しみにしていたとする。それが、実際にハッピーセットを買ってやり、バービー人形のハウスセットを出してやり、水ギセルを隠し、一時からはじまるＮＢＡのプレーオフを見送らなければならない段になると、子守りを引きうけたとき自分はいったい何を考えていたのだろうと思ってしまう。そう、何を考えていたのだろう？　引きうけたとき、われわれは子守りを「どのように」ではなく「どうして」の観点で考えていた。実行ではなく原因と結果の観点で考えて、自分の想像している細部なしの子守りのイメージが、やがて経験することになる細部だらけの子守りとはちがう点を考慮に入れなかった。来月の子守りは「愛の行為」だが、今この瞬間の子守りは「昼食の行為」だ。愛情を表現するのはある意味で精神的な行為だが、フライドポテトを買ってやるのはまったくちがう。

　実行するとやたらと目につく子守りのざらざらした細部が、ひと月前に心に描いた子守りのイメージに含まれていないのは、たしかに驚くことではないかもしれない。だが、細部がいよいよ視野に入ったとき、われわれがどれだけ驚くかは、驚くにあたいする。遠い将来の子守りには遠方のトウモロコシ畑と同じ錯覚ののっぺりさがあるが、トウモロコシ畑がほんとうはのっぺりしていないことも、遠く離れているからそう見えるだけなのも知っているのに対し、それが時間上で遠く離れた出来事のことになると、同じ事実がおぼろげにしかわからない。志願者に「いい一日」を想像するよう指示すると、いい一日が一年後の場合よりあすの場合のほうが、より多様な出来事を想像する。あすに控えたいい一日はかなり詳細に想像されるので、だまのあるケーキ生地のように、たっぷりのいいこと（「ゆっくり起きて、新聞を読んで、映画に行って、親友に会うかな」）の中に、少々の嫌なつぶつぶ（「でも、あのむかつく落ち葉をかき集めなくちゃならないかも」）が混じった状態になる。一方、来年のいい一日は、幸せなエピソードだけのなめらかなピューレのように想像される。そればかりか、心に描いた近い未来と遠い未来のイメージがどれくらい現実的だと思うか尋ねると、みんな、来年のなめらかなピューレがあすのだまのある生地とまったく変わらず現実的だと答える。着陸しようとするパイロットにたとえると、上空から平坦な黄色い四角形に見えたトウモロコシ畑が、じつは――よりにもよって――トウモロコシだらけだとわかって心底びっくりするようなものだ。知覚、想像、記憶は、共通点の多いすばらしい能力だが、この三つ子の中では、少なくとも一つの点で知覚がすぐれている。遠くのスイギュウと近くの昆虫を取りちがえることはめったにない。だが、空間ではなく時間の地平線となると、われわれはピグミーたちと同じまちがいを犯してしまう。

近くの未来と遠くの未来をこれほど質感の異なるものとして想像することは、それぞれに異なった評価をくだす原因になる。ほとんどの人は、今晩ブロードウェイのミュージカルを観たり、きょうの午後アップルパイを食べたりするために出す金額より、同じチケットやパイを来月配達してもらうために出す金額のほうが少ない。これはべつに不合理でもなんでもない。遅れは痛みをともなうため、遅れをがまんするかわりに割引きを要求するのは筋がとおっている。だが研究によれば、待つことの痛みを想像する場合、人は近い未来に起こる痛みのほうが、遠い未来に起こる痛みよりつらいと想像し、そのせいでやや奇妙な行動をとることがある。たとえば、たいていの人は、三六四日後に一九ドル受けとるより、一年後に二〇ドル受けとるほうを選ぶ。遠い未来に起こる一日の遅れは、（ここからだと）たいして不便に見えないからだ。一方、たいていの人は、あす二〇ドル受けとるより、きょう一九ドル受け取るほうを選ぶ。近い未来に起こる一日の遅れは、（ここからだと）耐えがたい苦痛に見えるからだ。一日待つことがどれだけの痛みをともなうにしても、その痛みはいつ経験しようが同じはずだ。ところが、人は近い未来の痛みがとても激しいと想像して、それを避けるために喜んで一ドルさしだすくせに、遠い未来の痛みはおだやかだと想像して、それを喜んでこらえて一ドル受けとる。

なぜこんなことになるのだろう？　近い未来のなまなましい細部は遠い未来よりはるかにとらえやすいため、すぐに起こる出来事を想像するときのほうが、あとで起こる出来事を想像するときより不安になったり興奮したりするからだ。実際に、近い未来に金銭などの報酬を受けとる想像をすると、脳のおもに快い興奮を生じさせる部分が活性化するが、遠い未来に同じ報酬を受けとるところを想像しても活性化しないことが研究でわかっている。もし、地元の図書館の前で呼び売りするガールスカウトの子からはミントチョコレートクッキーを何箱も買いすぎたのに、家の呼び鈴を鳴らして未来の配達の注文を聞きにくるガールスカウトの子からは、ほんの数箱しか買わなかったという経験があるなら、あなたもこの不合理を実体験していることになる。予想観測鏡で未来をこっそりのぞくと、一時間後ははっきり見えても一年後はぼやけて見えるため、われわれはさまざまな誤りを犯すのだ。

*

シャーロック・ホームズは、ベイカー街へ帰る前に、自分のパイプを磨き、グレゴリー警部にとどめの一撃をくわえずにいられなかった。ホームズはワトソンに心のうちをあかした。「想像力のすばらしさがわかるだろう? グレゴリーに欠けているのはこの素質だよ。われわれは何が起きたかを想像し、その仮説にそって捜査した。われわれの正しさが証明されるぞ」

みごとな一撃だが、あまり公正じゃない。グレゴリー警部の問題は、想像力が欠けていることではなく、想像をうのみにしたことだ。穴埋めのトリックをしかける脳は、当然ながら放置のトリックもおこなう。だから、われわれが想像する未来は、脳がでっちあげた細部がある反面、脳が無視した細部が欠けている。問題は脳の穴埋めや放置ではない。脳がそれをやらなくなったら、もうおしまいだ。

問題なのは、脳の手際があまりにあざやかなせいで、われわれがその穴埋めや放置に気づかないことだ。気づかないから、脳が作りだしたものをそのまま受けとり、脳の想像した細部どおりに寸分たがわず未来が展開し、想像しなかった細部は起こらないと考えてしまう。とすれば、想像の欠点の一つは、脳がわれわれに断りもなしに勝手なことをする点だろう。しかし、想像はこのようにリベラルすぎる場合がある一方で、逆に保守的すぎる場合もあり、この欠点にはまたべつの物語がある。

第4部　時間のトリック
～現在主義に気をつけろ

＊現在主義（げんざいしゅぎ）――過去や未来を見る観点が、現在の経験に影響される傾向。

6　未来は今だ

あなたのお手紙を読んで、なにも知らない現在を
たちまち飛び越え、いまの私はもう未来のなかに
呼吸している思いです。

――シェイクスピア『マクベス』

ある程度大きい図書館には、たいてい、一九五〇年代に未来学者が書いた『原子力時代へ』や『あすの世界』といったタイトルの本を並べた棚がある。何冊かぱらぱらとめくってみると、どの本も、予言するはずの時代より、その本が書かれた時代について多く筆を割いているのがわかる。数ページめくれば、ドナ・リードの髪型でプードルスカートをはいた主婦が原子力《アトミック》キッチンを飛びまわり、夫のロケットカーの音を耳にしてツナのキャセロールをテーブルに置く絵が見つかる。さらにめくると、ガラスのドームに覆われた近代都市に原子力列車や反重力カーが走り、身なりのいい住民がベルトコ

ンベアの歩道で滑るように職場へ向かうスケッチが目に入る。それだけでなく、絵に欠けているものがあることにも気づくだろう。男性は赤ん坊を連れていないし、女性は書類かばんを持っていない。若者は眉や乳首にピアスをしていないし、マウスはクリックせずにチューチューいっている。スケートボーダーも物乞いも見あたらず、スマートフォンも頭のよくなるスマートドリンクもなければ、スパンデックスもラテックスもゴアテックスもアメックスもフェデックスもウォルマートもない。おまけにこの未来からは、アフリカ系、アジア系、ヒスパニック系の人びとがごっそり抜けおちている。こうした絵のおもしろいところは、まるっきり、信じがたいほど、とんでもなくまちがっていることだ。よくもまあ、映画の〈禁断の惑星〉とドラマの〈パパは何でも知っている〉を混ぜあわせたような未来がやってくるなどと想像できたものだ。

今を生きる

未来の斬新さを過小に評価するのは古式ゆかしき伝統だ。ウィリアム・トムソン（ケルヴィン卿）は一九世紀の物理学者の中でもとくに先見の明のある人だったが（温度をケルビンで表すのもそのためだ）、あすの世界にじっくり目をこらして〝空気より重い飛行機械はありえない〟と結論づけた。同時代の科学者のほとんどが同じ意見だった。著名な天文学者サイモン・ニューカムも一九〇六年にこう記している。〝既知の物質、既知の機器の形態、既知の力の形態をどう組み合わせても人間が空中を長く飛行できる実用的な機械になりえないことは、いかなる物理的真実も実証が可能だということと同じくらい、完全に実証されたとわたしには思える〟。

ケルヴィンやニューカムのまちがいを証明したウィルバー・ライトでさえ、〝人間が飛ぶにはまだ五〇年はかかる〟と一九〇一年に弟のオーヴィル・ライトに話したと告白している。ウィルバーの予想は四八年ずれていた。飛行機など不可能だと明言した、りっぱな科学者や偉大な発明家の人数を上まわったのが、宇宙旅行、テレビ、電子レンジ、原子力、心臓移植、女性議員について同じことを言った人たちの数だ。つぎからつぎへと繰り返される不完全な予測や的はずれの予想や予言のしくじりは広範囲におよぶが、ひとまずここは、こうした誤りの多さには目をつぶって、誤り方の類似性に注目したい。作家のアーサー・C・クラークは、クラークの第一法則と呼ばれる法則を定義した。いわく、〝著名だが老いた科学者が何かを可能だと言う場合、それはまずまちがいなく正しい。何かを不可能だと言う場合、それは十中八九ちがっている〟。科学者が未来について誤った予測をする場合、まず例外なく、現在に似すぎている。

過去での現在主義

この点にかんしては一般人も非常に科学者的だ。脳が過去を思い出したり未来を想像したりするとき、いかにたっぷり穴埋めのトリックを利用するかはすでに見てきたが、この「穴埋め」という表現には、何かの穴（壁や歯の穴など）を、なんらかの材料（漆喰や銀）でふさぐイメージがある。脳の場合、きのうやあすを概念化するときの穴埋めによく使うのは、「きょう」と呼ばれる材料だということがわかっている。過去を思い出そうとするとき、いかに頻繁に「きょう」を使っているか考えてみるといい。大学生は、政治について自分の意見がひっくり返るような説得力のある演説を聞くと、自分が以前からそう考えていたと感じる傾向がある。付きあっているカップルは、二カ月前にお互いのことをどう思っていたかきかれると、今とまったく同じように感じていたと答える。学生は試験の成績を返されると、試験を受ける前にどれくらい不安だったかという記憶が結果のよしあしに影響される。患者は頭痛の症状を説明するとき、その瞬間の痛みの強さによって前日の痛みの記憶が左右される。中年の人は、かつて婚前交渉をどう思っていたか、政治問題をどうとらえていたか、学生時代にアルコールをどれだけ飲んだか質問されると、今どう思い、どうとらえ、どのくらい飲んでいるかで答えが変わる。夫や妻と死別した人は、五年前に連れあいを亡くしたときどれだけ悲しかったか思い出すとき、現在感じている悲しみの度合いに記憶が左右される。例をあげればきりがないが、ここで重要なのは、どの場合も自分の過去を誤って思い出していることだ。今の考えや行動や発言を、かつての考えや行動や発言として思い返している。

過去の記憶の穴を現在の材料で埋める傾向は、感情を思い出す場合にとくに強くなる。一九九二年、独立系放送局のトークショーでホワイトハウスに住みたいと宣言したロス・ペローは、一夜にして、不満だらけの有権者の救世主になった。アメリカ史上はじめて、公職に就いたこともなく大政党の候補者でもない人物が、地球上でもっとも権力のある仕事を勝ちとるかもしれないと思われた。ペローの支持者は熱心で楽観的だった。しかし、一九九二年七月一六日、ペローは、政治的な〝汚い工作〟

のために娘の結婚が破談に追いこまれかねないというあいまいな発言をして、登場したときと同じくらい唐突に出馬を取りやめた。支持者は打ちのめされた。ところが同じ年の一〇月、ペローはまたしても心変わりして再出馬を表明し、結局その翌月に敗北を喫した。最初の驚きの宣言から、さらに驚きの出馬取りやめ、それをもしのぐ驚きの再出馬、そして驚くにあたらない敗北まで、ペローを支持した人たちはさまざまな激しい感情を経験した。幸運にも、ある研究者が、七月の出馬取りやめ後と一一月の敗北後にペロー支持者の感情反応を測定していた。さらにこの研究者は、一一月に支持者を調査したとき、七月の時点でどう感じたかを思い出させ、興味深い結果を得た。何度も心変わりしたペローに最後まで忠誠をつくした支持者は、七月の出馬取りやめ当時の悲しみや怒りを、実際より弱く記憶していた。一度見捨てられた時点でペローを見かぎった人たちは、当時の絶望感を実際より強く記憶していた。ペローの支持者は、現在のペローについて感じていることを、当時のペローについて感じたことだと誤って記憶していたわけだ。

未来での現在主義

過去が穴のある壁なら、未来は壁のない穴だ。記憶は穴埋めのトリックを使うが、想像は穴埋めのトリックそのものであり、現在によって記憶の中の過去がかすかに色づいているとすれば、想像の中の未来はすっかり染まっている。ひらたく言うと、たいていの人は、きょうと大きくちがうあすをなかなか想像できず、とくに、自分が今とはちがう考え、望み、感情を抱くとは予想できない。一〇代の若者は、〈デスロック〉が永久にかっこいいことばだと信じるからタトゥーを入れ、新米の母親は、自分の子と家にいるのがやりがいのある仕事だと信じるから前途有望な法律家の仕事を断念する。愛煙家は、一服したあと少なくとも五分間は、禁煙など簡単で、自分の決心が血中のニコチン濃度とともに薄れることなどありえないと信じている。心理学者も、若者や愛煙家や母親と変わらない。わたしには、ある年（いや、正直に言うとほとんど毎年）の感謝祭でとんでもなく食べすぎた思い出がある。パンプキンパイの最後の一口を飲みこむときになって、肺の膨らむスペースが残っていないせいで、呼吸が浅く苦しくなっていることにようやく気づく。よろよろとリビングルームまで歩いていき、ソファにばたりと倒れこんで、七面鳥によるトリプトファン睡魔の慈悲深い手に落ちながらこうつぶやく。「もう一生何も食べないぞ」しかし当然また食べる。その晩か、遅くとも二四時間以内には、たぶんまたしても七面鳥を食べることになる。自分の誓いがばかげているのは、口にした瞬間でさえ承知していたはずなのに、わたしはどこかで、噛むことや飲みこむことが簡単にやめられるいまわしい習慣だと心から信じていたように思う（もし、胃袋にいすわっているかたまりが、大陸移動に近い速度で消化管をくだって、今後いっさいの栄養と知性と精神をまかなってさえくれればの話だが）。

この件については、さすがにいくつかの点で恥かしく思っている。まずは、自分が豚のように食べたこと。それから、以前にも豚のように食べてしまったことがあり、その経験から、どうせまた餌箱にもどることになるとわかっているはずなのに、今度こそ食べ物を数日、あるいは数週間、ひょっとしたら永遠に口にしないのではないかと思ったことだ。そんなわたしでも、ほかの豚諸君がまったく同じ妄想に駆られると聞くと少し気がらくになる。研究室とスーパーマーケットでの研究によれば、食べたばかりで買い物に行くと、翌週分の食料を選ぶとき、未来の食欲をかなりの確率で過小に見積もることがわかっている。ついさっきがぶ飲みした濃厚なミルクシェイクや、がつがつ食べたチキンサラダのサンドウィッチや、ぺろりとたいらげたハラペーニョソーセージのピタサンドのせいで、一時的に知性が低くなっているからではない。満腹だと空腹のときの自分をうまく想像できず、いずれかならずやってくる空腹に備えることができないだけだ。だから、卵とワッフルとカナディアンベーコンの朝食のあと買い物に行って、ちょっぴりしか食料を買わずにすませておきながら、夜中にココナツアーモンドアイスクリームをどうしても食べたくなって、いつものように買いに出るはめになったとき、たっぷり買い物しなかった自分に腹をたてる。

満たされた胃袋に言えることが、満たされた心にもあてはまる。ある研究で、志願者に地理の問題を五問だし、答える報酬としてつぎの二つのうち一つを選ばせた。正解を聞いて自分の答えが合っていたかどうか確認するか、チョコレートバーを受けとって正解は聞かないですませますか？　一部の志願者にはクイズを受ける前に報酬を選ばせ、ほかの志願者にはクイズを受けたあとに報酬を選ばせた。ご推察どおり、クイズの前に選んだ人はチョコレートバーを、クイズのあとに選んだ人は正解を好む傾向があった。つまり、クイズの問題を聞くことで好奇心がわき、おいしいチョコレートバーより正解のほうが重要になったわけだ。しかし、こうなることは事前にわかるものだろうか。べつの志願者のグループに、自分ならどちらの報酬を選ぶと思うかと尋ねたところ、クイズの前でもあとでもチョコレートバーを選ぶだろうという意見だった。クイズによって生じる強い好奇心を経験していない志願者は、都市や川についてのつまらない事実を少しばかり知るためにスニッカーズをあきらめる自分など、考えもしなかった。この結果は、一九六七年の映画〈悪いことしましょ！〉で、悪魔が本屋へ行っては推理小説の最後のページを破っていた場面を思い起こさせる。悪魔みずから手をくだすほど、この行為が邪悪だろうかと思うかもしれない。しかし、上質の犯人探し小説を読んでいて、最後の最後に肝心の犯人探しの部分がなくなっていると気づいたら、不死の魂を物語の結末と喜んで交換する人の気持ちがわかるだろう。好奇心は強力な衝動だ。しかし、自分が真っただ中にいないと、この衝動にどれだけ急激かつ強烈に人を駆りたてる力があるかなかなか想像できない。

自己の渇望――味覚的、性的、情緒的、社会的、知的のどれでも――を予知するむずかしさは、だれしも身につまされるものがある。なぜだろう？　なぜ人間の想像力がそう簡単に打ち負かされるのだろう。この同じ想像力で、宇宙旅行や遺伝子治療や相対性理論やモンティ・パイソンのチーズショップのコントまで生みだしたのではなかったのか。もっとも想像力に欠ける人でさえ、母親に知られたら石鹼で頭から洗い流されてしまいそうな、とんでもないことを想像する。国会議員に当選する自分や、ヘリコプターから落とされる自分、全身を紫色に塗りたくられる自分、クラッシュアーモンドの上で転がされる自分さえ想像できる。バナナ農園や潜水艦の中の暮らしも想像できるし、奴隷や戦士や保安官や食人者や高級娼婦やスキューバダイバーや収税吏になった自分も想像できる。ところがどうしたわけか、マッシュポテトとクランベリーソースで腹がいっぱいだと、空腹になることが想像できない。なぜか？

これに答えるには、想像そのものの性質について深く掘りさげなければならない。われわれはたいてい、ペンギンや蒸気船やセロハンテープ台といった具体物を想像するとき、頭の中で物体のおおよその姿が実際に見えている。もしわたしが、ペンギンの翼は足より長かっただろうか、短かっただろうかと尋ねたら、たぶんあなたは何もないところから心のイメージを呼びだし、そのイメージを見て、なんと答えるか決めているように感じるだろう。自分が望んだだけで、そのとおりペンギンの姿がぱっと頭に浮かび、翼をしばらく観察して、それから足に目を落とし、また翼に目をもどしてから答えているような感覚を覚える。思い浮かべるとき、まるで見ているように感じるのは、実際に見ているからだ。ふだん目で見たとき活発になる脳の領域——視覚野《しかくや》と呼ばれる感覚領——が、心の目で心のイメージを調べるときにも活発になる。ほかの感覚でも同じことが起こる。もしわたしが、〈ハッピーバースデー〉の歌で最高音にくるのがどのことばかと尋ねたら、たぶんあなたは想像の中でメロディを鳴らし、それを聴いて、どこで音が最高に盛りあがるか判断するだろう。「心の耳で聴く」という感覚も、たんに比喩的な表現というだけではない。音を想像すると、ふつうは耳で本物の音を聴いたときにだけ活性化する聴覚野《ちょうかくや》と呼ばれる感覚領が活発になる。

こうした結果から、脳が想像する仕組みについて重要な点が浮かびあがる。脳は、目や耳で感知できる外界の特徴を想像するとき、感覚領の助けを借りるということだ。ある物体が目の前にないとき、それがどう見えるか知りたければ、記憶から視覚野へ物体の情報を送って心のイメージを経験する。

同じく、どんなメロディだったか知りたい曲がちょうどラジオから聴こえてこなければ、記憶から聴覚野へ情報を送って心の音を経験する。ペンギンは南極にいるし、〈ハッピーバースデー〉は誕生日にしか歌わないので、ふつうは調べたいときに身近にない。尋ねられた問いに答えるのに必要な情報が目や耳から視覚野なり聴覚野なりに届かなければ、記憶に情報を送るよう要請して、偽物を見たり聴いたりできる。脳がこのトリックを使えるおかげで、われわれは物置にひとりでこもっていても、歌のこと（最高音にくるのは「バース」）や鳥のこと（翼は足より長い）がわかる。

視覚や聴覚の領域を使って想像力を働かせるのはじつに巧妙な技術であり、なんの断りもなくわれわれ全員にこの技術を組みこんだ「進化」にマイクロソフト賞を贈るべきかもしれない。それにしても、見たり聴いたりすることが、われわれ（いや、わたしだけか？）のような空腹を想像できない感謝祭の暴食家となんの関係があるのだろう。

じつは、物置に閉じこめられていてもペンギンの外見を教えてくれる想像の過程は、現在に閉じこめられていても未来の感情を教えてくれる過程と同じことがわかっている。自分の恋人と郵便配達人がベッドにいるのを目撃したらどんな気分になるかきかれれば、当然なんらかの感情が起こる。たぶん、いい感情ではない。ペンギンの翼の質問に答えるとき、心にペンギンのイメージを描いて視覚的に調べたように、あなたは心に浮気現場のイメージを思い浮かべて感情で反応し、それを未来の感情についての答えにするだろう。現実の出来事に感情反応する脳の領域は、想像上の出来事にも感情反応する。この特別配達事件を想像してもらったとき、たぶんあなたの瞳孔が拡大し、血圧が上昇したのはそのためだ。心にイメージを浮かべるのは、未来の感情を想像するうまいやり方だ。出来事を想

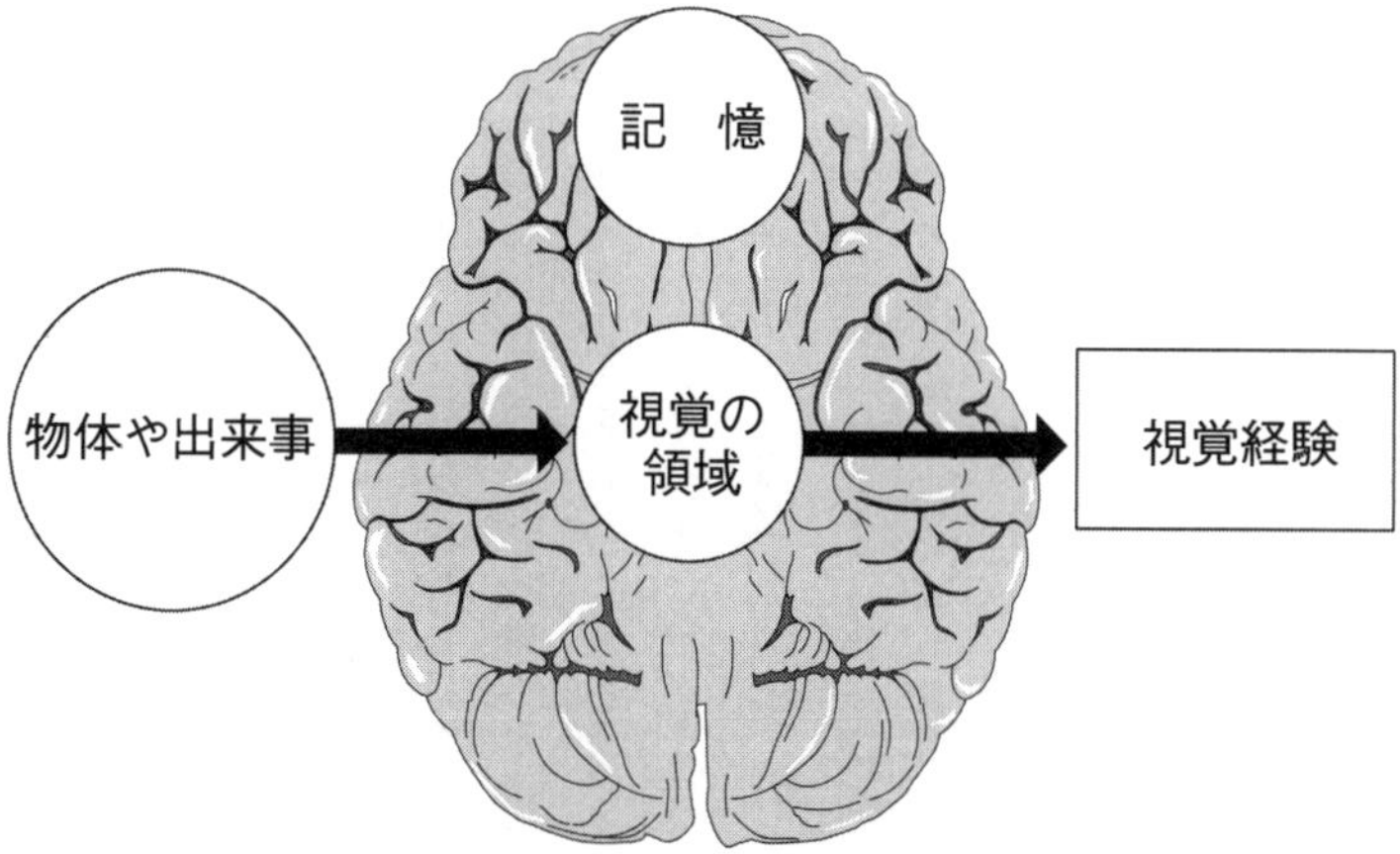

図10　視知覚（上図）は外界の物体や出来事から情報を得るが、
視覚的想像（下図）は記憶から情報を得る。

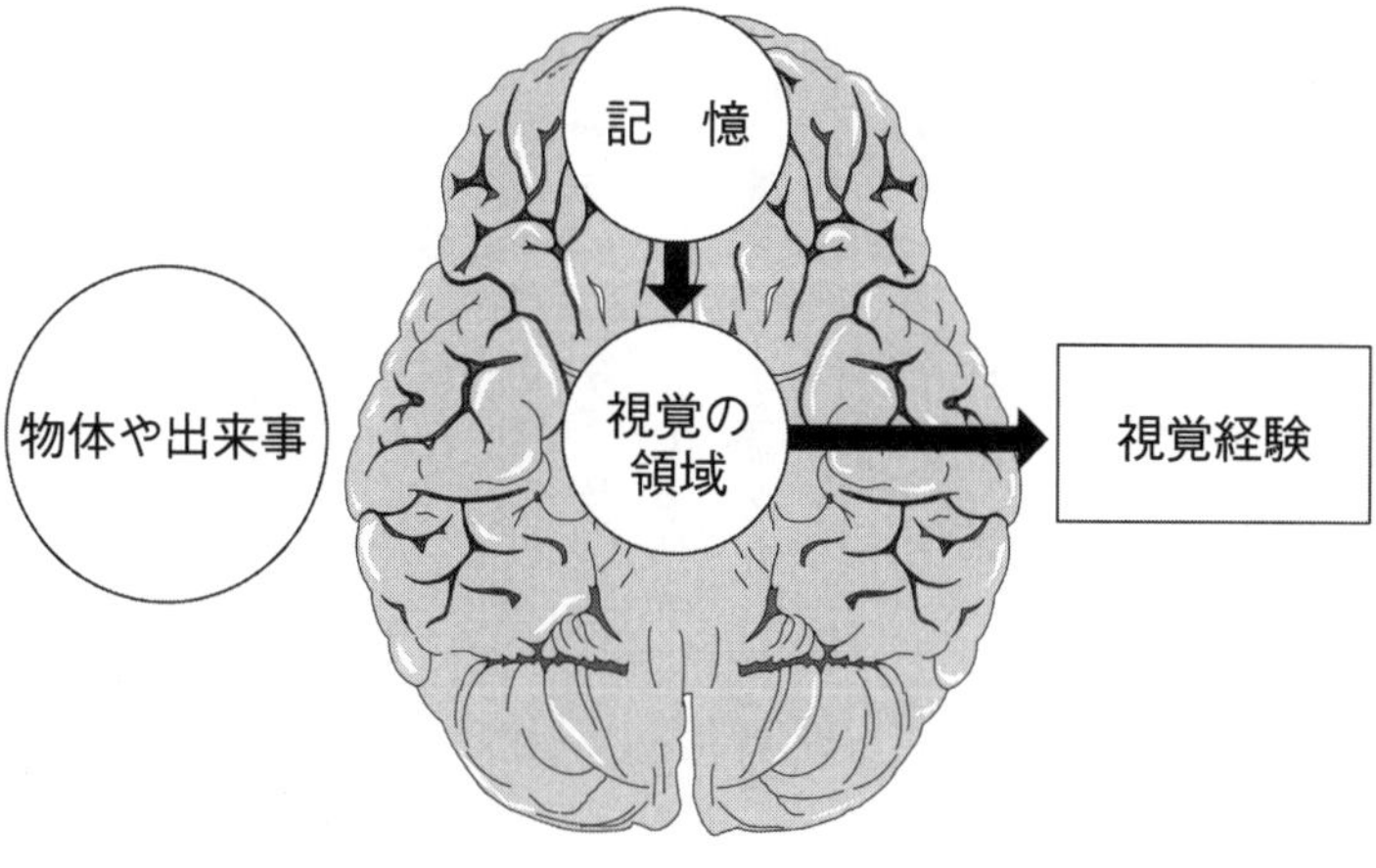

像したときの感情は、出来事が実際に起きたときの感情の目安になることが多い。もし、荒い息づかいで激しく動く郵便かばんのイメージに強烈な嫉妬とすさまじい怒りを覚えたなら、現実の現場ではその感情がより過激になってどっと噴きだすと予測していい。

これは、なにも浮気のように感情を掻きたてる例を持ちださなくても説明できる。われわれはよく、「チーズたっぷりのピザか。おいしそうな響きだな」などと言うが、文字どおりの意味とは関係なく、べつにモッツァレラの音響特性について意見を述べているわけじゃない。むしろ、ピザを食べるところを想像してちょっとした喜びを味わったことや、この感情を目安にして、想像でなく本物のピザを口に入れたらもっと大きな喜びを味わえそうだと思ったことを意味している。中華料理店の店主から前菜にクモのソテーとイナゴのフライをすすめられたら、一匹試してみるまでもなく、実際の体験がどれだけ嫌なものになりそうかわかる。ほとんどの北米人は、虫を食べると思っただけで嫌悪の身震いがして、その身震いを目安に、本物を食べたら本格的な吐き気をもよおしそうだと考える。

ここでわたしが言いたいのは、われわれはふつう、予想したい未来の出来事について、腰をおろして紙にいい点と悪い点をいちいち書きだしたりしないということだ。そうではなく、想像の中で出来事をシミュレーションして、自分がそれにどう感情反応するかをたしかめて予想する。想像は、目の前にない物体を「あらかじめ見る《プレビュー》」ように、未来の出来事に「あらかじめ感応《プレフィール》（予感応）する」。

予感応の力

予感応はときに、論理的思考より的確に感情を予測する。ある研究で、志願者に印象派の絵画の複製か、猫の漫画のユーモアポスターのどちらか好きなほうをプレゼントした。どちらにするか決める前に、一部の志願者には、それぞれのポスターをよさそうだ、よくなさそうだと思った理由について論理的に考えさせ（思考群）、ほかの志願者には、「直感」ですばやく選ばせた（思考なし群）。就職コンサルタントや投資アドバイザーは、堅実な判断をしたいなら、時間をかけてじっくり考えるべきだとかならず助言する。しかし、研究者があとで志願者に電話をかけて、新しい美術品を気に入ったかどうか質問すると、思考群のほうが満足度が低かった。思考群は、家で壁に飾ったところを想像して幸せになるほうのポスターを選んだのではなく、自分の予感応を無視して、就職コンサルタントや投資アドバイザーがすすめそうな観点でポスターを選んだ（「モネのオリーブ色はうちのカーテンの色と合わないだろうけど、猫のガーフィールドのポスターなら、うちに遊びにきた人にぼくのユーモアのセンスが伝わるかもしれないな」）。一方、思考なし群は自分の予感応を信じた。壁に飾ったポスターを想像しながらどんな気持ちがするかたしかめ、想像上の壁のポスターがいい気分にさせてくれるなら、実際に壁に飾ったポスターを見ても同じ気分になるだろうと推測した。その推測は正しかった。予感応のおかげで、思考なし群は思考群より正確に未来の満足度を予測していた。人は現時点で感情を持つことを妨げられると、一時的に、未来にどう感じるか予測できなくなるのだ。

しかし、予感応には限界がある。何かを想像しているときの感情が、実際に見たり、聞いたり、身につけたり、手に入れたり、運転したり、食べたり、キスしたりしたときの感情のいい目安にならない場合もある。たとえば、物体を思い浮かべたいときに目を閉じたり、歌のメロディを思い出したいときに耳をふさいだりするのはなぜだろう。脳は、視覚野や聴覚野を単独で使わなければ視覚や聴覚の想像力を働かせることができないため、この領域が現実世界のものを見たり聞いたりするという本来の仕事で忙しいと、想像ができなくなるからだ。ダチョウを見るのに忙しいとき、ペンギンを想像するのはむずかしい。想像に必要な脳の部分をすでに視覚が使っているからだ。べつの言い方をすると、現実の物体と想像上の物体を同時に見るよう脳に求めた場合、脳はたいてい、前半の望みだけをかなえて、後半は却下する。脳は現実の知覚が最優先の義務だと考えているので、視覚の領域を少しのあいだ拝借しようとしても即座にきっぱり断られる。もし脳に現実第一主義をつらぬく方針がないと、たまたま青信号のことを考えていようものなら、本物の赤信号を無視して突っきってしまう。ダチョウを見ているときにペンギンを想像しにくくするこの方針は、同じように、嫌悪感を抱いているときに欲望を想像したり、怒りを感じているときに愛情を想像したり、満腹のときに空腹を想像したりするのをむずかしくする。友人があなたの新車を大破させ、おわびに来週の野球の試合に連れていくと申しでても、あなたの脳は大破した車に反応するのに手いっぱいで、試合にどう感情反応するかシミュレーションできない。未来の出来事が脳の感情の領域を使用する許可を求めても、たいてい現在の出来事が通行優先権をにぎっている。

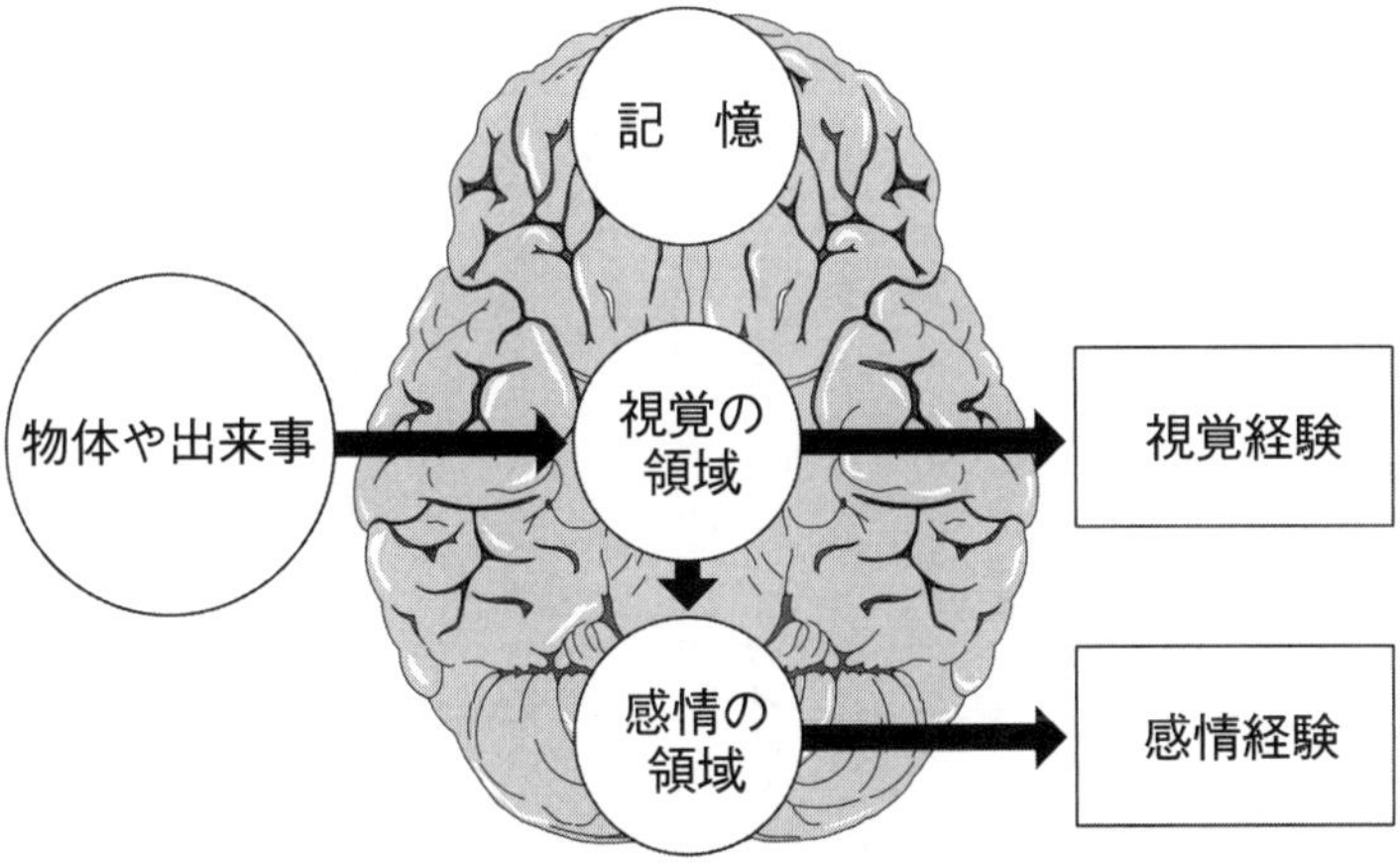

図11　感情反応（上図）も予感応（下図）も視覚の領域から
情報を得るが、視覚の領域への情報源がちがっている。

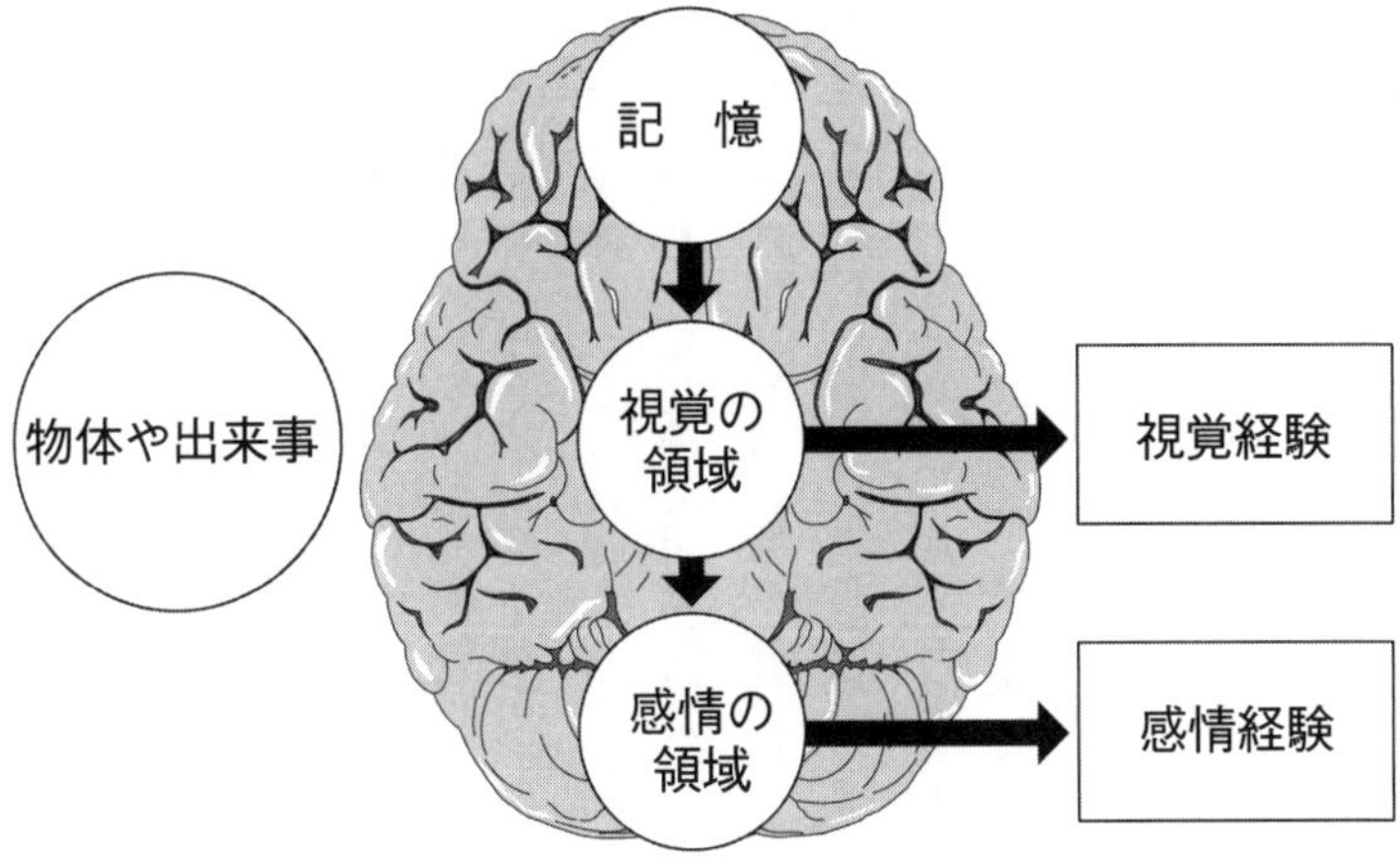

予感応の限界

二つのことを同時に見たり感じたりすることはできないので、脳は何を見、聞き、感じ、何を無視するかについて、厳密な優先順位をつけている。想像からの要求はよく退けられる。方針を曲げないのは感覚系も感情系もいっしょだが、われわれは感覚系が想像からの要求を却下したときは気づくのに、感情系が却下しても気づかないようだ。たとえば、ダチョウを見ながらペンギンを想像しようとしても、脳の方針が許さない。われわれもそれを承知しているので、わけがわからなくなることもないし、今見ている首の長い大きな鳥が、想像しようとしているペンギンだと誤って結論づけることもない。外界からの情報の流れによって起きる視覚経験は「視覚」と呼ばれる。記憶からの情報の流れによって起きる視覚経験は「心のイメージ、心像」と呼ばれる。どちらの経験も視覚野で生じるが、この二つをごちゃまぜにするにはそうとうな量のウォツカがいるだろう。視覚経験の特徴は、現実と想像のどちらから生じた経験かをほぼまちがいなく区別できることだ。しかし、感情経験はまるで事情がちがう。外界からの情報の流れによって起きる感情経験は「感情」と呼ばれる。記憶からの情報の流れによって起きる感情経験は「予感応」と呼ばれる。この二つをごちゃまぜにするのは、それこそ世界じゅういたるところで、あたりまえに起きている。

例をあげよう。国内のさまざまな地域に住む人たちに電話をして、現在の生活にどれだけ満足しているか尋ねた研究がある。その日たまたま天気がよかった地域の住民は、自分の生活を思い浮かべて幸せだと報告する人が多かったが、その日たまたま天気が悪かった地域の住民は不幸せだと報告する人が多かった。一見すると、回答者は研究者の質問に答えるために、自分の生活を思い浮かべ、そのときどんな気持ちがするか自問したように思える。しかし、脳は現実第一主義をつらぬいて、想像上の生活ではなく、頑固に現実の天気に反応した。回答者は脳がやっていることに気づかず、現実への感情を想像への予感応と取りちがえてしまった。

これに関連した研究で、地元のジムでトレーニングしている人に質問したものがある。ハイキングで迷子になって、食料も水もなしに森で一晩すごさなければならないとしたら、空腹とのどの渇きのどちらがつらいと感じるか予想させた。一部の回答者はランニングマシーンでのトレーニング直後に予想し（渇き群）、ほかの回答者はランニングマシーンでのトレーニング前に予想した（非渇き群）。その結果、渇き群の九二パーセントが森で迷ったらのどの渇きのほうがつらいと予想したのに対して、非渇き群でそう予想したのは六一パーセントだけだった。一見すると、渇き群の人は研究者の質問に答えるために、食料も水も持たずに森で迷子になったところを想像し、どんな気持ちがするか自問したように思える。しかし、脳は現実第一主義をつらぬいて、想像上のハイキングではなく、頑固に現実のトレーニングに反応した。渇き群の人は脳がやっていることに気づかず、現実への感情と想像への予感応をごちゃまぜにしてしまった。

たぶんあなたも、似たような難問にぶつかった経験があるだろう。あなたが最低の一日——猫がじゅうたんで小便をし、犬が猫に小便をかけ、洗濯機は故障し、テレビ番組まで〈ワールドレスリング〉から〈古典名作劇場〉にさしかえられた——をすごし、いきおい不機嫌になっていたとする。そんなとき、仲間と翌晩する予定のトランプがどれだけ楽しいか想像しようとしても、現実のペットや家電製品のせいで生じた感情（「ああ、腹が立つ」）を、誤って友人への感情（「ニックはいつもいんちきをするから、行くのはやめよう」）だと思いこんでしまう。さらに言うと、うつの特徴の一つは、うつ状態のとき未来の出来事について考えても、どうしても自分がそれを気に入るとは思えないことだ。「休暇？　恋？　夜遊び？　ううん、やめとく。暗いところでじっとしているほうがいいの」友人たちは、こちらがいくら誘いかけても、深い憂うつに沈んだまま何も受けつけようとしない相手の姿を見るのに疲れてしまい、今回もきっと乗りこえられるとか、夜明け前がいつも一番暗いものだとか、どんな犬にだって晴れの日があるといった、お決まりのありがたい励ましを並べたてる。しかし、落ちこんでいる当人にすれば、何も受けつけないのにはちゃんとした理屈がある。きょう想像した未来が幸せに感じられないのに、あすその未来が来れば幸せに感じられるなどとはどうしても信じられない。

現実の今をつらいと感じることで精いっぱいのときに、想像の未来を楽しいと感じることはできない。ところがわれわれは、未来の出来事を思い浮かべたときに感じる不幸せが現実第一主義からくる避けられない結果だと気づかず、その出来事のせいで不幸せに感じるのだと思いこんでしまう。この勘ちがいは、はたから見ている分にはあまりに明らかなので、傍観者はこんなことを言う。「あんたが今落ちこんでるのは、おやじさんが酔っぱらってポーチから落っこちるわ、おふくろさんがおやじさんを殴って捕まるわ、おまけに未払いでトラックが没収されるわで、いろいろあったからだよ。でも、来週になれば気分も変わってるって。あたしたちとオペラに行くことにしとけばよかったって、きっと後悔するよ」友人の言うとおりかもしれないと思わないわけじゃない。でも、今の暗い気分を無視するか脇におくかしてあすの気持ちを予測しても、レバーを噛みしめながらマシュマロの味を思い浮かべようとしている気分になってしまう。未来を想像して、そのときどんな気持ちがするかをたしかめるのはごく自然なことだが、脳がやっきになって現在の出来事に反応するおかげで、われわれは、あすもきょうと同じように感じるだろうと、誤った結論をだしてしまう。

*

もう長いあいだずっと、この漫画（図12）をだれかに見せる機会をうかがっていた。一九八三年の新聞から切りぬいて以来、どこへ移ってもかならず自分の研究室に貼っている。いつ見ても笑わせてくれる漫画だ。この海綿は、無限の想像を働かせてみろと――森羅万象の可能性が開けているとしたら何になりたいか空想してみろと言われているのに、どんなにがんばっても節足動物より奇抜なものを思いつけない。もちろん、漫画家がばかにしているのは海綿ではない。われわれだ。われわれはみんな、場所、時間、環境にとらわれている。精神の力でその境界を超越しようと努力しても、たいてい無駄に終わってしまう。この海綿と同じで、自分としては箱から出て考えているつもりでいても、それはたんに箱がいかに大きいか見ることができないからだ。想像はそう簡単に現在という境界を超越できない。原因の一つは、知覚のものである装置を、想像が借りなければならないことにある。知覚と想像が同じ基盤で動作するしかないため、どちらが動作しているかわれわれにはわからない場合がある。未来を想像している瞬間の感情が、未来にたどりついたとき抱く感情だと思いこむが、その

アニマルクラッカー

図12

感情は、現在起こっていることへの感情反応である場合が少なくない。このように知覚と想像が同じ基盤を時間差で使っているのは、現在主義につながる原因の一つではあるが、原因はこれだけではない。というわけで、もし、まだ電車がおりる駅についていなかったり、消灯して寝るまでにもうしばらく時間があったり、スターバックスの従業員が掃除用具を出しながら視線を送ってきたりしていないようなら、引きつづきほかの原因について見てみよう。

7　時の流れをつかまえられるか？

「それでもあなたの唇をあきさせることなく、
むしろ、ふんだんなのに飢え求めずにいられぬようにして、
新鮮な種々のキスでもって、赤くもし、白くもしましょう！
一つほどに短い十のキスや、二十ほどに長い一つのキスで。
こうして時のたつのも忘れてたわむれに酔いしれれば、
夏の一日もほんのつかのまに感じられることでしょう」

――シェイクスピア『ヴィーナスとアドニス』

空飛ぶキャンピングカーがすぎていくのを目撃したことのある人はいないが、時間がすぎていくのはだれもが目撃している。ではなぜ、時の流れより空飛ぶキャンピングカーのほうがずっと簡単に想像できるのだろう。たしかに、一〇トンもあるＲＶが宙に浮くだけの揚力を得られるとはまず考えら

れないが、空飛ぶキャンピングカーは少なくとも何かのようには見えるはずなので、心でイメージするのはそれほどむずかしくない。具体的な物体について心のイメージを作りあげる驚異的な才能は、人間が物質界でこれほどうまく立ちまわれる理由の一つになっている。筒状の箱にブドウを載せて、向こう側に傾けるところを想像すると、ブドウが落ちる様子をあらかじめ見ることができる。しかも、筒をすばやく傾けるとブドウが手前側に落ち、ゆっくり傾けると向こう側に落ちるところまで見える。このように想像を働かせることによって、思い浮かべた物事について推論し、現実世界の重要な問題、たとえば、実際にブドウが欲しいときはどうすれば膝の上に落とせるか、といった問題を解決できる。

だが、時間はブドウとはちがう。色も形も大きさも手触りもない。つつくことも剝《む》くことも刺すことも押すことも塗ることも穴をあけることもできない。時間は物体ではなく抽象概念であるため、想像には向いていない。映画監督が時間の経過を表すのに、風でぱらぱらとめくれるカレンダーなりワープ速度でまわる時計なり、何か目に見えるものをうまくからめなければならないのはそのためだ。ところが、未来の感情を予想するには、時間の中で、時間について、時間の枠を超えて考えなければならない。時間をはじめとする抽象的な概念を心にイメージできないとしたら、われわれはどうやってそれについて考えたり推論したりしているのだろう?

空間におきかえる

人は何か抽象的なものについて推論しなければならないとき、抽象的なものに似た具体的なものを想像して、そこから類推する傾向がある。ほとんどの人は、時間に似た具体的なものとして、空間を思い浮かべる。研究によると、世界じゅうどこでも、人びとは時間を空間の一次元であるかのように想像し、過去は自分の後ろにあり、未来は自分の前にあるとか、老年期に向かって進み、幼少期を振り返るとか、日々は空飛ぶキャンピングカーと同じようにすぎていくなどと表現する。まるで自分たちがあそこにあるきのうを離れて、一八〇度反対の位置にあるあすへ向かうかのように考えたり話したりする。時間軸を描くとき、英語を話す人は過去を左におき、アラビア語を話す人は過去を右におき、中国語を話す人は過去を下におく。だが母国語にかかわらず、われわれはみんな、過去をどこかにおき、未来をそれとはべつの場所におく。それどころか、ほとんどの人は、時間がかかわる問題──「朝食をとったのが犬の散歩の前で、でも新聞を読んだあとだとすると、最初にしたことはなんだ？」など──を解くとき、三つのこと（朝食、犬、新聞）を順番どおり一列に並べて、一番左（あるいは、言語によって右なり下なり）にくるのがどれかを確認する。類推は、われわれの強みを利用して弱点を克服する巧妙な方法だ。考えたり話したり推論したりできないものも、思い浮かべられる物事を利用すればできるようになる。

　だが悲しいかな、類推はわかりやすくするだけでなく勘ちがいさせることがあり、時間を空間の一次元と想像するのはそのどちらにもなりうる。たとえば、できたばかりのしゃれたレストランに三カ月の順番待ちのすえ、ようやく友人と行くことができたとしよう。最初にメニューを見たときは、ふたりともヤマウズラのワサビ風味にしようと考えた。しかし、あなたも友人も社交のたしなみを十分身につけているので、立派なレストランでまったく同じものを注文するのは、大フロアでおそろいのミッキーの耳をつけているようなものだと承知している。そこで、ひとりがヤマウズラを、もうひとりはシカ肉のガンボスープを頼んで、おしゃれに分けあうことにした。旅行者だと思われたくないという気持と、変化は人生のスパイスだという信念があるためだ。スパイスがでてくる格言はほとんどないが、これはけっこう役立つ格言だ。食事のあとに喜びを測定すれば、それぞれがヤマウズラを注文した場合より、二つのメニューをふたりで分けあった場合のほうが幸せだという結果がでるだろう。

ところが、この問題を時間的に延長すると奇妙なことが起こる。あなたの洗練された装いに感服した給仕長《メートルドテル》が、これから一年のあいだ毎月、第一月曜日にあなたを（残念ながら、もう少し流行に敏感でもよかった友人は含まれない）特別席に招待して、無料で食事を提供したいと申しでたとする。ただし、厨房では食材が足りなくなることもありうるので、つねに心からのもてなしをするためにも、今のうちに一二回分の料理をお決めくださると大変ありがたいのですがという。そこであなたは、メニューをもう一度開く。ウサギ肉は嫌いだし、子牛を食べるのは思慮に欠けると責められそうだし、野菜のラザニアには興味がない。こうして見ていくと、いっきに膨らみつつある自分の空想にぴったりな料理が四つだけあった。ヤマウズラのワサビ風味、シカ肉のガンボスープ、マヒマヒの焦がし焼き、魚介のサフランリゾット。あなたの好みでは〈マザーグースの〈クリスマスの一二日〉ではないが、梨の木がなくても〉ヤマウズラが一番で、これだけを一二回分頼んでもいい気がする。だが、それはいくらなんでも無粋《ぶすい》だし、見くびられそうだし、何より人生のスパイスを楽しめない。結局、ヤマウズラは隔月ごとにして、残りの六回を均等にガンボスープとマヒマヒとリゾットに割りあてることに決めた。

　おおモナミ、きみは着こなしこそ粋《いき》かもしれないが、こと食べ物となると自分で自分の首を絞めてしまったようだ。志願者を実験室へ週一回、数週間通わせ、菓子で同じ実験をした研究がある。事前に菓子を選んだ志願者（選択群）は、あなたと同じように、多様な種類の菓子を組み合わせて選ぶ人が多かった。さらに、べつの志願者グループを週一回、数週間通わせて、一部の志願者には一番好きだという菓子を毎回つづけてだし（不変群）、ほかの志願者には一番好きな菓子をほとんどの回にだし、残りの回は二番目に好きな菓子をだした（変化群）。研究のあいだの数週間、志願者の満足度を測定したところ、不変群のほうが変化群より満足度が高いことがわかった。つまり、変化によってより幸せになるどころか、かえって幸せが薄れてしまったわけだ。だが、ちょっと待ってくれ。何か変じゃないか？　友人といっしょにすてきなレストランで食事をしたときは、変化が人生のスパイスになったのに、その同じ変化が、これからの数週間に食べる菓子を選ぶときには身の破滅のもとになりうるだろうか。

　人生の露骨な現実の一つに、こんな真理がある。すばらしい出来事は、最初に起こったときが特別すばらしく、繰り返し起こるにつれてすばらしさが薄れてしまう。わが子に「ママ」と呼ばれ、連れあいに「愛している」と言われた、最初と最後のときをくらべてみればよくわかるはずだ。われわれは、ひとつの経験——特定のソナタを耳にする、特定の人と寝る、特定の部屋の特定の窓から夕日を眺める——を何度もつづけて体験すると、得られる喜びがそのたびに減っていく。これを心理学者は「馴化《じゅんか》（慣れ）」と呼び、経済学者は「限界効用の逓減《ていげん》」と呼ぶが、われわれ一般人は「結婚」と呼ぶ。しかし、人間はこれに対抗する工夫を二つ発見した。変化と時間だ。慣れを打破する一つの方法は、経験の種類を増やすことだ（「なあ、ちょっと刺激的なことを思いついたんだけど、きょうはキッチンから夕日を眺めてみないか？」）。慣れを打破するもう一つの方法は、つぎに経験するまでの時間の間隔を増やすことだ。時計が深夜の一二時を打つころに連れあいとシャンパングラスを合わせてキスする経験も、毎晩だとつまらない儀式になってしまうが、大晦日に経験したあと次回まで丸一年待てば、永遠に喜びのイベントでありつづける。一年あれば慣れの効果が薄れるのに十分だからだ。ここで重要なのは、時間と変化はそれぞれ慣れを避ける方法であり、一方があればもう一方はなくてもいいという点だ。さらに言うと（ここはほんとうに肝心なところなので、どうかフォークをおいて耳を傾けてほしい）、つぎに経験するまでにたっぷり時間があいている場合、変化は不要なばかりか、むしろ損失になる。

少し仮定で話すのを許してもらえれば、数字を使ってもっとわかりやすく説明できる。まず、快楽《ヘドニメ》計《ーター》という計測器で、人の喜びを「ヘドン」という単位ではかれると考えてもらいたい。はじめに「好み」を想定する。ヤマウズラの最初の一口が、たとえば五〇ヘドンの喜びを与え、ガンボスープの最初の一口が四〇ヘドンの喜びを与えてくれると仮定しよう。これは、あなたがガンボスープよりヤマウズラのほうを好むという意味だ。つぎに「慣れ速度」を想定する。料理を一口食べたあとは、たとえば一〇分以内に同じ料理を一口食べるたびに、前の一口より一ヘドン喜びが減るとする。最後に「消費速度」を想定する。あなたがふだん、三〇秒に一口の割合できびきび食べると仮定しよう。図13は、「好み」と「慣れ速度」と「消費速度」を以上のように仮定したときの、あなたの喜びの推移を示したものだ。これを見ると、喜びを最大にする一番いい方法は、ヤマウズラからはじめて、一一口食べたあと（五分後にあたる）ガンボスープに切りかえることだとわかる。なぜ切りかえるのか。グラフの直線からわかるように、ヤマウズラの一二口目（五・五分後）は三九ヘドンの喜びしかもたらさないのに対して、まだ味わっていないガンボスープは四〇ヘドンの喜びを与えてくれるからだ。したがって、食事のちょうどこの時点が、料理なり席なり、少なくともミッキーの耳なりを友人と交換するのに絶好のタイミングとなる。ところが、図14のように、消費速度を変えてこの美食経験の時間を引きのばすと、がらりと事情が変わる。一口と一口の間隔が一〇分以上（この図の場合、一五分）になると慣れが起こらなくなる。どの一口も最初の一口と同じだけ喜びをもたらし、ガンボスープの一口はけっしてヤマウズラの一口を超えられない。つまり、すごくゆっくり食べることさえできれば、変化は不要なばかりか、むしろ損失になる。ガンボスープの一口は、永久にヤマウズラの一口ほどの喜びを与えてくれないからだ。

あなたは、友人といっしょに想像上のレストランへ行ったとき、二つの料理を同時に注文した。一口ごとにたっぷり時間をとる余裕がないからと、スパイスをきかすために変化を求めたわけだ。いい判断だ。しかし、給仕長に、これから先食べる料理をあらかじめ注文するよう言われたときも、やはり変化を求めた。すでに時間という方法を手に入れているのに、なぜ変化まで求めたのだろう。責任は、空間を使った類推にある（図15）。時間的に隔てられた料理について考えるのに、一〇センチメートルばかり離して一つのテーブルにおかれた料理を想像したせいで、空間的に隔てられた料理にあてはまることが、時間的に隔てられた料理にもあてはまると思いこんでしまった。料理が空間で隔て

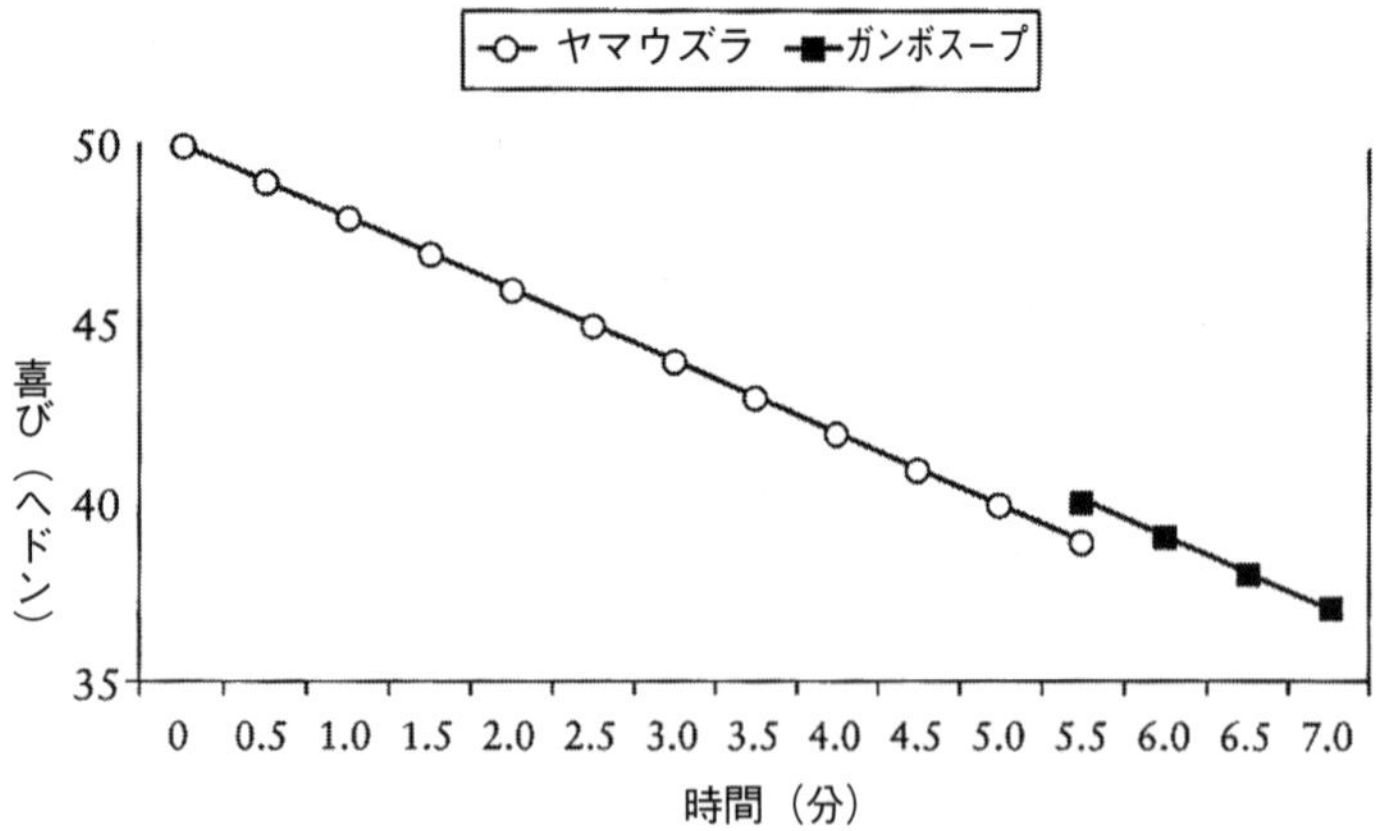

図13　消費が速い場合、変化は喜びを増加させる。

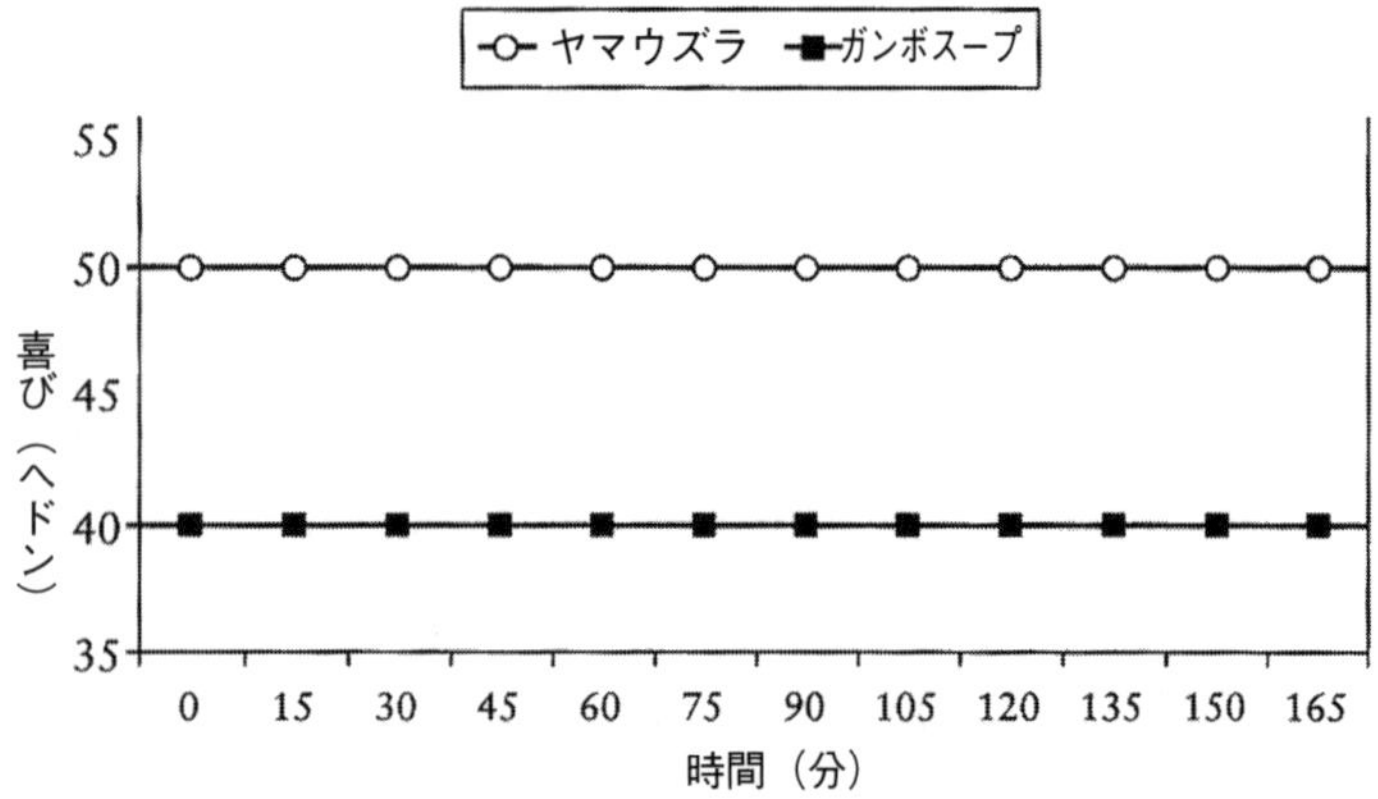

図14　消費が遅い場合、変化は喜びを減少させる。

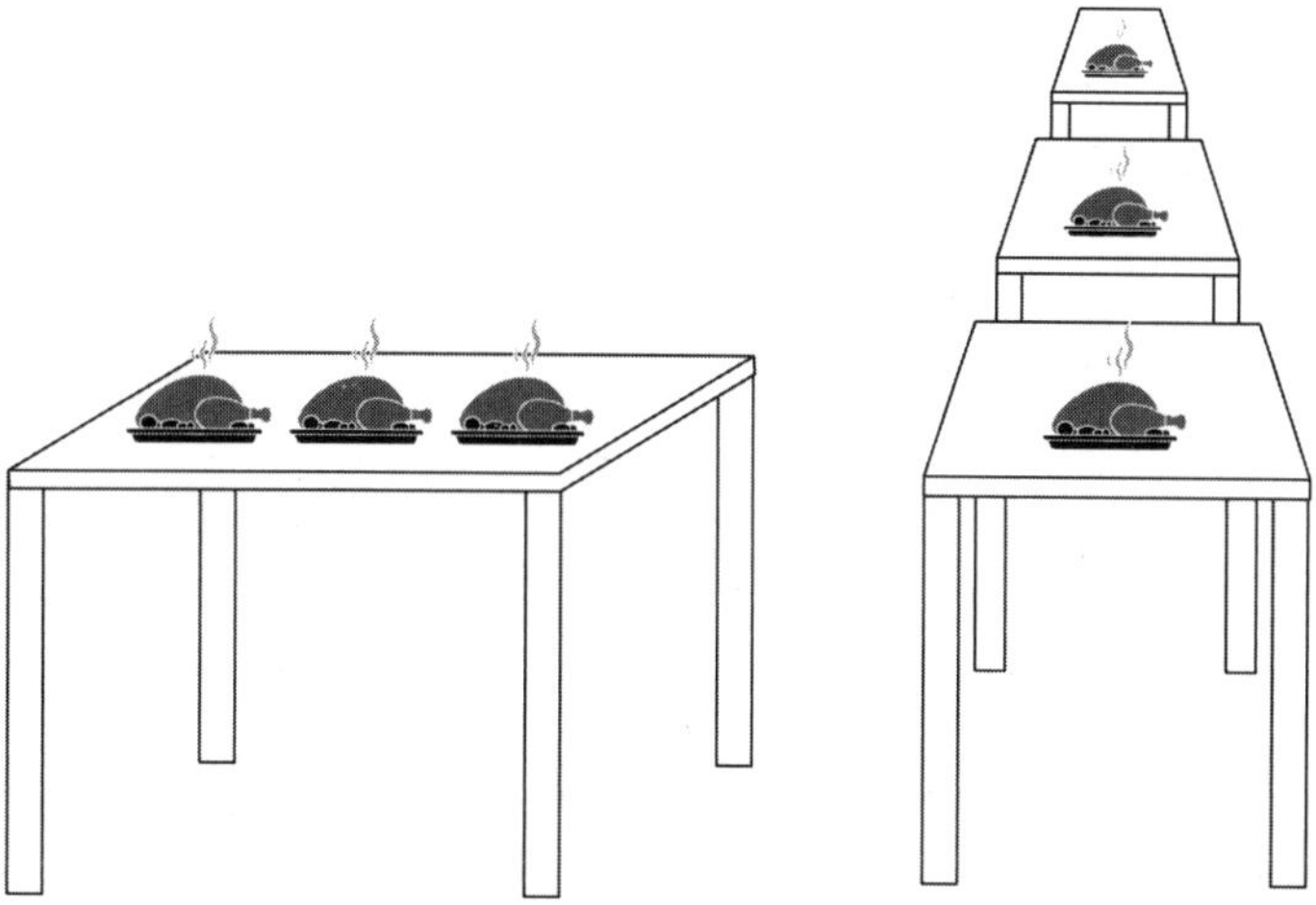

図15　同時に食べる（左図）か、とびとびに食べるか（右図）。

られているときに変化を求めるのはもっともな話だ。まったく同じ一二皿のヤマウズラが並んだテーブルに、だれがすわりたがるだろう。われわれは、盛りあわせや前菜セットや食べ放題のビュッフェが大好きだ。一回の出来事で経験する選択肢が変化に富んでいることを望むからだし、望んで当然だろう。問題は、類推するとき、一二カ月のあいだに毎月一皿ずつ経験する一二皿の料理を、目の前にある横長のテーブルに一度に並べられた一二皿の料理であるかのように考えて、とびとびの選択を同時の選択と同様に扱ってしまうことだ。なぜ問題かというと、とびとびの選択はすでに時間を味方につけているため、変化は喜びを増すどころか減らしてしまうからだ。

今を基準に考えてみる

時間を想像するのは非常にむずかしいため、われわれは時間を空間の一次元であるかのように想像することもあるが、まったく想像しないこともある。未来の出来事を想像するとき、心のイメージには、関連のある人物、場所、ことば、行動がたいてい含まれているが、その人たちがその場所で話したり行動したりするのがいつかという、「時間」をはっきり示すものはまず含まれていない。大晦日に連れあいの浮気を知ったと想像したときの心のイメージは、ハロウィンなりユダヤ教のプーリム祭なりロシア正教会の復活祭なりに浮気を知ったと想像したときの心のイメージとよく似ているように見える。「大晦日に連れあいが郵便配達人とベッドにいるところを目撃する」という心のイメージは、「連れあい」を「理容師」と入れかえたり、「ベッドに」を「会話して」と入れかえたりすると劇的に変化するが、「大晦日」を「感謝祭」と入れかえてもほとんど何も変わらない。というより、大晦日と感謝祭を入れかえるのは、そもそも変更すべき心のイメージがないのだから、どうしたって不可能だ。心のイメージを調べて、だれがどこで何をしているかを見ることはできるが、いつしているのか見ることはできない。心のイメージはおおむね時間を持たない。

それでは、未来に起こる出来事について自分がどう感じるかは、どうやって判断しているのだろう？　それが今起こったらどう感じるかを想像し、「今」と「のちのち」が完全に同じではないことを考慮して少し割り引く、というのが答えだ。たとえば、一〇代の若者に、たった今ビキニ姿のバドガールが玄関にやってきて、猫なで声で、どうしてもマッサージをしてほしいと言ったらどんな気持ちかきいてみるといい。目に見える反応が返ってくるはずだ。顔はにやけ、目は大きく見開かれ、瞳孔は収縮し、頬は赤くなり、ほかの部分も自然が意図したように反応するだろう。つぎに、べつの一〇代の若者に、さっきとまったく同じだが「たった今」を「五〇年後」と入れかえた質問をすると、ひとりめの若者とほぼ同じ反応をするのがわかるだろう。さらには、この若者が唇のぷっくりした素足の女神のイメージにすっかり心を奪われて、これが今から半世紀も先の話だとわかっていないのではないかと一瞬あやしむかもしれない。だが、ほんの少し――コンマ数秒ばかり――待ってやってほしい。そのわずかのあいだに、最初に見せた急激な熱狂が治まっていくはずだ。彼はその出来事が起こる時期に考えを向け、思春期の男性が求めるものと老人が求めるもののちがいに気づき、テストステロンみなぎる現在の自分とはちがう老年期の自分にとっては、セクシー美女のカメオ出演もそれほど刺激的ではないだろうと正しい結論をくだす。最初の高揚とつづく落胆ぶりは雄弁だ。未来の出来事を想像しろと言われたとき、はじめは今まさに起こっているかのように想像し、その後ようやく、出来事が起こる未来には、円熟のせいで視力やリビドーに避けられない衰えがでているだろうことに思いいたる様子を如実に物語る。

え？ それがどうした？ この若者は最終的に、「今」と「五〇年後」がちがうと気づいたのだから、考慮する前につかのま、バドの惑星からきたメイクばっちりの女狐のイメージに釘づけになったことくらい、だれが気にするかって？ わたしは気になる。それに、あなたも気にすべきだ。若者は、今起きていることとして想像したあと、じつはのちのち起こることだったという事実に合わせて想像を修正した。これはだれもがよく使う方法だが、どうしても判断を誤らせてしまう。この誤りの本質を理解するために研究を一つ見てみよう。国連加盟国の何パーセントがアフリカの国かを志願者に推測させた研究だ。ただし、すぐに答えさせるのではなく、「意見ひるがえし」法を使って考えさせた。

一部の志願者には、一〇パーセントよりどれくらい多いまたは少ないと思うか答えさせ、ほかの志願者には、六五パーセントよりどれくらい多いまたは少ないと思うか答えさせた。つまり、志願者に恣意的な出発点を与え、妥当な終点にたどりつくまで修正させた。ちょうど一〇代の若者が、たった今の美女のイメージを判断の出発点にし（「うわ、めちゃくちゃ興奮する」）、終点に達するまで判断を修正した（「でも、これが起こるころには六七歳だから、たぶん今みたいには興奮しないよな」）のと同じだ。

「意見ひるがえし」法の問題点は、出発点が終点に大きな影響をおよぼすことだ。一〇パーセントからはじめた志願者は国連加盟国のおよそ二五パーセントがアフリカの国だと推測したが、六五パーセントからはじめた志願者はおよそ四五パーセントと推測した。なぜここまでちがいがでたのだろう。志願者はまず、出発点が正解かもしれないと考え、その後、そんなはずがないと気づいて、ゆっくりと妥当な答えに向かっていくからだ（「一〇パーセントのわけがないな。一二パーセントならどうだろう？　いいや、まだ少なすぎる。一四？　それとも二五か？」）。残念なことに、この過程には時間と集中力が必要なため、一〇パーセントからはじめたグループも六五パーセントからはじめたグループも途中で疲れてしまい、中間で出会う前にやめてしまった。といっても、それほど不思議なことじゃない。ひとりの子どもにゼロから数えさせ、べつの子どもに一〇〇万から逆に数えさせたら、やがて疲れて嫌になり、しかえしに車庫にぶつける卵を探しに行くのは目に見えているし、ふたりがそこまで数えた数がまったくかけ離れているのも想像にかたくない。われわれは出発した場所に近いところを終点にする場合が多いため、出発点がどこかは大問題だ。

未来の出来事を現在のことのように想像してから、実際に出来事が起こる時点に合わせて修正する方法で未来の感情を予想すると、同じ誤りが生じる。志願者に、あすの午前か午後にミートソーススパゲティをどれだけ楽しめるか予測させた研究がある。志願者の中には、予測するとき空腹な人も、空腹でない人もいた。理想的な条件下では、志願者は午前より午後のほうがスパゲティを楽しめると予測し、現在の空腹感は予測にほとんど影響しなかった。しかし、一部の志願者は理想的でない条件下で予測しなければならなかった。具体的には、予測するのと同時に、音階を言いあてるという第二の課題が課せられた。こうした同時課題をおこなうと、出発点にとても近いところにとどまる原因になることが、研究でわかっている。この研究でも、音階を言いあてながら予測した志願者は、午前も午後も同じだけスパゲティを楽しむと予測した。そのうえ、現在の空腹感が予測に大きく影響した。空腹の志願者は翌日のスパゲティを（食べる時間帯にかかわらず）気に入ると予測し、満腹の志願者は翌日のスパゲティを（食べる時間帯にかかわらず）気に入らないと予測した。このような結果のパターンから、すべての志願者が「意見ひるがえし」法を使って予想したことがうかがえる。最初に、今スパゲティを食べたらどれだけ楽しめるかを想像し（空腹なら「おいしそう！」、満腹なら「うえぇ！」）、この予感応をあすの喜び予測の出発点とした。つぎに、ちょうど一〇代の若者が、曲線美の女性に今感じるありがたみも五〇年後にはちがっているかもしれないと思いいたって判断を修正したように、志願者は、スパゲティを食べる時間帯を考慮して（「夕食にスパゲティはうれしいけど、朝食にスパゲティだって？　うえぇ！」）、自分の判断を修正した。ところが、音階を言いあてながら予測した志願者は、自分の判断を修正できず、出発点とかなり近い場所を終点とした。われわれは、未来の感情を予測するとき、自然と現在の感情を出発点にするため、未来の感情が実際以上に今の感情に似ていると思いこんでしまう。

くらべてみる

もしあなたが、特別な才能も特別な身体もないのに、『ギネス世界記録』に載りたいというひそかな野望を今も抱いているなら、これに挑戦してはどうだろう。月曜の朝に上司の部屋へつかつか入っていって、こう要求する。「わたしはこの会社で長らく働いてきましたし、自分の仕事ぶりには十分な自信があります。そこで、一五パーセントの賃金カットを希望します……まあ、会社が今はどうしても無理だと言うなら、一〇パーセントでがまんしますが」闘争が絶えない労使関係の長い歴史の中で、自分の賃金カットを要求した人間がいたとはとても思えないので、ギネスの人たちは慎重にメモを取るだろう。たしかに人びとは賃金カットを嫌うが、研究によると、賃金カットを嫌う理由に「賃金」の部分はほとんど関係なく、問題は「カット」のようだ。たとえば、初年度に三万ドル、二年目に四万ドル、三年目に五万ドルもらえる仕事と、初年度に六万ドル、二年目に五万ドル、三年目に四万ドルもらえる仕事のどちらがいいか尋ねると、たいていの人は、三年間での総収入は少ないにもかかわらず、給料が増えるほうの仕事を好む。なんとも興味深い結果だ。なぜ人は、総収入を減らしてまで賃金カットを避けようとするのだろう。

過去とくらべてみる

ある晩は大音量でテレビをつけたまま眠りこんでしまったのに、ある晩は小さな足音一つで目が覚めてしまった。こんな経験があるなら、あなたはもう答えを知っている。人間の脳は刺激の絶対量にはそれほど敏感ではないが、ちがいや変化――つまり、刺激の相対量にはおそろしく敏感だ。たとえば、あなたに目隠しをして手に角材を持ってもらうとする。わたしが角材の上に一パックのガムをおいたら、あなたは気づくだろうか。正解は「場合による」で、この「場合」は角材の重さを指す。角材がほんの三〇グラムなら、そこに一五〇グラムのガムが載って重さが五〇〇パーセント増えればすぐに気づく。しかし、角材が五キログラムなら、重さが三パーセント増えたところでけっして気づかないだろう。「人は一五〇グラムを感知できるか」という質問に答えはない。脳はグラムを感知するのではなく、その変化やちがいを感知するからだ。これは物体の物理的な特性すべてにあてはまる。絶対量より相対量に敏感に反応する傾向は、重さ、明るさ、音量などの物理的な特性だけにとどまらない。有用さやよさや価値といった、主観的な特性にも同じことが言える。ほとんどの人は一〇〇ドルのラジオが五〇ドル安く買えるなら、車で町の反対側まで行くのをいとわないが、一〇万ドルの車が五〇ドル安く買えるとしてもそこまでしない。五〇ドルは、ラジオを買うならひと財産に感じるが（「お、町はずれの店では同じラジオが半額だぞ！」）、車を買うとなるとスズメの涙にしか思えない（「この車がほんの〇・〇五パーセント安くなるからって、わざわざ町の反対側まで出かけていく気にはならないな」)。

経済学者ならこんな行動にやれやれと首を振って、銀行の口座には「値引率」ではなくドルの絶対額が蓄えられているのだと、正しい指摘をするだろう。五〇ドル節約するために町の反対側まで行く価値があるなら、どの品物で節約するかは関係ない。節約したドルでガソリンや食料品を買うとき、紙幣は自分がどこから来たかなど知らないからだ。しかし、人間は絶対額では考えないため、こうした経済学の議論は聞き流される。人は相対額で考え、五〇ドルが多いか少ないかは何と比較するかによって左右される(だから、投資信託の運用担当者に渡る手数料が自分の投資金額の〇・五パーセントか〇・六パーセントかを気にしない人が、何時間もかけて念入りに日曜版の新聞を調べて歯磨き粉が四〇パーセント安くなるクーポンを探したりする)。マーケティング担当者や政治家といった影響力のある代理人は、われわれの相対量へのこだわりを知っていて、ふだんから自分に都合のいいように利用している。古典的なやり口では、まずとんでもなく大きな犠牲を払うよう呼びかけて(「今度の金曜にはクマ保護集会をしますし、土曜日は動物園まで抗議デモの行進をするんですが、参加しませんか?」)、その後、もっと小さな犠牲ならどうかと持ちかける(「ではせめて、われわれの団体に五ドルの寄付をお願いできないでしょうか?」)。先に大きな犠牲を払うかどうか考慮すると、小さな犠牲を払うことを承知しやすくなることが研究でわかっている。大きな犠牲について考えることで、小さな犠牲がなんでもなく思えるのが理由の一つだ。

品物についての主観的な価値は相対的なもので、その品物を何と比較するかによって価値が変わる。たとえば、わたしは毎朝、徒歩で職場へ向かう途中、近くのスターバックスに寄ってバリスタに一ドル八九セント渡して、並みより上のコーヒーを五九〇ミリリットル（ベンティサイズ）受けとる。このコーヒーにスターバックスがいくら費用をかけているのか知らないし、なぜこの量にこの額を請求することにしたのかも知らないが、これだけはわかる。もし、ある朝、店に寄って値段が二ドル八九セントに跳ねあがっていたら、すぐにつぎのどちらかの対策をとるだろう。これまで払っていた値段と新しい値段をくらべて、スターバックスのコーヒーがばかみたいに高くなったと結論をだし、真空保温携帯マグを買って自宅でコーヒーをいれはじめる。あるいは、新しい値段と同じ額の現金でほかに買えるもの（フェルトペン二本や、八〇センチの人工竹一本や、CD二〇枚組のボックスセット〈コンプリート・マイルス・デイヴィス・アット・モントルー〉の一〇〇分の一、など）とをくらべて、スターバックスのコーヒーは買い得だと結論をだす。理屈ではどちらの比較をすることも可能だ。さて、わたしはどうするか。

あなたにも答えはわかっているだろう。わたしがするのはらくなほうだ。一杯二ドル八九セントのコーヒーを見たら、前の日にいくら払ったか思い出すのはいともたやすく、その現金で買えるものを想像するのはそんなにたやすくない。過去を思い出すほうが新しい可能性を考えだすよりはるかにらくなため、本来はあらたな可能性とくらべるべきだとしても、おそらく過去とくらべてしまう。だが、現在とくらべるべきは過去ではなく可能性のほうだ。コーヒーの値段が、前の日なり一週間前なりフーヴァー大統領時代のいつなりにいくらだったとしても関係ない。たった今、使えるドルを絶対額で持っているのだから、検討するべき問題は、これをどう使えば最大限の満足を得られるか、だけだ。もし、豆の国際的な禁輸措置によっていきなりコーヒー一杯の値段が一万ドルに急騰したら、わたしがみずからに問うべきことは、「この一万ドルでほかに何ができるだろう。それで得られる満足は、コーヒー一杯より多いだろうか少ないだろうか」だけだ。答えが「多い」なら店から出ればいいし、答えが「少ない」ならコーヒーを買えばいい。となると、ムチを持った会計士も必要だろうが。

過去を思い出すほうが可能性を考えだすよりはるかに容易なせいで、われわれはいくらでも奇妙な決断をくだす。たとえば、パック旅行を選ぶ場合、今は四〇〇ドルだけれど前日は特別価格で三〇〇ドルだったパックより、まったく同じ内容で六〇〇ドルから五〇〇ドルに値引きされたパックのほうを買いがちだ。今の価格を前の価格とくらべるほうが、ほかに買えそうなパックの価格とくらべるより簡単だ。そのため、いい買い物だけれどかつてはもっといい買い物だったパックではなく、損な買い物だったものがまずまずの買い物になったパックのほうを選んでしまう。

また、同じくこの傾向のせいで、われわれは「忘れがたい過去」のある品物とない品物を平等に扱わないことがある。たとえば、財布に二〇ドル札と二〇ドルのチケットが入っているとしよう。ところが、コンサート会場についてから、どこかでチケットをなくしたことに気づいた。あなたは新しいチケットを買うだろうか？　ほとんどの人は買わないと答える。では、二〇ドル札と二〇ドルのチケットのかわりに、財布に二〇ドル札が二枚入っているとする。コンサート会場について、二〇ドル札を一枚なくしたことに気づいた。あなたはコンサートのチケットを買うだろうか？　ほとんどの人は買うと答える。論理学者にご説明を願うまでもなく、二つの例の要所はまったく同じだ。どちらのケースも、あなたは二〇ドルの価値のある紙切れ（チケットか紙幣）をなくし、財布に残っているお金をコンサートのために使うかどうか決めなければならない。それなのに、われわれは現在を過去と比較することに頑固にこだわってしまい、実際には同等な二つのケースでちがった考え方をする。二〇ドル札をなくしたあと、コンサートのチケットをはじめて買うかどうか考えるときは、コンサートに過去がないため、コンサートの代価をほかの可能性と正しく比較できる（「このコンサートに二〇ドル使おうか、それとも新しいシャークスキンの手袋を買ったほうがいいかな」）。しかし、買っておいたチケットをなくして、「かわり」を買うかどうか考えるときは、コンサートに過去があるため、コンサートの現在の代価（四〇ドル）を以前の代価（二〇ドル）と比較して、価格が急に二倍になった演奏を聴く気がうせてしまう。

可能性とくらべてみる

今を過去と比較すると誤りを犯す。しかし、ちゃんと可能性と比較してもやはり誤りを犯してしまう。あなたがわたしのような人間なら、きっとリビングルームは、椅子に電気スタンド、ステレオにテレビまで、さまざまな耐久消費財が並ぶちょっとした倉庫になっているだろう。ひょっとすると購入前にいくらか比較検討し、最終的に買ったものは二、三の代案――同じカタログにあったほかの電気スタンド、同じ階にあったほかの椅子、同じ棚にあったほかのステレオ、同じショッピングモールにあったほかのテレビ――と比較した結果かもしれない。お金を使うかどうかではなく、お金をどう使うか思案するあなたの前に、感じのいい人が、お金を使うあらゆる方法をずらりと並べてくれた。この人は、過去と比較したくなるあなたの生来の傾向（「このテレビは、今うちにあるテレビよりほんとうにすごいの?」)を打ち負かす手助けをしてくれる。可能性との比較をひどく簡単にしてくれるのだ(「こうやって店頭で並んでいるのを見ると、ソニーよりパナソニックのほうが画像が鮮明でしょう?」)。悲しいかな、われわれは、こうした横並びの比較にすぐだまされる。小売り商人が客に横並びの比較をさせようと一所懸命なのはそのためだ。

ふつう、人は同じカテゴリーの中で一番高い品物を買う気にならない。そこで、小売り商人は、実際にはだれも買わないようなものすごく高価な商品を少し仕入れておいて(「ひゃあ、ペサック・レオニャンのシャトー・オー・ブリオンの一九八二年ものが一本五〇〇ドルだってさ!」)、そこまで高価でない商品を買い得に見せて(「やっぱり六〇ドルのジンファンデルにしておくよ」)売りあげを増やす。悪徳の不動産業者は、買い手を風俗店とクラックコカイン密売所に都合よくはさまれたあばら家に連れていってから、ほんとうに売りたい並の家を見せる。あばら家のおかげで並の家が並はずれた家に見えるからだ(「ごらんよ、この家なら芝生に一本も注射針が落ちてないぞ!」)。

横並びの比較は、ぜいたくなワインやあばら家のような極端な可能性の影響も受けるが、今検討中の可能性とそっくりなべつの可能性が増えただけでも影響を受ける。ある研究で、医師に治療薬Xにかんする情報を読ませ、変形性関節症の患者に処方するかどうか尋ねた。処方しないと決めた医師は二八パーセントにすぎず、医師たちは明らかに試す価値があると考えたようだった。ところが、べつの医師たちのグループに、やはり変形性関節症の患者に対して治療薬Xを処方するか同等の効果がある治療薬Yを処方するか尋ねたところ、四八パーセントが何も処方しないことを選んだ。どうやら、同等の効果のあるべつの治療薬を可能性のリストに加えたせいで二つの治療薬に優劣をつけるのがむずかしくなり、多くの医師がどちらも勧めないと決めたらしい。もし、こんな台詞——「どっちの映画を観るかどうしても決められないから、出かけないで再放送でも観ることにしよう」——をもらしたことがあるなら、医師たちがなぜ誤りを犯したか理解できるはずだ。

横並びの比較でとくに油断できないのは、比較している複数のもののちがいを浮きぼりにしてくれる特性なら、どんなものでも注目してしまうことだ。わたしは、一五分だけのつもりで立ち寄った店で、人生の中でもおそらくもっとも情けない部類に入るみじめな数時間をすごしたことがある。ピクニックに行く途中でショッピングモールに寄り、車を停めて建物に駆けこんだ。数分後には小型のしゃれたデジタルカメラをポケットに入れて出てくるつもりだった。ところが、超特大メガ級カメラ店に入ってみると、小型のしゃれたデジタルカメラが途方に暮れるほどみごとに勢ぞろいしていて、さまざまな特性がちがっている。陳列ケースに一機種しかなくても検討するだろう特性もあれば（「シャツのポケットに入れられるくらい軽いから、どこにでも持っていけそうだな」）、機種によってちがいがあると気づかなければ思いつきもしなかっただろう特性もある（「オリンパスはフラッシュ補正ができて、ニコンはできないのか。だけど、フラッシュ補正ってなんだ？」）。横並びの比較をしたために、カメラによってちがう特性すべてに注目することになり、ぜんぜん気にしていなかったところまで、機種のちがいをはっきりさせるためだけに検討するはめになってしまった。もし新しい辞書を買うとしたら、どんな特性を気にするだろうか。ある研究で、一万語収録の状態のいい辞書に値をつけさせたところ、平均は二四ドルだった。べつのグループに、二万語収録の表紙が破れた辞書に値をつけさせると、平均は二〇ドルだった。ところが、三つめのグループに二つの辞書を横並びで比較させると、小さいほうの無傷の辞書に一九ドル、大きい破れた辞書に二七ドルの値をつけた。人びとは辞書の表紙の状態を気にするようだが、収録語数を気にするのは、横並びの比較によってその特性に注意が向いてからららしい。

比較と現在主義

ここでちょっと視野を広げて、比較についてのこうした事実が、未来を想像する能力とどう関係するのかしばらく考えてみよう。これまでに見てきたことが三つある。一、価値は、ある物事とべつの物事との比較によって決まる。二、どんな場合も、複数の観点で比較ができる。三、ある観点で比較したときと、べつの観点で比較したときで、物事の価値がちがう場合がある。以上から、ある物事について未来にどう感じるかを予測したければ、現在たまたまやっている比較ではなく、未来でするだろう比較について考えなければならないことがわかる。だが悲しいかな、われわれはそうと意識せずに比較をするため（「おいおい、あのコーヒーはえらく高くなったな」、「このコンサートに二倍も払うもんか」）、今やっている比較が、のちのちする比較とちがうかもしれないと思いいたることはまずない。たとえば、志願者をテーブルにつかせ、数分後にポテトチップスを食べたらどれだけ楽しめるか予測させた研究がある。一部の志願者の前には、ポテトチップスの袋とチョコレートバーが並べてあり、ほかの志願者の前には、ポテトチップスの袋とオイルサーディンの缶詰が並べてあった。この余計な食べ物は、志願者の予測に影響を与えただろうか？　もちろん。みんな無意識のうちにポテトチップスをもう一つの食べ物とくらべたため、サーディンと比較した志願者のほうがチョコレートバーと比較した志願者より、自分がポテトチップスを喜んで食べると予測した。だが志願者たちはまちがっていた。実際にポテトチップスを食べてみると、テーブルに並べてあったオイルサーディンの缶詰もチョコレートバーも、ポテトチップの喜びになんの影響も与えなかったからだ。パリッとして塩味のきいた油っぽいポテトを口いっぱいにほおばっているとき、たまたまテーブルにあるほかの食べ物がなんだろうと、いっさい関係がない。ちょうど、だれかと愛を交わしているとき、ほかにもそんな相手がいたとしてもきれいさっぱり忘れてしまうのと同じだ。志願者は、ポテトチップスを食べるところを想像しながらした比較が(「そりゃあ、ポテトチップスはうまいよ……だけど、チョコレートのほうがずっといいな」)、実際に食べながらするだろう比較とはちがうことに気づかなかった。

ほとんどの人には似たような経験がある。優美な小型スピーカーと箱のような巨大スピーカーとをくらべて音響のちがいに気づき、不格好な巨獣のほうを買う。だが残念ながら、この音響のちがいは、今後いっさい気にしないいちがいだ。いったんお化けスピーカーを持って帰れば、その音を一週間前に店頭で聞いたほかのスピーカーの音とくらべるかわりに、その角ばった無骨さを、流線型で優美だったのに今はだいなしになってしまったほかの装飾とくらべることになるからだ。

あるいは、旅行先のフランスで同郷のカップルと出会い、すぐに旅の道連れになる。こちらがフランス語を話す努力をしないからと嫌い、話そうとするともっと嫌う現地の人たちとくらべると、同郷のカップルはとびきり心の温かい愉快な人たちに感じるからだ。新しい友人ができたことを喜び、この先もきょうとまったく変わらない友情を持ちつづけるだろうと考える。ところが、旅行からもどって一カ月後に夕食に招いてみると、驚いたことに新しい友人はなじみの友人にくらべておもしろくもなければ打ちとけてもくれず、はっきり言ってフランスの市民権を与えたくなるほど好きになれない人たちだとわかる。われわれの誤りは、退屈な同郷のカップルとパリを旅したことではなく、旅行中の今している比較（「リサとウォルターは、ル・グラン・コルベールのウェイターよりずっといい人たちだわ」）が、帰国後の未来にするだろう比較（「リサとウォルターは、トニーとダンにくらべたら、ちっともいい人たちじゃないわね」）とはちがうと気づかなかったことだ。新しく買ったばかりのものに夢中になって少したつとあきてしまう理由も、同じように説明できる。新しいサングラスを買おうというときは、当然、店に並んでいる最先端のかっこいいサングラスと、自分の鼻にのっている古い時代遅れのサングラスを見くらべる。そして、新しいものを買って古いほうは引出しにしまいこむ。しかし、数日かけているうちに、古いほうのサングラスとくらべるのをやめてしまい――あら不思議。くらべることで感じていた喜びが消えてなくなってしまうというわけだ。

異なる時には異なる比較をするものなのに、自分がそうするだろうと気づかないことは、ほかの方法で説明のつかない難問を理解するヒントになる。例をあげよう。経済学者や心理学者によると、人は一ドル手に入れるより一ドルなくすほうが衝撃が大きいと思いがちだ。そのため、これまでに貯めたお金が倍になる確率が八五パーセント、すべてを失う確率が一五パーセントの賭けにのろうとしない。見込みの高い大きな利益は、見込みの低い大きな損失の埋め合わせにならない。人は、同じ大きさなら損失のほうが利益より影響が強いと考えるからだ。しかし、損得の判断は、どんな比較をしているかに左右される。たとえば、一九九三年のマツダミアータ（日本名ロードスター）はいくらの価値があるだろう。わたしの保険会社によれば、今年の相場はおよそ二〇〇〇ドルだ。だが、一九九三年のマツダミアータのオーナーとして言わせてもらうと、かわいらしいへこみや、いたずらっぽいガタガタいう音を全部ひっくるめたわたしの愛車を、あなたがたった二〇〇〇ドルで買いとりたいとしたら、かたく握ったわたしのこぶしから無理やりキーを取りあげなければならないだろう。しかも、問題の車を見たあなたは、二〇〇〇ドル払うなら、車とキーどころか、自転車と芝刈り機と『アトランティック』誌の生涯購読権をおまけにつけてもらわなければ割に合わないと思うはずだ。なぜわれわれは、この車の公正価値についてこうも意見が一致しないのか。この取引を、あなたは潜在的利益ととらえ（「今の感情とくらべて、この車を手に入れたらどれくらい幸せになるだろう？」）、わたしは潜在的損失ととらえるからだ（「今の感情とくらべて、この車を失ったらどれだけ幸せになるだろう？」）。わたしは、大きいにちがいない損失の埋め合わせをしてくれるよう望むが、あなたは、大した得はないと考えているため、そんな埋め合わせをするつもりにならない。だがあなたは、いったん車が自分のものになれば、自分の判断基準が変わることに気づいていない。オーナーになれば、今わたしがしているのと同じ比較をするようになり、一ペニーにいたるまで支払った金額に見合った価値がこの車にあると考えるだろう。わたしのほうも、いったん車を手放せば、自分の判断基準が変わることに気づいていない。オーナーでなくなれば、今あなたがしているのと同じ比較をするようになり、この取引に満足するだろう。わたしならけっして、今売ったのとまったく同じ車に二〇〇〇ドルも払わないからだ。価格について意見が合わず、互いの誠実さやほんとうに人の親なのかとさえ疑ってしまうのは、ふたりとも、買い手と売り手として無意識にしている比較が、車のオーナーと前オーナーになってからするだろう比較とちがうことに気づかないためだ。どんな比較をするかが感情に多大な影響を与える。そして、今している比較があとでするだろう比較とちがうことに気づかないと、未来にどれだけちがった感情を抱くかを過小に見積もってしまう。

＊

歴史家は、歴史上の人物を現代の基準で判断する傾向という意味で「現在主義」ということばを使う。われわれはみんな人種差別主義や性差別主義を嫌悪するが、どちらも不道徳な行為と考えられるようになったのはつい最近のことだ。だから、トマス・ジェファソンが奴隷を使っていたとか、ジークムント・フロイトが女性を蔑視していたといって非難するのは、一九二三年にシートベルトをせずに運転していた人を今になって逮捕するのに近いものがある。それでも、過去を現在のレンズ越しに見たくなる衝動には、なんとしても抗《あらが》いがたい。アメリカ歴史協会の会長が指摘したように、〝現在主義には手っとりばやい解決法などない。現代性から抜けだすのは非常にむずかしいことがわかっている〟。ありがたいことに、われわれのほとんどは歴史家ではなく、抜けだすための特別な出口を見つける心配をしなくていい。だが、ありがたくないことに、われわれはみんな未来志向家であり、しかも、現在主義は過去を見るときより、未来を見るときのほうが大きな問題になる。

未来について予測をするのは現在であるため、予測はいやおうなしに現在の影響を受ける。今の感じ方（「腹が減った」）や考え方（「大きいスピーカーのほうが小さいスピーカーより音がいい」）によって、のちのちどう感じるかという予想が左右される。時間はとてもとらえにくい概念なので、われわれはひねりを加えた現在を未来像として想像しがちで、想像上のあすは、わずかにひねったきょうにどうしても似てしまう。今この瞬間の現実味はあまりに強烈ではっきりしているため、「想像」をしっかり勢力圏内において、そこから逃げだすことをけっして許さない。現在主義が起こるのは、未来の自分が世界を見る見方が、今の自分の見方とはちがうことに気づかないからだ。そもそもわれわれには、これから先、自分の人生をすべて経験するはずの人物の視点にたつ能力がない。これから詳しく見ていくが、これこそ、未来志向家が直面するもっとも油断のならない問題だ。

第5部　意味のトリック
～合理化に気をつけろ

＊合理化（ごうりか）――物事を納得いくようにしたり、そう見えるようにしたりする行為。

8　自分にやさしい私たち

いいも悪いも本人の考え次第。

――シェイクスピア『ハムレット』

ヨガよ、さようなら。脂肪吸引よ、さようなら。そして、記憶力の向上、気分のリフレッシュ、ウエストのサイズダウン、髪の生えぎわの回復、セックス時間の延長、記憶力の向上（あれ、二度目か?）をうたうハーブ系サプリメントよ、さようなら。もしあなたが幸せに健康に暮らしたいなら、この新手法を試して、不機嫌で薄給でだまされやすい今の自分を、心から満ち足りた賢明な人間に変身させよう。信じられないあなたのために、これまでに試した体験者たちの声を紹介する。

・「肉体的にも、金銭的にも、精神的にも、ほかのほとんどすべての点でも、これまでにないほど

調子がよくなりました」（テキサス出身のＪ・Ｗさん）

・「すばらしい体験でした」（ルイジアナ出身のＭ・Ｂさん）

・「今ほどまわりの人たちに感謝したことはありません」（カリフォルニア出身のＣ・Ｒさん）

大満足のこの体験者たちは何者で、この人たちが話している奇跡のような方法とはいったいなんだろう？　Ｊ・Ｗこと、合衆国下院のもと議長ジム・ライトは、六九の倫理規定に違反し、面目を失して辞任させられたあとにこの発言をした。Ｍ・Ｂこと、もと受刑者のモーリース・ビッカムは、銃を撃ってきたク《K》ー・ク《K》ラックス・ク《K》ランの団員から自己防衛してルイジアナ州刑務所に三七年間服役し、釈放されたときにこの発言をした。Ｃ・Ｒこと、スーパーマン役の大スターだったクリストファー・リーヴは、落馬事故で首から下が麻痺し、人工呼吸器が欠かせない体になってしまったあとにこの発言をした。この話の教訓？　もし幸せに健康に裕福にかしこく暮らしたいなら、ビタミン剤や整形手術はやめておいて、社会的な屈辱や不当な投獄や四肢麻痺を試したらどうだろう。

ああ、なるほど。職や自由や移動能力を失った人たちが、自分を襲った悲劇によって高められたとほんとうに信じるべきなのか、と。とうていありえないと思うのは、あなただけではない。少なくとも一世紀のあいだ、心理学者は、愛する人を亡くす、凶悪犯罪の被害者になるといった悲惨な出来事が、それを経験した人に強烈かつ甚大な消しがたい影響をおよぼすと考えてきた。この考えはわれわれの中に深く根づいているため、こうした出来事に暗い反応を示さない人は、「悲嘆の欠如」と呼ばれる病的な状態だと診断されることがある。しかし、近年の研究によると、この通念のほうがまちがっていて、悲嘆の欠如はきわめて正常なことのようだ。われわれは、心理学者が一世紀のあいだ信じこませてきたような、たおやかな花ではなく、ほとんどの人は心的外傷に対して驚くほどの回復力を持っている。親や連れあいを亡くすのはたいていつらいものだし、大きな苦痛である場合も多く、そうじゃないと主張するのはあまのじゃくというものだろう。だが実際には、近しい人に先立たれると、ほとんどの人がしばらくのあいだとても悲しむが、慢性的なうつになる人はごくまれで、それより浅く短い心痛を経験する人が大半を占める。合衆国の人口の半数以上が、一生のあいだにレイプや暴行や自然災害などのなんらかの精神的外傷を経験するとされるが、外傷後障害を発症したり専門家の助けを必要としたりする人はほんの一部にすぎない。ある研究グループが指摘したように、〝心的外傷を起こしかねない出来事に遭遇したあと、もっとも一般的に観察される経過は、そこからの回復である〟。大きな心的外傷を乗りこえた人たちの研究から、大多数の人は申し分なくやっていて、その経験によって人生がいっそう深まったと言う人もかなりいることがわかっている。はいはい、おっしゃるとおり。たしかにカントリーソングのタイトルか何かに聞こえるが、ようは、事態がずいぶんひどいときでも、ほとんどの人はうまくやっていけるということだ。

回復例があちこちにあるなら、こうした統計をそれほど意外に感じるのはなぜだろう。長期の獄中生活を〝すばらしい体験〟ととらえたり、麻痺を人生に〝新しい方向性〟を与えてくれる〝またとない機会〟と思うようになったりするものだろうかと、われわれのほとんどが感じてしまうのはなぜだろう。何年もつらい化学療法を受けているアスリートが〝過去を変えたいとは思わない〟と言ったり、回復の見込めない障害を負ったミュージシャンが〝もう一度はじめからやりなおすなら、まったく同じ人生がいい〟と発言したり、四肢麻痺や下肢麻痺の人がほかの人とちっとも変わらないくらい幸せだと言ったりするのを聞いて、信じられないと首を振るのはなぜだろう。こうした経験をした人の意見は、その出来事を想像するだけの人間からすると、正直言って不可思議だ。だとしても、実際に現場にいた人たちに異論を唱えるわれわれは、いったい何様だというのか。

つらい出来事はたしかにわれわれに影響をおよぼすが、その影響力は考えているほど大きくないし、長くもつづかない。仕事や恋人を失ったとき、応援している候補者が重要な選挙で落選したとき、ひいきにしているチームが大事なゲームで負けたとき、面接で失敗したり試験で落第したりコンテストで負けたりしたときの感情を想像させると、人びとはどの場合でも、いかにみじめな気持ちになるか、いかに長いあいだみじめな気持ちのままでいるかを過大に見積もる。健康な人が障害を受けないようにするために支払ってもいいと考える金額は、体に障害のある人が健康になるために支払ってもいいと考える金額よりはるかに大きい。健康な人は、体に障害のある人がどれだけ幸せになりうるかを過小に見積もるからだ。ある研究グループが指摘したように、〝慢性的な病気や障害のある患者が、今の健康状態にある自分の人生を評価すると、たいていは、それと同じ健康状態にあると想像させた仮想患者の評価より高い結果がでる〟。さらに、べつの研究によると、健康な人が〝死より悲惨〟だろうと想像する病状は八三種類あったが、実際にその病状にある人がみずからの命を絶つことはまずない。つらい出来事が警戒しているほどひどい打撃を与えないなら、われわれはなぜそんなに警戒するのだろう。悲しみや災いがじつは偽装した祝福で、あとから幸いなことだったとわかるのなら、なぜその偽装はこれほど真にせまっているのだろう。答えは、人の心があいまいさを利用しがちだからだ

――この一文があいまいだと思うなら、このまま読みすすめてもらいたい。今からわたしが、実際にあいまいさを利用して見せよう。

意味で区別する

干し草の山の中から針を見つけるよりむずかしい唯一のことは、針の山の中から針を見つけることだ。物体は、似たようなものに囲まれているとまわりに溶けこみ、異質なものに囲まれていると浮きあがって見える。図16を見てもらいたい。コンマ何秒まではかれるストップウォッチがあれば、上の表から数字に囲まれたアルファベットの「O」を見つけるほうが、下の表からアルファベットに囲まれたアルファベットの「O」を見つけるよりわずかに早いことがわかるだろう。数字の中からアルファベットを見つけるより、アルファベットの中からアルファベットを見つけるほうがむずかしいのだから当然だ。だが、もしこれがアルファベットの「O」ではなく、数字の「0」を探す課題だったら、おそらく上の表から探すより下の表から探すほうが早かったはずだ。われわれは、視覚などの感覚機能が神経の配線だけで説明できると考えがちだし、たしかに視覚の機能を理解したければ、輝度《きど》、コントラスト、桿状体《かんじょう》、錐状体《すいじょう》、視神経、網膜などについて学んだほうがいい。しかし、知っておくべき図16の物理的性質と、知っておくべき人間の目のしくみをすべて学んだとしても、あるケースのほうがべつのケースより早く「円」を見つけられる理由はまだ説明できない。そのためには、本人が円

1	5	9	3	1	5	4	4	2	9
6	8	4	2	1	6	2	2	3	3
9	2	7	6	9	7	5	5	1	1
5	3	7	2	7	6	2	7	8	9
3	7	5	9	6	8	8	2	9	8
4	8	3	1	2	1	6	8	1	8
4	3	4	2	3	9	1	7	0	9
6	2	4	1	8	6	7	5	2	3
7	6	4	2	9	6	5	4	4	5
9	5	2	3	6	7	8	4	5	3

L	G	V	C	L	G	E	E	P	V
I	T	E	P	L	I	P	P	C	C
V	Q	R	I	V	R	G	G	L	L
G	C	R	P	R	I	P	R	T	V
C	R	G	V	I	T	T	P	V	T
E	T	C	L	P	L	I	T	L	T
E	C	E	P	C	V	L	R	O	V
I	P	E	L	T	I	R	G	P	C
R	I	E	P	V	I	G	E	E	G
V	G	Q	C	I	R	T	E	G	C

図16

の意味をどうとらえていたか知る必要がある。

ものの意味は、ごく基本的な心理作用にとっても重要だ。あなたやわたしのような分別のある人間にすれば明らかなことだが、心理学者はこの明らかな事実を無視したために三〇年近く雲をつかむようなあてのない探求をつづけ、あまり多くをつかめなかった。二〇世紀後半の多くの時間を使って、実験心理学者はラットが迷路を走る時間をはかり、ハトが鍵をつつくのを観察した。刺激とそれに対する生物体の反応との関係を詳しく書き記すことこそ、行動を理解

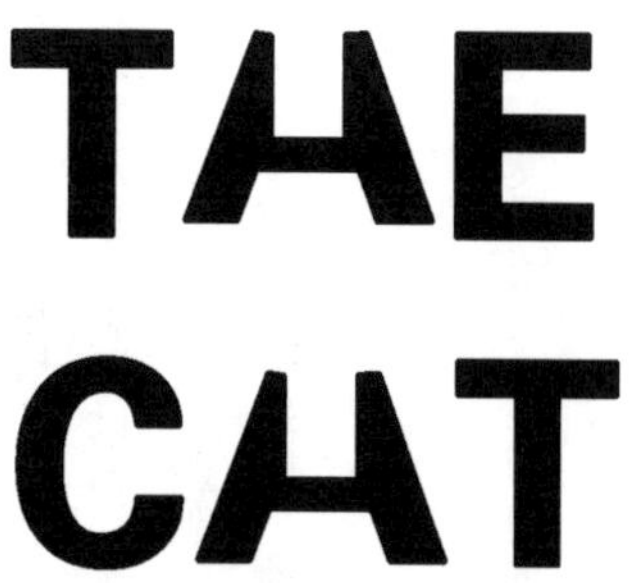

図17　真ん中の文字は文脈によって意味が変わる。

する最善の方法だと考えていたからだ。心理学者は、光や音や食べ物といった物理的な刺激を与えたとき、生物体がどう反応するかを注意深く測定することで、意味のような漠然とした概念を持ちださずに、観察可能な刺激と観察可能な行動とを結びつける科学を作りあげようとした。だが残念ながら、このあさはかな計画ははじめから失敗する運命にあった。ラットやハトは外界に現前する刺激に反応するが、人間は心に再現前化した刺激の表象に反応するからだ。外界の客観的な刺激は心の中に主観的な刺激を作りだす。人が反応するのはこの主観的な刺激のほうだ。たとえば、図17の二つの単語の真ん中の文字は、物理的にまったく同じ刺激だが（わたしが保証する。わたしが自分で切りとって貼ったものだ）、英語を話す人はたいてい二つにちがう反応を示し、ちがうものとして見るし発音するし記憶する。一方は「H」、もう一方は「A」に見えるからだ。いやむしろ、一方は「H」でもう一方は「A」だと言いきるほうが妥当だろう。インクののたくりがなんなのかは、客観的な形状より、われわれの主観的な解釈のほうに大きくかかわっているからだ。二本の縦線と一本の横線は、TとEにはさまれているときと、CとTにはさまれているときとで、意味するものがちがっている。われわれをラットやハトと隔てている多くの要素の一つは、人間が刺激そのものでなく、刺激の意味に反応することだ。だから、わたしの父なら、わたしを非科学的な道具である「占い棒の使い手」呼ばわりしても許されるが、あなたは許されない。

あいまいさを排除する

ほとんどの刺激はあいまいで、いくつもの意味を持つ。われわれがいかにしてあいまいさを排除しているか、つまり、刺激の持つたくさんの意味のうち、この場面ではこの意味だとどうやって知るのかという点は興味深い。研究の結果、とくに重要なのは文脈、頻度、新近《しんきん》性であることがわかっている。

・「文脈」について。英語のbank《バンク》には、「お金を保管する場所」と「川の左右の岸」の二つの意味がある。しかし、「The boat ran into the bank（ボートが土手《バンク》にぶつかった）」や、「The robber ran into the bank（強盗が銀行《バンク》に押しいった）」のような文をまちがって解釈することはない。「ボート」や「強盗」という単語によって文脈が明らかになり、「バンク」をどちらの意味にとるべきかわかるからだ。

・「頻度」について。過去にその刺激に遭遇していると、その経験がどの意味を採用すべきかを教えてくれる。たとえば、融資担当者は、「Don't run into the bank（バンクに気をつけろ）」と聞けば、職場を歩きまわるときの注意と解釈し、ボートの舵とりについての忠告とは考えない可能性が高い。融資担当者のごく普通の一日では、バンクという単語が船舶関係より金融関係で使われるのを耳にする頻度が高いからだ。

・「新近性」について。ボートに乗る人も、ごく最近、貸金庫の広告を目にしたために「バンク」の金融的な意味が心に鮮明に残っていれば、「Don't run into the bank」という文を、川岸ではなく金融機関に関連づけて解釈する可能性が高い。ついでに、賭けてもいいが、このページでずっとバンクの話をしてきたので、「He put a check in the box（彼はボックスにチェックを入れた）」という文を見ると、あなたは、だれかが箱に小切手《チェック》を入れるイメージを心に描き、だれかが質問紙のチェックボックスにチェックマークを入れるイメージは思い浮かべないはずだ。

ラットやハトとちがい、われわれは意味に反応する。そして、文脈、頻度、新近性は、あいまいな刺激に出合ったとき、どの意味にとるかを決める重要な三要素だ。しかし、もう一つ、同じように重要で、より興味深い要素がある。ラットやハトと同じく、人間にはそれぞれ欲望や願望や要求がある。われわれは外界の観察者であるだけでなく、外界に特徴を与える付与者でもあり、あいまいな刺激のどれか一つの意味をほかの意味より好む場合がある。

図18の箱の絵を見てもらいたい。これは（一八三二年に発見したスイスの結晶学者にちなんでネッ

カーの立方体と呼ばれる）はもともとあいまいな物体で、数秒間じっと見つめていると、そのあいまいさがわかってくる。最初、箱は横になっているように見え、自分の正面にある箱を真っすぐ見ているような感覚にとらわれる。丸い点は箱の中にあり、そこで背面と底面が合わさっている。しかしそのまま見つめていると、絵が急に変化する。箱は立っているように見え、自分の下にある箱を見おろしているような感覚にとらわれる。丸い点は今度は箱の上面の右すみにある。この絵には意味のある解釈が二つあるため、脳は気楽な調子で二つの解釈のあいだを行ったり来たりして、あなたを軽く楽しませてくれる（見すぎると、そのうちくらくらして倒れてしまうが）。では、一つの意味がもう一つの意味よりよく思える場合はどうだろう。言いかえると、あなたがこの物体の一方の解釈を、他方より好んだらどうなるだろう。実験によると、箱が正面にあると見えたときと、下にあると見えたときのどちらかに報酬が与えられると、箱は最初から報酬のもらえる向きで現れることが多くなり、脳はその解釈に執着して切り替えをしなくなる。つまり、脳は刺激を好きなように解釈する自由を与えられると、自分が望むかたちで解釈する傾向がある。あなたの好みは、文脈や頻度や新近性と同じように刺激の解釈に影響をおよぼす。

この現象は奇妙な絵の解釈だけにとどまらない。例をあげよう。あなたはなぜ自分を才能のある人間だと考えているのだろう？（ほらほら白状して。そう思ってるでしょう？）この疑問に答えるために、研究者は一部の志願者に「才能」の定義を書きださせ、それを基準にして自己の才能を評価させた（定義群）。つぎに、ほかの志願者に、定義群が書きだした定義を見せ、それを基準にして自己の才能を評価させた（非定義群）。興味深いことに、定義群は非定義群より自己の才能を高く評価した。

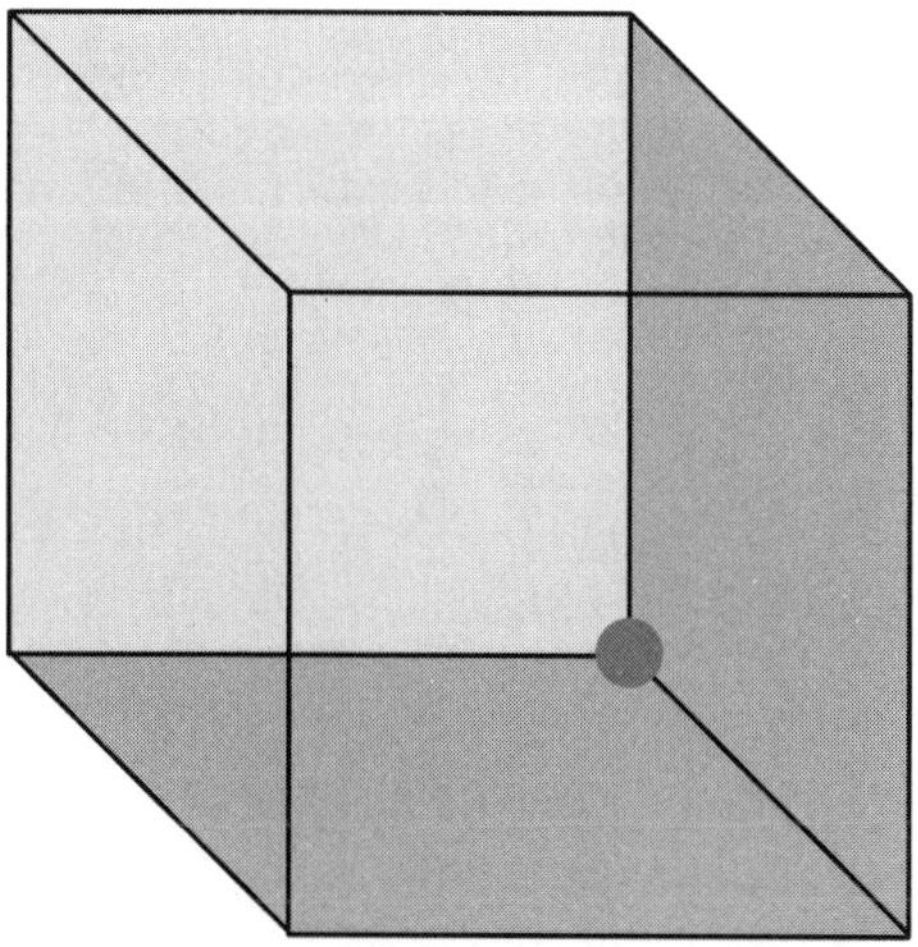

図18　ネッカーの立方体を見つめていると、いつのまにか向きが変わって見える。

定義群は、「才能」の意味を好きなように定義する自由があったため、まさに自分が望むように、つまり、たまたま自分が秀でている活動の観点から定義した（「ふつう、才能は優れた芸術上の業績、たとえば最近わたしが完成させた絵画のようなものを指すと思います」、「才能とは持って生まれた能力を意味します。人並はずれた力持ちであることなどです。ちょっとやって見せましょうか?」）。定義群は才能の基準を自分で決めることができ、偶然でもなんでもなく、自分が決めた基準に適合しやすかった。ほとんどの人が自分を、才能があり親切でかしこく公正な人間だと考える理由の一つは、こうした単語がまさにネッカーの立方体であることだ。人間の心は無意識のうちに、自己満足のためそれぞれの単語のあいまいさを利用している。

経験のあいまいさを排除する

もちろん、あいまいさの最大の供給源は単語や文やものの形ではなく、ひとりひとりの人生を織りなす複雑で変化に富んだ多元的な経験だ。ネッカーの立方体で二とおりの解釈が可能なら、「才能」は一四とおりの解釈ができ、「親もとを離れること」や「病気になること」や「米国郵政公社に就職すること」は何百、何千とおりの解釈ができる。人生で起こること——結婚、子育て、職探し、議員辞職、投獄されること、身体不随になること——は、インクののたくりや色のついた立方体よりはるかに複雑で、この複雑さが山ほどのあいまいさを生み、どうぞ利用してくださいとせがむ。

しかしあいまいさは必死にせがむまでもない。ある研究で、一部の志願者には、おいしいけれど健康的ではないアイスクリームサンデーを食べてもらうと伝え（アイスクリーム群）、ほかの志願者には、苦いけれど健康的な生ケールを食べてもらうと伝えた（ケール群）。志願者は、実際に食べる前に、アイスクリームサンデー、ケール、缶詰ソーセージのスパム（全員がおいしくないし健康的ではないと判断した）を含む複数の食べ物の類似性を評価した。その結果、アイスクリーム群は、スパムがアイスクリームよりケールに似ていると考えていることがわかった。なぜか？　どういうわけか、アイスクリーム群は食べ物を味の観点で評価し、ケールやスパムとちがって、アイスクリームはおいしいと判断したからだ。一方、ケール群は、スパムがケールよりアイスクリームに似ていると考えた。なぜか？　どういうわけか、ケール群は食べ物を健康的かどうかの観点で評価し、ケールとちがって、アイスクリームとスパムは健康的ではないと判断したからだ。じつはそれほど不思議なことではない。ネッカーの立方体が横から見ているようでもあり、上から見おろしているようでもあるのと同じで、アイスクリームは太りやすくもありおいしくもあるし、ケールは健康的でもあり苦くもある。わたしやあなたの脳が、食べ物についての異なる観点のあいだをらくに行き来できるのは、ただこうして読んでいるだけだからだ。もしどちらかを食べることになったら、脳はその食べ物の性質上のあいまいさを無意識のうちに利用して、われわれが満足できない観点（太りやすいデザート／苦い野菜）からではなく、満足できる観点（おいしいデザート／栄養豊富な野菜）で考えさせてくれる。ありうる経験がほんとうの経験になったとたん、つまり、自分にとって経験のよい面が重要な関心事になったとたん、脳は、その経験を歓迎しやすくする見方を探す作業にとりかかる。

　経験にはもともとあいまいな部分があるため、「明るい見方」を見つけるのも、たいていはネッカーの立方体の「見おろす見方」を見つけるくらい簡単で、研究によると、ほとんどの人はちょくちょく上手にやっている。消費者は自分が買ったあとのほうがその台所用品を気に入り、仕事を探している人は採用されたあとのほうがその仕事を気に入り、高校生は合格してからのほうがその大学を気に入る。競馬好きは馬券売り場に行く前より売り場を離れるときのほうが賭けた馬を高く評価し、投票者は記入ブースに入るときより出てくるときのほうが投票した候補者を高く評価する。トースター、会社、大学、馬、議員はどれもけっこうだが、自分のトースター、自分の会社、自分の大学、自分の馬、自分の議員になったとたん、とびきりけっこうになる。こうした研究から、人は、何かがいったん自分のものになると、それを肯定的に見る方法を見つける術に長けていることがわかる。

ヴォルテールの古典小説『カンディード』に登場するパングロス博士は〝形而上学的神学的宇宙論的暗愚学〟の教師で、自分が最善の世界に住んでいると信じている。

「物事があるがまま以外のものになりえないのは明白です。すべてのものはなんらかの目的のために創られていますが、当然、最善の目的のために創られているはずだからです。たとえば、鼻は眼鏡を支えるためにあり、したがってわたしたちは眼鏡をかけます。脚は、もちろんおわかりでしょうが、ズボンのためにあり、それでわたしたちはズボンをはきます。石は城を建てるためにあり、だから男爵様は立派なお城をお持ちです。この州でもっとも偉大な男爵はもっとも立派な家を持つべきですからね。また、豚は食べられるために創られたので、わたしたちは年じゅう豚肉を食べるわけです。ですから、何もかもすばらしいと言う人間はおろかなことを口にしているのです。何もかも最善だと言うべきでしょう」

これまで紹介してきた研究は、人間がどうしようもなく楽天的《パングロシアン》だと物語っているように思える。経験について考える方法は、考えるべき経験より豊富にあり、人間はたいてい、最善の可能な方法を見つけるときには創意に満ちあふれている。しかし、それならなぜ、だれもが目を大きく見ひらいて歯をむきだしてほほえみながら、嫌なやつのすばらしさや、姻戚たちの奇跡のようなありがたさを神に感謝して歩かないのだろう。心はだまされやすいかもしれないが、お人よしではないからだ。現実の世界はこんなふうで、われわれの望む世界はあんなふうで、われわれの経験する世界――世界をどう見るか、どう記憶するか、どう想像するか――は、容赦のないこんな現実と、心を慰めるあんな幻想とがないまぜになっている。どちらも欠かせない。世界をありのままに経験しなければならないとしたら、ふさぎこんで毎朝ベッドから出られなくなるだろうが、世界をすべて自分の望むとおりに経験するとしたら、惑わされてスリッパも見つけられないだろう。われわれは、ばら色の眼鏡越しに世界を見ているのかもしれないが、その眼鏡は不透明でも透明でもない。われわれが世界にかかわれるくらい、つまり、ヘリコプターを飛ばす、トウモロコシを収穫する、赤ん坊のオムツを替えるなど、かしこい哺乳類が生存し繁栄するのに欠かせないことをやれるくらいはっきり見えないと困るので、不透明ではありえない。しかし、ヘリコプターを設計し（「これはきっと空を飛ぶぞ」）、トウモロコシを蒔《ま》き（「今年は豊作になるぞ」）、育児に耐える気持ち（「まさに天からの授かりものだ」）をわれわれに起こさせるには、少しばら色を帯びていないと困るので、透明でもありえない。現実が欠けても幻想が欠けてもやっていけない。どちらも役割を果たし、互いの影響力に制限を課している。われわれが経験する世界は、この強力な競争者同士が取り決めた巧妙な妥協案だ。

ならば、人間はどうしようもなく楽天的だと考えずに、われわれには「心理的免疫《めんえき》システム」があり、「身体の免疫システム」が病気から体を守るのと似たしくみで、不幸から心を守っていると考えてはどうだろう。この比喩はきわめて妥当だ。身体の免疫システムは二つの競合する働きのあいだでバランスをとらなければならない。ウイルスや細菌をはじめとする外からの異物を認識して破壊する働きと、体そのものの細胞を認識して攻撃しない働きだ。身体の免疫システムの機能が低下すると、ミクロの敵から体を守ることができなくなって感染症にやられる。しかし、身体の免疫システムの機能が過剰に働くと、まちがって自分自身の体から体を守ろうとして、自己免疫疾患を引きおこしてしまう。健全な身体免疫システムは、競合する働きのバランスを保って、われわれを十分——ただし過剰にならないように——防御する方法を見つけなければならない。

同様に、拒絶や喪失や不運や失敗の苦痛に直面したとき、心理的免疫システムがわれわれを過剰に守ったり（「なんでみんな完璧なわたしに逆らうんだ」）、十分守れなかったり（「こんな負け犬は死んだほうがいいのかな」）するようでは困る。健全な心理的免疫システムはうまくバランスをとって、われわれが状況に耐えられる程度に明るい気持ちにさせ、何か手を打つ気になる程度に暗い気持ちにさせなければならない（「まあたしかに、あれの出来はひどかったし、みじめな気分にもなったけど、もう一度挑戦するだけの自信はある」）。われわれは、無防備や過防備ではなく、ほどよく守られている必要があり、そのため、心は自然に物事の最善の見方を探しながら、同時にそれが事実にそこそこ忠実であることにこだわる。人が自分を肯定的にとらえる機会を探しはしても、非現実的なほど肯定的にはとらえないのはそのためだ。たとえば、大学生は、今のルームメイトが自分をよく思ってくれないと、寮の部屋割りの変更を希望するが、ルームメイトから高く評価されすぎても部屋割りの変更を希望する。だまされていると感じるのはだれだって嫌だし、たとえそれが、うれしい嘘でも同じだ。現実と幻想の微妙なバランスを保つために、われわれは経験の明るい見方を探すが、それを採用するのは、その見方が信頼できると思ったときだけにかぎっている。では、ある見方を信頼できると思わせるものはなんだろう。

事実を探す

われわれはだいたい、科学者の言うことを大いに信じる。科学者が事実を集め、それを分析して結論にいたったと知っているからだ。喫煙が体に悪くジョギングが体にいいとか、地球は丸く銀河は平らだとか、細胞は小さくて分子はもっと小さいといったことを、なぜ信じているのかと尋ねられたら、あなたは事実を並べたてるだろう。そしてこんなふうに説明するかもしれない。自分がその事実をじかに知っているわけではないが、過去のどこかの時点で、白衣を着た大勢のとても正直な人たちが、聴診器や望遠鏡や顕微鏡で世界の観察に取りかかり、観察したことを書きとめ、それを分析して、栄養学や宇宙論や生物学について何を信じるべきかほかの人たちに教えたのだ、と。科学者が信頼にたるのは、観察結果から結論を導きだすからだ。経験主義者が教条主義者を負かして古代ギリシア医学の頂点に立って以来、西洋人は観察できる物事にもとづいた結論に、特別な敬意を払うようになった。とすれば、自分の見方も、そうした事実にもとづいていて、希望や願望や空想にもとづいているのでない場合、やはり信頼できると感じても不思議はない。できれば、自分がみんなから愛されているとか、永遠に生きつづけるとか、ハイテク株が大きく回復しそうだなどと信じたいし、頭蓋骨の底にある小さなボタンか何かを押すだけで、思いどおりに信じられたらじつに便利だろう。だが、信じるとはそういうものではない。人類の進化の過程で、脳と目は契約関係を結ぶようになり、脳は目が見たものを信じ、目が異を唱えたものは信じないと約束した。だから、われわれが何かを信じる場合、それは目で見た事実に裏づけされているか、少なくとも事実と明らかに矛盾しないものでなければならない。

信頼できる見方しか受けいれられず、事実にもとづいた見方しか信頼できないなら、われわれはどのようにして自分自身や自分の経験について明るい見方を手に入れるのだろう。哀れな現実の人生には、へこんだ車と失望した恋人とつぶれたスフレしかないのに、どうやったら、自分が優秀な運転手やすばらしい恋人や優れた料理人だと思いこめるのだろう。答えは簡単だ。われわれは事実を料理する。事実を集め、解釈し、分析する手法は多種多様で、異なる手法を使うと異なる結論がでる場合も少なくない。科学者によって、地球温暖化の危険性や、サプライサイド経済学の利点や、低炭水化物ダイエットの妥当性についての意見が異なるのもそのためだ。正しい科学者は、この厄介な問題への対処として、もっとも適切だと考える手法を使い、そこから得られた結論ならどんなものであっても受けいれる。ところがずるい科学者は、この厄介な問題に乗じて、自分の好む結論が得られそうな手法を選び、裏づけになりそうな事実から好ましい結論を導きだす。何十年におよぶ研究によると、われわれはみんな、自分自身や自分の経験についての事実の収集、分析というダメ科学の分野で大学院レベルの学位を持っているようなものらしい。

たとえば、標本抽出の問題を考えてみよう。すべての細菌、すべての彗星《すいせい》、すべてのハト、すべての人を観察することは不可能なので、科学者はその母集団から少数の標本を抽出して研究する。正しい科学や常識の原則に従えば、母集団について述べる場合には、その母集団全体から標本を抽出しなければならない。世論調査をするのに、カリフォルニア州オレンジカウンティーの登録共和党員だけ、あるいは「本団体を含むあらゆる団体に反対する無政府主義団体」の幹部だけに電話をしたのでは、調査をする意味がまったくない。しかし、好ましい結論を導きだしてくれそうな事実を求めているときにわれわれがやるのは、まさにこれだ。ある研究で、志願者に知能検査の成績があまりよくなかったと伝えたあと、IQ検査にかんする新聞記事をいくつか読ませたところ、志願者はこうした検査を認める記事より、その妥当性を疑問視する記事を読むのに長い時間をかけた。また、べつの研究では、指導担当者から非常に好意的な評価を受けた志願者は、その指導担当者の指導能力や評価能力を非難する情報より、賞賛する情報を読みたがった。志願者たちは自分が目にする情報（標本）をコントロールすることで、そこから引きだす結論を間接的にコントロールしたわけだ。

たぶん、あなたも同じことをしている。新車を買ったことがあるなら覚えがあると思うが、トヨタでなくホンダを買うと決めたとたん、週刊誌のホンダの広告をいつまでも眺めて、トヨタの広告はさっと読みとばすようにならなかっただろうか。友人がこれに気づいて質問してきたら、自分が選ばなかった車より、選んだ車についてもっと知りたいからだなどと説明をしただろう。しかし、この場合「知る」ということばは変だ。ふつう、「知る」とはバランスよく知識を吸収することを指し、ホンダの広告だけを読む知り方は多分に偏っている。広告には商品の長所についての事実は書いてあるが、短所については書いていない。だから、あなたの新しい知識の探求は、自分の決断が賢明だったと裏づけてくれる事実だけに浸れるという、興味深い副産物を生む。

われわれは週刊誌だけでなく、記憶からも都合のいい事実ばかりを選ぶ。ある研究で、一部の志願者には、外向性の人のほうが内向性の人より給料が高く昇進も多いと示す証拠を見せ（外向性成功群）、ほかの志願者には逆のことを示す証拠を見せた（内向性成功群）。その後、自分が外向性か内向性かを判断するのに役立ちそうな過去の行動を思い出させたところ、外向性成功群の志願者は、大胆にも見ず知らずの人に近づいて自己紹介をしたときのことを思い出しがちで、内向性成功群の志願者は、好きな人を見かけたのに恥かしくてあいさつできなかったときのことを思い出しがちだった。

われわれの決断の賢明さや、能力の幅広さ、陽気な性格からくるはつらつとした魅力についてもっとも多くの情報を提供してくれるのは、記憶や週刊誌の広告ではなく、もちろん他人だ。好ましい結論を支持する情報に触れたがる傾向は、付きあう仲間を選ぶ段になると、とくに強くなる。二万人の女性とベッドをともにしたと豪語するウィルト・チェンバレンをのぞけば、友人や恋人を無作為抽出する人はいない。われわれは、自分のことを好いてくれる人や、自分とよく似た人に囲まれていられるように、膨大な時間とお金をかけて慎重に人生の手配を整える。とすれば、知り合いに助言や意見を求めると、こちらが好む結論に同意してくれることが多いのも不思議はない。同意してくれるのは、同じ意見を持っているからか、ちがうことを言ってこちらの気持ちを傷つけたくないからだ。また、たとえ恋人が、こちらの聞きたいことを言ってくれない場合も、言いやすくしてやるいい方法がある。

たとえば、人は相手の答えをあやつるために、巧妙に加工した質問をしがちだということが複数の研究からわかっている。「ぼくは今までの恋人の中で一番？」というような質問は、心底幸せになれる答えがたった一つしかないため危険だが、「ぼくとのセックスのどこが一番好き？」なら、心底みじめになる答えはたった一つしかないため（「ウィルト・チェンバレンを思い出させてくれるところ」という答えを数に入れれば二つだが）、みごとな質問だ。研究によると、人は直感的に、自分が聞きたい答えをもっともうまく引きだせそうな質問をしようとする。そして、聞きたかった答えが聞けると、自分が言うようにしむけて返ってきたことばをそのまま信じる。「愛してるって言って」という頼みがいぜんとして人気なのはそのためだ。ようするに、われわれは、聞きたいことを快く言ってくれる人をあらかじめ選び、その人に言うべきことを教え、そのことばを聞くというかたちで、自分にとって好ましい結論への支持を引きだしている。

しかも、これではすまない。われわれはたいてい、相手を会話に引きこまなくても、こちらの好む結論を裏づけさせる技を持っている。考えてみてもらいたい。優秀な運転手や恋人や料理人になるのに、目隠しで縦列駐車したり、唇を一回突きだしただけで一万人の若い娘を気絶させたり、フランスの全人口がたちまち自国の料理を捨ててわれわれの調理場へ忠誠を誓うほど、人をうっとりさせるパイ生地を作ったりする能力は必要ない。大半の人よりうまく駐車したり、キスしたり、料理したりするだけでいい。大半の人がどのくらいうまくやれるかをどうやって知るかって？　それはもちろん、あたりを見まわして知るにきまっている。ただし、まちがいなく自分が見たいものだけを見られるように、われわれは選択的に見まわす。たとえば、ある研究では、志願者に社会的感受性を測定すると称して偽の検査を受けさせ、大部分の問題でしくじっていると伝えた。その後、志願者はほかの人の検査結果（自分より成績のいい人の結果も、悪い人の結果もある）に目をとおす機会を与えられると、自分より成績のいい人の結果は飛ばして、成績の悪い人の結果に目をとおすのに時間をかけた。Cマイナス（可の下《げ》）の成績をとっても、D（不可）の人とだけくらべれば、それほど悪くない。

自分より成績が悪い人の情報ばかりを求める傾向は、賭けたものが高価な場合にとくに顕著になる。

ガンなどの命にかかわる病気を持つ人は、自分より病状の重い人を比較の対象にする傾向がとくに強い。ある研究で九六パーセントのガン患者が、自分はほかのガン患者より健康だと答えたのはそのためだ。

さらにわれわれは、自分より成績の悪い人を見つけられないと、成績の悪い人を作りだすようになる。ある研究で、志願者にテストを受けさせ、その後、同じテストを受ける友人にヒントを出す機会を与えた。志願者は、テストがゲームだと説明されたときは友人を助けるようなヒントを出したが、テストが知的能力をはかる重要な検査だと説明されると、積極的に友人の足を引っぱるようなヒントを出した。どうやらわれわれは、友人がびりに甘んじるだけの広い料簡を持ちあわせていないせいで自分が一着になる甘美さを味わえないと判断すると、友人を適切な方向にひと押しするらしい。友人がうまくやるのを首尾よく邪魔して、かならず失敗するとわかれば、それがうってつけの比較対象になる。つまり、脳と目は契約関係を結んで、脳は目が見たものを信じることを約束したが、その見返りとして、目は脳が望むものを探すことを約束したのだ。

厄介な事実

情報をえり好みするにしろ情報提供者をえり好みするにしろ、自分が遭遇した事実を料理する能力は、信頼できる明るい見方を確保するのに役立つ。これまでに、フットボールの試合や政治討論や六時のニュース番組について、意見の異なる人と論議したことがあればすでに見抜いているかもしれないが、人は自分の好む結論を否定する事実に遭遇しても、それを無視したり、忘れてしまったり、世の中の人とちがう見方をしたりする術を心得ている。ダートマス大学とプリンストン大学の学生が同じ試合を観戦すると、どちらの大学の学生も、事実を見れば、スポーツマンらしからぬプレーの責任が相手チームにあるのは明らかだと主張する。民主党員と共和党員が同じ大統領選挙のテレビ討論会を見ると、どちらの陣営の視聴者も、事実を見れば、自分の支持する候補者が勝利したのは明らかだと主張する。親イスラエル派と親アラブ派の人が中東にかんする同じ報道を見ると、どちらの支持者も、事実を見れば、その報道機関が自分たちの側に偏見を持っているのは明らかだと主張する。だが悲しいかな、これらの事実から明らかなのはただ一つ、人間は自分が見たいように見る傾向があるということだけだ。

しかし、好ましくないが、あまりに明らかで無視できない事実も当然ある。自チームのディフェンシブタックルがメリケンサックをつけているのが見つかったとか、支持する候補者が全国放送で着服を告白したといった場合、その事実を大目に見たり忘れたりするのはむずかしい。むきだしの事実がこちらに協力しようとしないとき、われわれはどうやって好ましい結論を守りぬくのだろう。「事実」というと、疑いの余地も反駁《はんばく》の余地もないもののように感じるが、事実とは、真実だと証明する一定の基準を満たした憶測にすぎない。基準をやたらに高く設定すると何も証明できなくなり、われわれ自身の経験という「事実」さえ証明できない。やたらに低く設定すると、何もかもが真実で、しかもどれもが同じだけ真実ということになる。ニヒリズムもポストモダニズムも不満の残る哲学であるため、われわれは自分の証明基準を中間のどこかに設定しがちだ。基準をどこにおくべきか正確に言える人はいないが、どこに設定したとしても、評価するときは、自分の好む事実も好まない事実も基準を同じ場所に固定したまま評価しなければ意味がないことくらい、みんな承知している。教師が自分の好みで嫌いな生徒より好きな生徒に簡単な試験問題をだしたり、監査官が国産品より外国製品に厳しい安全基準を課したり、裁判官が検察官より被告の弁護人に詳しい論証を要求したりするのは不公平だ。

ところが、まさにこれは、自分の好む結論を支持する事実と否定する事実を不公平に扱うときに、ほとんどの人が使う手だ。ある研究で、抑止力としての死刑の有効性にかんする二つの科学研究を志願者に評価させた。一つは「州間比較法」（死刑制度のある州の犯罪率と、死刑制度のない州の犯罪率を比較する）を用いた研究、もう一つは「州内比較法」（単一の州で死刑制度を採用した前後、または廃止した前後の犯罪率を比較する）を用いた研究だ。半数の志願者に渡した資料では、州間比較研究は死刑が有効だと結論づけ、州内比較研究は有効ではないと結論づけていた。残りの半分の志願者に渡した資料では結論が逆になっている。この結果、志願者は自己の政治的イデオロギーの正しさを証明してくれる結論がでた手法を好むことがわかった。州内比較法が好ましくない結論をだしている場合、志願者はただちに州内比較に価値がないと考える。雇用や所得などの要素は時がたつにつれて変化するもので、ある年代（一九八〇年代）の犯罪率とべつの年代（一九九〇年代）の犯罪率をくらべることはできないからだ。しかし、州間比較法が好ましくない結論をだしている場合、志願者はただちに州間比較に価値がないと考える。雇用や所得などの要素は地域によって異なるもので、ある場所（アラバマ州）の犯罪率とべつの場所（マサチューセッツ州）の犯罪率をくらべることはできないからだ。志願者が自分の好む結論を否定する研究に対してだけ、方法の妥当性の基準を高く設定したのは明らかだ。これと同じ手を使えば、自分自身や自己の経験について信頼できる明るい見方を手に入れ、守りぬくことができる。ある研究では、志願者に社会的感受性を評価する検査の成績が非常によかった、または非常に悪かったと伝え、その後、二つの科学報告（この検査が妥当だとする報告と妥当でないとする報告）を評価させた。成績のよかった志願者は、妥当でないとする報告より、妥当だとする報告のほうが適切な科学的手法を用いていると考えたが、成績の悪かった志願者は正反対のことを考えた。

事実が好ましい結論とくいちがっていると、われわれはいつもより念入りに事実を吟味し、より厳密に分析する。さらには、もっと多くの事実を求める。たとえば、あなたは、だれかを聡明だと断定するまでに、どれだけの情報を求めるだろう。高校時代の成績表で十分だろうか。ＩＱ検査ならこと足りるだろうか。その人の先生や雇い主がどう評価しているか知りたくなるだろうか。ある研究で、志願者に他人の知性を評価させたところ、志願者は、その人物がたしかにかしこいと断定する気になるまでに、相当量の証拠を求めた。だが興味深いことに、その人物が愛想のいい親切なおもしろい人の場合より、がまんできないほど嫌なやつの場合のほうが、志願者ははるかに多くの証拠を求めた。われわれは、だれかのことをかしこいと思いたい場合は、推薦状一つで満足するのに、そう思いたくない場合は、成績証明書や検査結果や証言で膨れた分厚いファイルを要求する。

自分について何かを信じたい場合にも、これとまったく同じことが起こる。ある研究で、すい臓病のもとになる恐れのある酵素欠損症がないかどうかわかる（という設定の）医療検査を受けないかと志願者に声をかけた。検査者は検査用の試験紙だと偽って、ごくふつうの紙片を渡し、志願者はそこに唾液を落とす。一部の志願者には、試験紙が一〇～六〇秒で緑に変わったら酵素欠損症があると伝えた（陽性試験紙群）。ほかの志願者には、試験紙が一〇～六〇秒で緑に変わったら酵素欠損症はないと伝えた（陰性試験紙群）。試験紙はごくふつうの紙片なので、緑に変わることはけっしてないのだが、陰性試験紙群は、陽性試験紙群よりはるかに長く待ってから、検査が終わったと判断した。つまり、志願者は自分が健康だと証明されるのを長い時間待ちつづけたが、自分が病気だと証明されるのを恐れてほんの短い時間しか待たなかった。どうやら、自分がかしこくて健康だと信じこむのにそれほど事実は必要ないが、それと反対のことを自分に納得させるには大量の事実がいるらしい。われわれは、好ましい結論を信じさせてくれる事実かどうか、好ましくない結論を信じさせる事実ではないかどうかを自問する。当然ながら、好ましくない結論は、はるかに厳しい証明基準を満たさなければ認められない。

＊

二〇〇四年七月、イタリアのモンツァ市議会は、金魚鉢禁止という珍しい措置をとった。〝鉢で飼われている金魚は、ゆがんだ見方で世界を見ることになり、それに苦しむ〟ため、金魚は丸い鉢ではなく、四角い水槽で飼うべきだというのだ。淡白な餌ややかましい空気ポンプやくだらないプラスチックの城については触れられなかった。そう、問題は丸い鉢が金魚の視覚経験をひずませることであり、金魚には外界をありのまま見る基本的権利がある。モンツァの善き議員たちは、人間も同じ権利を享受すべきだとは指摘しなかった。ゆがんだ見方で現実をとらえるのはそう簡単に解消できないと知っていたからかもしれないし、ゆがんだ見方をするほうが苦しまなくてすむと理解していたからかもしれない。ゆがんだ見方ができるのは、経験があいまいだからだ。経験のとらえ方として信頼できる見方はたくさんあり、中にはほかより明るい見方もある。脳は、われわれの見方を信頼できるものにするために、目が見たものを受けいれる。目は、われわれの見方を明るいものにするために、脳が望むものを探す。われわれは、脳と目というしもべの共謀のおかげで、容赦のない現実と心を慰める幻想が、ちょうど釣りあう支点で生きている。これは未来の感情を予想することと、どうかかわっているのだろう。これから詳しく見ていくが、現実と幻想が釣りあう支点で暮らしていても、ほとんどの人は自分がそこに住んでいることに気づいていない。

9　現実を生きるために

私は男に背を向けて大事なおなかを守ってるわ、知恵を使ってだまされないように守ってるわ、胸に錠をおろして貞淑な心を守ってるわ、仮面をつけて美しい顔を守ってるわ。

――シェイクスピア『トロイラスとクレシダ』

二〇世紀最大の天才アルバート・アインシュタインが、もう少しでその称号を一頭の馬に奪われるところだったと知る人はほとんどいない。退職教員だったヴィルヘルム・フォン・オステンは、一八九一年、自分の種馬（「利口なハンス」と呼んでいた）が時事問題や数学などさまざまな質問に、前足で地面を叩いて答えられると言いだした。たとえば、オステンが3＋5はなんだときくと、利口なハンスはご主人が質問しおえるまで待ってから、地面を八回叩いて動きを止める。ときには、口頭できくかわりにハンスが厚紙に質問を書いてそれを読ませた。利口なハンスは、話ことばを理解できるのと同じように書きことばもすべて理解しているようだった。もちろん、すべての質問に正解するわけではなかったが、ひづめのある動物としては抜きんでていた。利口なハンスの公演は鮮烈で、たちまちベルリンの人気者になった。

一九〇四年にベルリン心理学研究所の所長が学生のオスカル・プングストを派遣して、この件をじっくり調べさせた。プングストは、オステンが利口なハンスの目の前ではなく背後にいるときや、オステンが答えを知らない質問のときは誤答が多いことに気づいた。ひととおり実験した結果、利口なハンスがたしかに読めることを証明した。ただし、馬が読んでいたのはオステンの身体言語だった。オステンがわずかに体をかがめると利口なハンスは地面を叩きはじめ、オステンが体を起こしたり、少し首を傾けたり、かすかに眉をあげたりすると叩くのをやめる。つまり、オステンが利口なハンスにちょうどいいタイミングで叩きはじめと叩き終わりを合図していたために、馬鹿にならない錯覚が生まれたわけだ。

利口なハンスは天才ではなかったが、オステンも詐欺師だったわけではない。それどころか、オステンは何年にもわたって自分の馬に辛抱づよく数学や世界情勢のことを話してやっていたほどで、自分が、他人ばかりでなく自分自身をも欺いていたと知って純粋にショックを受け落胆した。このごまかしは巧妙かつ効果的だったが、無意識におこなわれていた。この点、オステンだけが特別なわけではない。われわれは、好ましい事実を選んで身をさらし、好ましい事実の存在に気づき、それを記憶し、そこに低めの証明基準をあてはめるが、オステンがそうだったように、自分がこんなふうにごまかしていることは自覚していない。心理的免疫システムが働いているこの一連の流れを「戦術」や「戦略」と呼んでもいい。しかし、どうしても計画や熟考という語感がともなうこの用語につられて、人というものが、自分の経験について意識的に都合のいい見方をしようとする、やり手の策士だと考えてはいけない。むしろ、研究によれば、人は自分がやっていることでも、なぜやっているのかその理由を自覚していないのがふつうらしい。それでも理由を尋ねられると、何かしら答えることができる。例をあげよう。志願者にコンマ数秒間だけ単語が現れるコンピューター画面を見せると、志願者は単語を見たことを自覚していないうえに、どんな単語を見たかあてずっぽうに答えることもできない。しかし、影響は受ける。ぱっと現れるのが「敵」という単語だと、志願者は他者を否定的に評価する。「年寄り」だと、ゆっくり歩くようになる。「おろか」だと、テストで低い成績をとる。あとで志願者に、なぜあのように評価したり、歩いたり、成績が振るわなかったりしたのか理由を尋ねると、二つのことが起きる。一つ、志願者には理由がわからない。二つ、志願者は「理由がわからない」とは言わない。かわりに、脳は自覚している事実(「わたしはゆっくり歩いた」)をすばやく検討し、観察者が考えつきそうな推論と同じ種類の、もっともらしいが、まちがった推論(「疲れているせいだ」)を導きだす。

事実を料理するときも、やはりわれわれは、なぜそうするのか自覚していないが、これは結果的にはむしろいいことだ。無理やり明るい見方をしようとすると(「破産にも何かいい面があるはずだ。思いつくまでぜったいに椅子から離れないぞ」)、みずからの破滅を招きかねないからだ。たとえば、志願者にストラヴィンスキーの〈春の祭典〉を聴かせた研究がある。一部の志願者にはただ音楽に耳を傾けるよう指示し、ほかの志願者には、意識的に幸せな気分になるように心がけながら聴くよう指示した。間奏曲が終わった時点で、幸せな気分になるよう心がけた志願者は、ただ音楽を聴いていただけの志願者より不機嫌になっていた。なぜか？　理由は二つある。一つは、目を閉じ、じっと静かにすわって、ほかのことを何もしないでいれば、自分の経験を意識的に明るくとられるかもしれないが、研究が示すように、たとえわずかでも気がそれるともくろみが裏目にでて、前より気分が悪くなってしまうことだ。もう一つ、事実を料理しようとする意図はあまりに見え透いているため、きまりの悪い思いをすることになる。それはもちろん、祭壇の前に自分を残していった婚約者などいないほうが幸せだと信じたいにきまっているし、この結果を正当化してくれる事実が見つかれば、すぐに気分がましになるはずだ（「最初からぼくにふさわしい娘《こ》じゃなかったんだよね、母さん」）。しかし、こうした事実を見つける過程は、口車に乗せられたような感じではだめで、自力で発見したような感じでなければならない。自分が事実を料理しているのに気づいてしまうと（「この言い方で、ほかのだれでもなく母さんに尋ねれば、好ましい結論を裏づけしてもらえる可能性は高いぞ」）、もはやそれまでだ。自分のみじめな点をつらねたリストの「婚約者に逃げられた」のつぎに、「自己を欺いた」が加わることになる。明るい見方は、自然に出合ったと思える事実にもとづいていなければ信頼できない。だからわれわれは、無意識に事実を料理して、それを意識的に食べる。食事はダイニングルームにあるが、料理人は地下に隠れている。無意識にする料理法の利点は、たしかな効果があるところだ。しかし、その代償として、自分が自分にとって見知らぬ人になる。そのしくみを説明しよう。

前向きに過去を見る

わたしの知るかぎり、おじけづいた婚約者に、祭壇の前に置きざりにされた人たちを、系統的に研究した人はまだいない。だが、いいワインを一本賭けてもいい。もしあなたが、花嫁になりそこねた人と花婿になりかけた人の適切な標本を集めて、その事件を「これまでの人生で最悪の出来事」と表現するか、「これまでの人生で最良の出来事」と表現するか尋ねたら、最悪より最良を支持する人が多いだろう。さらに、そのワインを一ケース賭けてもいい。もしあなたが、こんな経験をしていない人を見つけて、未来に経験するかもしれないすべての出来事のなかで、振り返ったとき「これまでの人生で最良の出来事」だったと思う可能性が一番高いものを予測させたら、だれひとり「振られること」をあげないだろう。婚約者に振られることは、ほかの多くのことと同じで、未来の出来事として予想すると実際よりつらく、過去の出来事として振り返ると実際よりばら色に見える。こんなふうに見せしめにされることを思えば、予想しうるもっとも残酷な見方で経験を見てしまうのも無理はない。ところが、実際に失恋し、家族や友人や花屋の前で屈辱を受けると、脳はそこまでひどくない見方を探しはじめる。これまで見てきたように、人間の脳はこの手の探しものが得意だ。しかし、これは無意識のうちにおこなわれるため、われわれは脳がそんなことをしようとは思ってもみない。だから、過去の出来事として振り返ったときも、未来の出来事として予想したときの残酷な見方とまったく同じ見方をするだろう、とあっさり思いこんでしまう。ようするに、われわれはふつう自分の見方が変

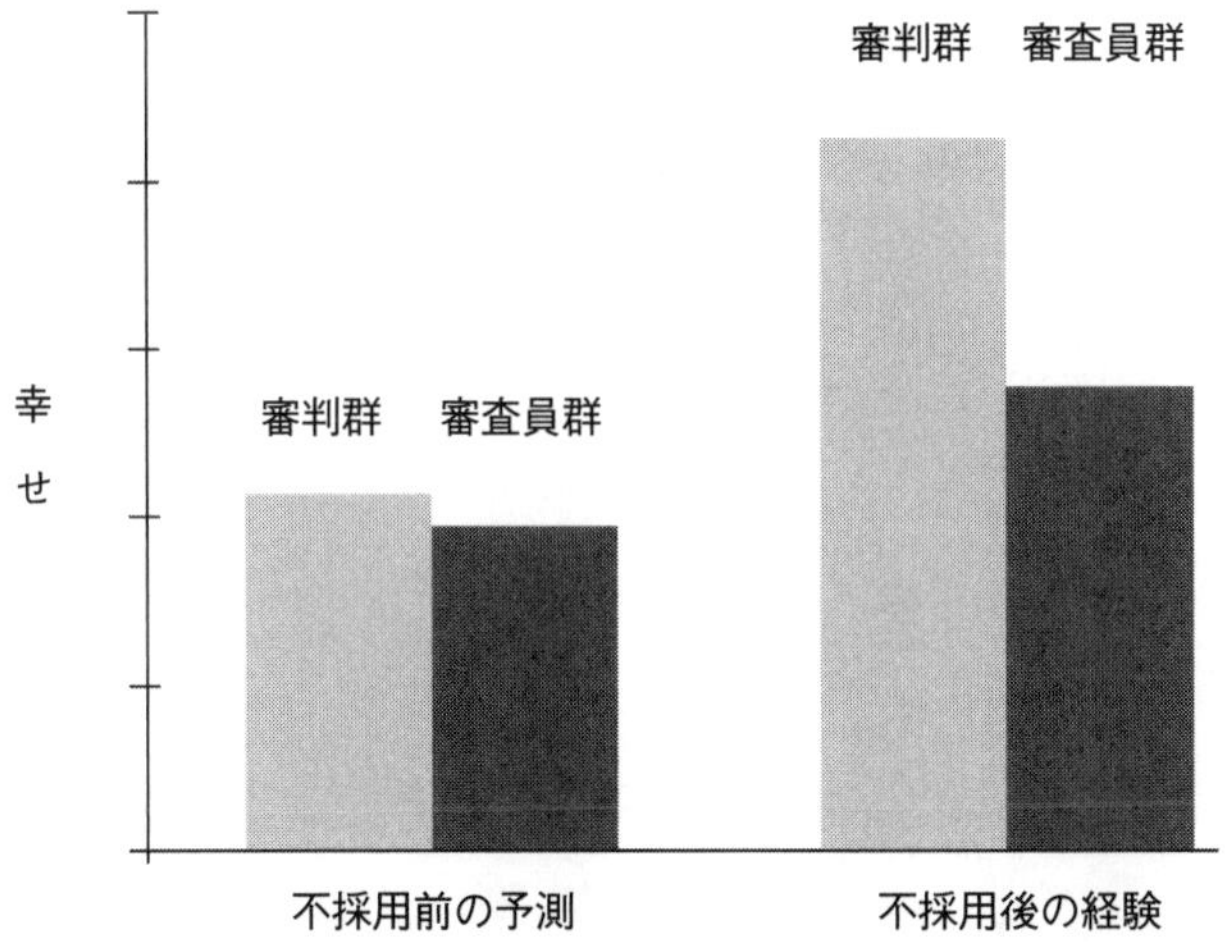

図19　志願者は満場一致の審査員団より、気まぐれなひとりの審判に不採用にされるほうがまだ幸せだった（右）。しかしインタビュー前にはそれを予見できていなかった（左）。

化する過程を自覚しないため、見方が変わるなどとは思いいたらない。

そのせいで、未来の感情の予測がむずかしくなる場合がある。ある研究で、アイスクリームの味見をしておもしろい名前を考えるだけの、給料のいい仕事に応募する機会を志願者に与えた。応募の手続きとして、志願者はカメラインタビューを受ける。一部の志願者には、インタビュー映像を見るのはただひとり採用を決める権限を持つ審判だと伝えた（審判群）。ほかの志願者には、インタビュー映像を見るのは投票によって採用を決める審査員たちだと伝えた（審査員群）。審査員群には、審査員のうちひとりでも合格に投票すれば採用されることも知らせた。つまり、採用されない唯一の状況は、審査員団が満場一致で反対票を入れたときだけだ。その後、志願者は全員カメラインタビューを受け、採用されなかったらどんな気持ちになるか予測した。数分後、研究者が入室して、慎重に検討した結果、あなたはこの仕事に適任ではないと審判または審査員団が判断したと、申し訳なさそうに説明する。さらに、志願者に今の気持ちを報告させた。

結果は図19のとおりだ。左側の二本のグラフは、二つのグループの志願者が同じくらい不幸せになると予想したことを示している。どのみち不採用は、顔面にがつんと一発くらうようなもので、殴ってくるのが審判だろうが審査員団だろうが正統派ユダヤ教のラビだろうが、痛いのに変わりはないという予想だ。ところが、右側の二本のグラフが示すように、審判より審査員団にくらう一発のほうが痛い。なぜか? たとえば、あなたが水着モデルの仕事に応募したとしよう。鋭い目つきに怪しいスーツのいんちき野郎の前を、肌もあらわな姿で行ったり来たりしなければならない。いんちき野郎があなたをじろじろ見て首を振り、「悪いがきみはモデル向きじゃないな」と言ったら、嫌な気分になるだろう。一、二分間ばかり。だが、この拒絶は個人対個人の拒絶で、だれでもときどき経験するものだし、数分もすれば忘れさって前向きに生きていける。気持ちをすばやく切りかえられるのは、心理的免疫システムがいとも簡単にこの経験のあいまいさを見つけて、苦痛を和らげてくれるからだ(「あの男、あたしがすごいターンを決めたとき、ちゃんと見てなかったんじゃないの」、「あれは身長より体重をありがたがるタイプね」、「あんなスーツを着てる男に、ファッションアドバイスされなきゃならないわけ?」)。

今度は、部屋いっぱいの老若男女を前にして、肌もあらわな姿でモデル歩きをしたとしよう。みんながあなたをじろじろ見ていっせいに首を振ったら、たぶん嫌な気分になるだろう。じつに嫌な気分に。屈辱を感じ、傷つき、わけがわからなくなる。舞台裏に急ぎながら、耳が熱くなり、のどが苦しくなり、目が潤んでくるかもしれない。大勢の人に拒絶される経験はまったくあいまいさがないため、心理的免疫システムが信頼できる明るい見方をなかなか見つけられず、自信を喪失することになる。失敗をひとりの審判の好みのせいにするのは簡単だが、満場一致の審査員団のせいにするのはとんでもなくむずかしい。「いっせいに起こった集団まばたきが原因で、ちょうどその瞬間にわたしが決めたターンを九四人が見逃した」というような主張は、どうしたって信じられない。研究の志願者もこれと同じで、審査員の一団より、気まぐれな審判ひとりに不採用の責任を負わせるほうが簡単だったため、審査員団から不採用にされたときのほうが嫌な気分になったわけだ。

この研究結果を、快適なソファで予想していたあなたにとっては、すべてがあまりにわかりきったことに見えるかもしれない。だが言わせてもらえば、それはだれかが懇切ていねいに説明したあとだからそう思えるだけではないだろうか。もしほんとうに、それほどわかりきったことなら、かしこい志願者たちがことの起こるわずか数分前にそう予測できなかったのはなぜだろう。どうして、審査員団より審判のほうが責任を負わせやすいと気づかなかったのだろう。それは、不採用に対する感情反応を予測したとき、鋭い苦痛を想像したところで想像をやめたからだ。脳がいかにして苦痛を和らげようとするかまで想像しなかった。苦しみの原因となった人のせいにして苦しみを軽減するだろうとは思わなかったため、責めるならグループ全体よりひとりの人間が相手のほうがうまくいくなどということにも、当然、思いいたらなかった。ほかの研究でも同様の結果が得られている。たとえば、人は、悲惨な事故の原因が、人為的な過失の場合も偶然の不運の場合も同じようにつらいと予想するが、実際は、偶然の不運が原因で、非難すべき相手がいない場合のほうがつらい。

われわれは、心理的免疫システムを知らないせいで、防衛のために他人を責めるだろうとは気づかずにまちがった予測をしてしまう。さらにそれだけでなく、自分自身を責めることになる場合もあると気づかずに、やはりまちがった予測をしてしまう。一九四二年の映画〈カサブランカ〉で、ハンフリー・ボガートとイングリッド・バーグマンが滑走路に立っている場面を忘れられる人などいないだろう。バーグマンは、愛する男とカサブランカに残るべきか、飛行機に乗って夫と去るべきか決めかねていた。ボギーがバーグマンに向かって言う。「おれもきみも、心の奥では、きみがヴィクターのものだとわかってる。きみはやつの仕事の一部で、きみがいるから、やつは生きていけるんだ。飛行機が飛びたつとき、もしやつの隣にいなかったら、きみは後悔する。きょうはしないかもしれない。あすもしないかもしれない。でもやがて後悔して、一生しつづけることになる」

この薄い一片のメロドラマは、映画史に残る忘れがたい場面の一つになっている。演技や脚本が特別すばらしいからではなく、ほとんどの人がときどきこれと同じ滑走路に立たされるからだ。人生でとくに重大な選択――結婚すべきか、子をもうけるべきか、家を買うべきか、職業に就くべきか、海外に移住すべきか――は、未来の後悔をどう想像するかによって方向づけられることが少なくない(「しまった、赤ん坊を産むのを忘れてた！」)。後悔は、過去にちがった行動を取っていれば防げたかもしれない不運な結果について、自分自身を責めるときの感情の一つだ。まぎれもなく不愉快な感情なので、われわれの現在の行動はこれを阻むことを目的としている場合も多い。それどころか、ほとんどの人は、人がどんなときに、どんな理由で後悔するかについて周到な理論を持っていて、その理論のおかげで後悔の経験を避けることができる。たとえば、どちらがより後悔が強いかといえば、選択肢について知らないときより、知っているときだし、いい助言を拒否したときより、だめな助言に従ったときだし、自分の失敗した選択が平凡なときより、独特だったときだし、大差でしそこねたときより、僅差《きんさ》でしそこねたときだと予想できる。

しかし、この理論はまちがっていることもある。つぎのシナリオを検討してみよう。あなたはA社の株を持っている。この一年、B社の株に替えるかどうか考えていたが、結局そうしなかった。今になって、B社の株に替えていれば一二〇〇ドル得をしていたことを知る。あなたはほかにC社の株も持っていた。この一年のあいだに、それをD社の株に替えた。今になって、C社の株をそのまま持っていれば一二〇〇ドル得をしていたことを知る。あなたはどちらの失敗をより後悔するだろう。研究によると、一〇〇人中およそ九人は、株を切りかえなかったおろかさより、株を切りかえてしまったおろかさのほうが強い後悔を生むと予想する。ほとんどの人は、おろかな不行為より、おろかな行為を悔やむと考えているからだ。ところが、一〇〇人中九人がまちがっていることが、やはり研究によってわかっている。長い目で見れば、どの階層のどの年齢層の人も、自分がした行為より自分が行為をしなかったことをはるかに強烈に後悔するらしい。もっともよくある後悔が、大学に行かなかったことや、もうけの多い商売のチャンスをつかまなかったことや、家族や友人とすごす時間をたっぷりとらなかったことなのもうなずける。

だが、なぜ人は、行為より不行為を強く後悔するのだろう。理由の一つは、心理的免疫システムにとって、行動しなかったことを信頼できる明るい見方でとらえるのは、行動したことをそうとらえるよりむずかしいからだ。行動を起こしてプロポーズを受けることにし、その相手がのちに斧を振るう殺人鬼になったとしても、その経験からどれだけのことを学んだか考えれば（「手斧《ておの》を収集するのは健康的な趣味じゃないってことね」）自分を慰めることができる。しかし、行動を起こさなかったせいでプロポーズを断り、その相手がのちに映画スターになったとしたら、その経験からどれだけのことを学んだか考えても自分を慰められない。なぜって、学ぼうにも経験自体がないからだ。なんという皮肉だろう。心理的免疫システムにとってはいきすぎた勇気のほうが、いきすぎた臆病さより正当化しやすいのに、われわれはそれをわかっていない。そのため、つまずきながらも前に進むべきときに両面作戦に出てしまう。未来の後悔についてのボガートの忠告で、バーグマンは飛行機に乗って夫と飛びさる。ボギーとカサブランカに残っていたとしても、おそらく気持ちよく暮らせただろう。すぐには無理かもしれない。でもやがてそうなって、一生そのままでいられただろう。

より大きな不幸

文明人は、少数の非道な人間が、ときに一つの侵略軍より多くの死者や破壊の原因となりうることを身をもって学んできた。敵が何百機もの飛行機やミサイルを米国に向けて放っても、おそらくひとつも目標にたどりつかない。それだけの大きな攻撃は、その脅威を完全に抑えるのに十分であろうアメリカの防衛システム作動の引き金となるからだ。一方、敵がだぼだぼのズボンに野球帽の男七人を放ったとしたら、おそらく男たちは目標にたどりつき、爆弾を爆発させたり、毒をまいたり、ハイジャック機を高層ビルに突入させたりできる。テロリズムは、最良の攻撃とは、最良の防御の引き金を引かせない攻撃であるという考えにもとづいた戦略だ。小規模の急襲は大規模の猛攻撃より警報ベルを作動させる可能性が低い。最小規模の脅威にも対抗できる防衛システムを設計することは可能だが（電流の流れる境界帯、渡航禁止令、電子機器での監視、無作為の身体検査など）、こうしたシステムは、運営に必要な人手と設備の点でも、出てくる誤報の多さの点でもとんでもなく代価が高い。このようなシステムはやりすぎというものだろう。防衛システムが効果的であるためには、脅威に反応しなければならない。しかし実用的であるためには、なんらかの決定的な閾値《いきち》を超えた脅威だけに反応しなければならない。これは、決定的な閾値に達しない脅威なら、その小さなサイズに不釣合いな破壊力を持っている恐れがあるにもかかわらず、大きな脅威とちがってレーダーにかからずに、こっそり入りこめることを意味する。

より嫌なこと

心理的免疫システムは防衛システムの一つで、これと同じ原理に従っている。経験によって十分に不幸せになると、心理的免疫システムはもっと明るい見方を用意するために、事実を料理し、責任を転嫁する。しかし、ちょっとした悲しみ、ねたみ、怒り、失望のたびに料理や転嫁をするわけではない。結婚の破局や失業は、幸せに対する大規模な猛攻撃の一種であり、心理的防衛システムを作動させる引き金となるが、この防衛作用は、鉛筆が折れたり足を踏まれたりエレベーターが遅かったりするくらいでは作動しない。鉛筆が折れるのはいらいらすることかもしれないが、心理面の健康にとっての深刻な脅威ではなく、心理的防衛システムの引き金とはならない。ここからくる逆説的な結果は、ひどく嫌な経験よりちょっと嫌な経験のほうが明るい見方をしづらい場合があるということだ。

たとえば、学生を志願者として、三回電気ショックを受けるという加入儀礼のある課外クラブに勧誘した研究がある。一部の志願者はかなり強い電気ショックを受けて非常につらい経験をし（重い儀礼群）、ほかの志願者はもっと軽い電気ショックを受けてわずかに不快な経験をした（軽い儀礼群）。人は肉体的苦痛がともなうものを嫌うはずだと思うかもしれないが、実際には重い儀礼群のほうがクラブをより好きになった。この志願者たちは大きな苦しみを経験したため、その苦しみの強さが引き金となって防衛システムが作動し、ただちに、この経験について信頼できる明るい見方を探しはじめたからだ。そのような見方をするのは簡単ではないが無理ではない。たとえば、肉体的苦痛は嫌なことだが（「うわ、今のは痛かった」）、とびきり価値のあることのために苦しんでいるとすれば、それほど嫌ではない（「でもこれで、すごく特別な人たちのすごく特別なエリート集団に入れるんだ」）。これは研究でもたしかめられていて、電気ショックを与えられても、何か非常に価値あることのための苦しみだと信じている場合は、痛みが実際より小さく感じる。強い電気ショックは十分に不快で、志願者の心理的防衛作用を作動させたが、弱い電気ショックはそうではなかったため、入会儀礼の痛みが強烈だった志願者のほうがクラブを高く評価した。連れあいのとんでもない背徳行為はなんとか許せたのに、車庫のドアのへこみや階段の汚い靴下の跡に腹をたててしまうとしたら、あなたもこの逆説の体験者ということだ。

激しい苦痛は、それを取りのぞくためのしくみを作動させるが、穏やかな苦痛は作動させない。直感に反したこの事実のせいで、未来の感情を予測するのがむずかしくなることがある。たとえば、親友があなたを侮辱するのと、あなたのいとこを侮辱するのとでは、どちらががまんできないだろう。あなたがいくらいとこを好きだといっても、自分自身はもっと好きに決まっているから、たぶん悪口が自分に向けられるほうが嫌だと予想するだろう。そのとおり。たしかにそのほうが嫌なはずだ。はじめのうちは。しかし、激しい苦痛が心理的免疫システムを作動させ、穏やかな苦痛が作動させないとすると、時間がたつうちに自分に向けられた侮辱について明るい見方をするようになる可能性は高いが（「フェリシアがわたしのことをピーマン頭だって……。まったく、ときどきとんでもないこと言って笑わせるんだから」）、いとこに向けられた侮辱に同じようにする可能性は低い（「フェリシアがいとこのドウェインのことをピーマン頭だって……。まあね、まちがいとは言わないけど、それにしたってひどすぎるんじゃない」）。自分が侮辱の被害者のときのほうが、傍観者のときより最後には気分がましになるとは、なんとも皮肉なことだ。

実際にこれをたしかめた研究がある。ふたりの志願者が性格検査を受け、ひとりの結果についてだけ心理学者が評価した。評価は専門的で、具体的で、とことん否定的だった。たとえば、「あなたには他と一線を画すような特徴がほとんどありません」、「まわりの人はあなたの能力に脅かされる心配がないので、あなたを好きになるでしょう」といった表現で書かれていた。どちらの志願者もその評価を読み、それを書いた心理学者にどのくらい好意を持ったかを報告した。皮肉なことに、否定的な評価の被害者になった志願者のほうが、ただの傍観者だった志願者より心理学者に好意を持っていた。なぜか？　傍観者は腹を立てたが（「おいおい、もうひとりの志願者にずいぶんな仕打ちをするじゃないか」）、打ちひしがれてはいなかったので、心理的免疫システムは穏やかな負の感情を改善する手立てを講じなかった。しかし、被害者のほうは打ちひしがれたため（「げっ、負け犬に認定ってこと？」）、脳はすばやくこの経験について明るい見方を探しはじめた（「でも考えてみれば、あんな検査じゃ、おれの複雑な個性をほんの少しのぞくくらいしかできないだろうし、気にすることなんてないよな」）。もう一つ、重要な結果がある。べつの志願者のグループに、自分ならこの心理学者にどのくらい好意を持つと思うか予測させたところ、自分が被害者のときより、傍観者のときのほうがましだろうと予測した。どうやら人は、穏やかな苦痛より激しい苦痛のほうが心理的防衛システムの引き金になりやすいことに気づかず、大きさのちがう不運に対する自分の感情を誤って予測するようだ。

どうしようもないこと

激しい苦痛は防衛を作動させる要因の一つであり、われわれが予期しないかたちで経験に影響をおよぼす。だが要因はほかにもある。たとえば、友人の行動ならけっして許せないのに、それが兄弟の行動だとがまんできるのはなぜだろう。大統領が選挙前にしていたら投票を思いとどまっただろう行為なのに、大統領になったあとだと、やってもそれほど気にしないでいられるのはなぜだろう。社員がしょっちゅう遅刻するのは大目に見てやれるのに、就職面接に二分遅れてきた求職者を採用したくないのはなぜだろう。一つの可能性としては、血は水よりも濃く、国旗はそのまわりに集結するものであり、第一印象が何よりも大事だからだ。しかしべつの可能性もある。自分についてまわるものだと、そうでないものにくらべて、明るい見方を探したり見つけたりしがちだからではないだろうか。友人は現れては消えるし、候補者を替えるのは靴下を替えるくらい簡単だ。だが兄弟や大統領は、よくも悪くも、自分の兄弟や大統領であり、いったん生まれたり選出されたりしてしまえば、打てる手はほとんどない。今している経験が望むものでない場合、最初の反応は、出かけていってべつの経験をすることだ。だから、満足できないレンタカーを返却し、気に入らないホテルをチェックアウトし、人前で鼻をほじる友人と付きあうのをやめる。われわれは、経験を変えることができなくなってはじめて、経験についての見方を変える方法を探しはじめる。われわれが、家の前に停まっているポンコツや、何年も家族で所有しているおんぼろの別荘小屋や、鼻の穴の探検をやめようとしないシェルダンおじさんを愛しているのはそのためだ。われわれが物事のよい面を見つけるのは必要にせまられたときだけであり、だからこそ、遺伝子診断の結果、自分に危険な遺伝的欠陥がないとわかったときや、危険な遺伝的欠陥があるとわかったときには幸せが増すのに、はっきりした結論がでないときには増さない。悲運が逃れようもなく、避けようもなく、取り消しようもなく自分のものになってしまったとき、はじめてなんとか対処できるようになる。

逃れられない、避けられない、取り消せない状況は、心理的免疫システムを起動させる引き金となるが、苦痛が強い場合と同じで、人はそうなると気づかないこともある。例をあげよう。ある研究で、大学生がモノクロ写真撮影の講座に申しこんだ。各学生は、自分にとって特別な人や場所の写真を十二枚撮ったあと、個別レッスンを受ける。教師は一、二時間ほどかけて写真の焼きつけを教え、できのいい写真二枚を仕上げさせる。写真が乾いたところで、学生に、一枚は自分で持ち帰っていいが、一枚は作品サンプルとして提出するよう求める。一部の学生には、いったん写真を持ち帰ったらもう変更はきかないと伝え（変更不可群）、ほかの学生には、いったん写真を持ち帰って気が変わっても、数日中に申しでれば、持ち帰った写真と提出した写真を取りかえられると伝えた（変更可能群）。各学生は写真を一枚選び、それを持ち帰った。数日後、学生に質問調査をし、ほかの質問といっしょに、持ち帰った写真をどれだけ気に入ったか尋ねた。その結果、変更可能群の学生は変更不可群の学生ほど写真を気に入っていないことがわかった。興味深いことに、べつの学生のグループに、考えなおす機会がある場合とない場合では、どちらが自分の写真を気に入ると思うか予測させると、変更できるかどうかは写真の満足度になんの影響も与えないと予測する。どうやら、変更不可の状況は心理的防衛システムを作動させ、われわれはそのおかげで明るい見方を手に入れられるのに、そのことを予期できないらしい。

変更できないことが心理的免疫システムを作動させること（そして、幸せや満足を増すこと）を予期できないために、われわれは手痛い失敗をする。写真講座のべつの学生のグループに、写真を持ち帰ってから考えなおす機会があるほうがいいか、ないほうがいいか尋ねると、大多数の学生は機会があるほうを好む。つまり、彼らは、自分の制作した写真に最終的に不満を覚える写真講座に好んで登録する。満足度が高いものより低いものを好む人がいるだろうか。もちろんそんな人はいない。だが、ほとんどの人は自由度が低いものより高いもののほうを好むようだ。それどころか、決心する自由―

—あるいは、いったん決心してから気を変える自由——が脅かされると、自由をふたたび主張したいという強い衝動が生じる。小売り業者が、「在庫わずか」や「本日深夜一二時までにお申しこみください」などとうたって、あなたが商品を得る自由を脅かすことがあるのはそのためだ。この自由への執着によって、われわれは、返品のきかないオークションに参加するより、返品を許してくれる高級デパートをひいきにするし、車を特価で買うより、おそろしく高いマージンを取られてもリース契約するし、ほかにも例はいろいろある。

われわれはたいてい、きょう割増料金を払ってでも、あす考えなおす機会を得たいと思うし、それが理にかなっている場合もある。数日間小さな赤いロードスターを試乗すれば、所有したときの感じがかなりつかめるため、妥当な割増料金を払って、短期の払いもどし期間付きの契約にするのが賢明なこともある。しかし、選択の自由を保留にしておくことには、利点もあるが代価もかかる。ロードスターは当然ながら窮屈だ。覚悟を決めた所有者なら、これを肯定的に見る方法を見つけるだろうが(「うわ、戦闘機のコックピットみたいだ」)、免責条項のある契約を結んだ買い手には見つけられない(「この車は小さすぎだ。払いもどしたほうがいいかな」)。覚悟を決めた所有者は車の美点に注目して欠点は大目に見るので、事実を料理して満足のいくごちそうを作りだせるが、まだ逃げ道がある(そして、まだ防衛システムが作動していない)買い手は、新しい車をそのまま所有するかどうか決めるために、不完全な部分にとくに目を光らせて批判的に評価する。自由の代価と利点ははっきりしている。だが残念ながら、二つは同じようにはっきりしているわけじゃない。自由な選択によって有利になるかもしれない点は苦もなく予想できるのに、それによって蝕《むしば》まれるかもしれない喜びはどうしても見逃してしまうようだ。

知らないほうが幸せ

チリコンカンを食べすぎてもどしてしまい、それから何年かチリコンカンを受けつけなかった経験があるなら、たとえばショウジョウバエでいるのがどんなものか多少わかっていると言える。そうもちろん、ショウジョウバエはチリコンカンは食べないし、もどしたりもしない。だがショウジョウバエは、自分の最高の経験や最悪の経験を、そのときの状況や直前の状況と関連づけて、未来にその状況を求めたり避けたりできる。ショウジョウバエをテニスシューズのにおいにさらして、ごく弱い電気ショックを一度与えると、そのハエはごく短い生涯のあいだずっと、テニスシューズっぽいにおいがする場所を避けるようになる。快楽や苦痛を状況と結びつける能力は、命にかかわるほど重要なため、自然は、ドロソフィラ・メラノガスター《ショウジョウバエ》からイワン・パブロフまで、ありとあらゆる生き物にその能力を備えさえた。

しかし、われわれのような生き物にとって、この能力は必要ではあっても、十分ではない。この能力によって可能になる学習は、あまりにもかぎられているからだ。特定の経験を特定の状況と結びつけることしかできないなら、その生物体は経験からごくわずかなこと、つまり、未来にその特定の状況を求めるべきか避けるべきかしか学べない。ショウジョウバエは、タイミングを合わせた電気ショックでテニスシューズのにおいを避けることを学びはしても、バレエシューズやかんじきやマノロブラニクのにおいや、小型スタンガンで武装した科学者のにおいを避けることまでは学ばない。快楽を最大にし、苦痛を最小にするためには、経験とそれを生みだした状況とを結びつける能力は欠かせないが、さらに、その状況がなぜ、どのようにして経験を生みだしたのか説明できなければならない。観覧車に乗って何周かしたあと吐き気がして、その原因が平衡感覚の弱さだとしたら、今後は観覧車を避けるだろう。ショウジョウバエでもそうするはずだ。しかし、ショウジョウバエとはちがって、われわれの場合、吐き気の経験と結びついていなくても避けるようになることや（バンジージャンプやヨットなど）、それと結びついていても避けないことがある（手まわしオルガンの音楽やピエロなど）。たんなる結びつきとはちがい、説明は、状況のある側面（回転）がその経験の原因であって、ほかの側面（音楽）は関係ないことをはっきりさせてくれる。そうすることで、われわれは、ショウジョウバエがけっして学べない多くのことを嘔吐《おうと》から学ぶ。

われわれは説明をつけることで経験を存分に活用するが、説明は経験の性質を変える力も持っている。これまで見てきたように、経験が不快なとき、われわれは気分がましになるような説明をただちにはじめる（「わたしが採用されなかったのは、あの面接官が観覧車でもどす人間に偏見を持っていたからだ」）。研究でも、ただ説明するという行為だけで、不快な出来事が無害になることが示されている。たとえば、心的外傷——愛する人の死や身体的暴行など——について書くだけで、主観的な幸福感も肉体的な健康も驚くほど回復する（医者にかかる回数が減る、ウイルス抗体の生産量が改善するなど）。さらに、こうした書きつづる活動でもっとも恩恵を受けている人たちの文章には、自分の心的外傷を説明するようなことばがでてくる。

だが、説明によって不快な出来事の衝撃がやわらぐように、快い出来事の衝撃も同じくやわらぐ。たとえば、大学生の志願者がオンラインチャットルームで他大の学生たちと交流するという設定でおこなった実験がある。志願者は生身の人間を相手にしていると信じていたが、実際は、他大の学生たちであるかのようにシミュレーションされた高度なコンピュータープログラムとやりとりしていた。シミュレーションの学生たちが、志願者である生身の学生に自己紹介したあと（「こんにちは、エヴァよ。好きなのはボランティア活動をすること」）、研究者がシミュレーションの学生たちに質問するふりをして、チャットルームの中でだれを一番気に入ったかを決めさせ、その理由を書いたメッセージを本人に送るよう伝える。数分のうちに驚くべきことが起こる。生身の学生が、シミュレーションの学生全員から、あなたが一番気に入ったというEメールメッセージを受けとるのだ！　シミュレーションのメッセージはこんなぐあいだ。「きみの返事を読んで、気が合いそうだなと思いました。同じ学校じゃなくて残念だな」、「ほかの人とはなんとなくちがう感じがして引かれます。興味のあることや価値観の話がとくにおもしろかったです」、「直接話せたらいいのにね。そしたら……海が好きか（わたしは水上スキーにはまってます）とか、イタリア料理が好きか（大好物！）とかきけるのにな」

問題はここだ。一部の生身の学生は、どのシミュレーション学生が書いたメッセージかわかるEメールを受けとり（情報あり群）、ほかの生身の学生は、だれのメッセージかという情報が抜けたEメールを受けとった（情報なし群）。つまり、どの生身の学生も、自分がチャットルームのシミュレーション学生全員の心をつかんだことを示すまったく同じEメールメッセージを受けとったが、情報あり群の学生だけがどのメッセージをどのシミュレーション学生が書いたか知っていた。そのため、情報あり群の学生はふってわいたような幸運の理由を考えることができ（「エヴァは、ぼくが彼女と同じハビタット・フォー・ヒューマニティにかかわってるってとこを認めてくれたんだな。カタリーナって『じゃじゃ馬ならし』に出てくる名前だっけ？　どうりでイタリア料理が好きなわけだ」）、情報なし群の学生はできなかった（「だれかがぼくを認めてくれてるけど……だれだ？　それに、なんでここでイタリア料理が出てくるんだよ」）。研究者は、生身の学生がメッセージを受けとった直後と、その一五分後の二回、この学生がどのくらい幸せか測定した。どちらのグループの学生も、みんなのお気に入りに選ばれたときは喜んでいたが、一五分後も喜びが変わらなかったのは情報なし群の学生だけだった。もし、ひそかな崇拝者に思いを寄せられた経験があれば、情報なし群の学生が夢見心地のまま最上層の九番目の雲にいたのに、情報あり群の学生の気分が二～五番目の雲までいっきにおりてしまった理由もわかるだろう。

説明できない出来事には、感情への影響を増幅し、引きのばすような二つの性質がある。一つめの性質は、まれで珍しい出来事に感じることだ。もし、わたしと兄と妹の三人は同じ日に生まれたと言ったら、あなたはたぶん、それはまれで珍しいことだと思うだろう。だが、じつは三つ子なのだと説明したとたん、その気持ちがぐっと薄れるはずだ。たとえわたしがど、ん、な説明をしても（「同じ日と言っても、みんな火曜日生まれということだけど」、「三人とも帝王切開だったから、両親が税の優遇措置を最大限に利用するために同じ日にしたんだ」）、偶然の一致に対する驚きは薄れ、ありそうなかが理解でき、そこからすぐに、なぜ、どのようにしてふたたび起こりうるかが見えてくる。われわれが、そんなことは不可能だ――読心術、空中浮遊、現職議員の権限を制限する法律など――と言う場合、ふつうは、それがほんとうに起こったとしたら説明がつかないという意味でしかない。説明がつかない出来事は珍しく思え、珍しい出来事は当然、よくある出来事より感情に大きな影響をおよぼす。われわれは日食に畏怖の念を覚え、夕日にはたんに感動する程度だ。夕日のほうがはるかに壮観で目を楽しませてくれるが、日食のほうが珍しいからだ。

説明のつかない出来事が、不相応に大きい影響を感情に与える二つめの理由は、その出来事について考えつづける可能性が大いに高まることだ。人は、無意識に出来事を説明しようとするし、研究によると、完成させるつもりのことが終わらないとそれについて考えつづけたり、未完成の仕事を思い出したりする可能性がきわめて高い。いったん説明がついてしまえば、その経験は洗いたての洗濯物のように、畳んで記憶の引出しに片づけ、つぎの経験に移ることができる。ところが、説明を受けつけない出来事は謎や難問になる。そして、謎めいた難問についてわれわれにわかることがあるとすれば、それがたいてい心の奥に収まるのを拒むということだけだ。映画監督や作家は、これにつけこんで物語に謎めいた結末をつけることが多い。研究でも、たしかに人は、映画の主人公が最後にどうなったか説明できないと、その映画について考えつづけがちだということがわかっている。そして、その映画が気に入った場合は、ひとかけらの謎のおかげで長く幸せでいられる。

説明は、経験から感情の衝撃を奪ってしまう。経験をさもありがちなことに見せ、それ以上考える

あなたへのプレゼントです！
スマイル協会
学生・地域社会の非宗教連合
「無差別の親切」運動を促進しています。
ではごきげんよう！
あなたへのプレゼントです！
わたしたちの正体は？
スマイル協会
学生・地域社会の非宗教連合
活動の目的は？
「無差別の親切」運動を促進しています。
ではごきげんよう！

図20

のをやめさせるからだ。奇妙なことに、実際にはなんの説明にもなっていない場合でも、説明には感情の衝撃を奪う効果がある。あたかも説明しているかのように見えるだけで十分なのだ。たとえば、ある研究で、研究者が大学図書館にいる学生に近づき、一ドル硬貨を貼りつけた二種類のカードのうち一枚を手渡して立ち去った。たぶんあなたも、説明がほしくなる不思議な出来事だと思うだろう。図20に示したように、どちらのカードにも、手渡した研究者が、「無差別の親切」にいそしむ「スマイル協会」のメンバーだと書いてある。しかし一方のカードには、あと二つ、「わたしたちの正体は?」と「活動の目的は?」という文も書いてある。もちろん、この内容のない二つの文は、なんの新しい情報ももたらしていないが、学生はこれで不思議な出来事の説明がついたように感じたようだ(「ああ、なるほど、それでぼくに一ドルくれたわけか」)。五分ほどしてから、べつの研究者が学生のそばへ行き、「地域社会の思想と感情」という授業の課題にとりくんでいると話してアンケートを依頼した。その質問の中に「今の感情はどのくらい肯定的または否定的ですか」という項目が忍ばせてあった。この結果、見せかけの説明文がついたカードを受けとった学生は、ついていないカードを受けとった学生ほど、幸せを感じていないことがわかった。どうやら、たとえ嘘の説明でも、説明さえついていれば、出来事をしまいこんでつぎに移れるらしい。

不確実さは幸せを保存して長引かせることができる。だから、人は不確実さを大事にすると思うかもしれない。ところが、事実はたいてい正反対だ。べつの学生のグループに、図20の二種類のカードのうちどちらを渡されたほうが幸せを感じると思うか尋ねたところ、七五パーセントが、意味のない説明がついている下のほうを選んだ。同様に、オンラインチャットルームの研究で、べつの学生のグループに、自分だったらどのシミュレーション学生がどの熱いメッセージを書いたか、知りたいかどうかと尋ねたところ、一〇〇パーセントが知りたいと答えた。どちらのケースも、学生は不確実さより確実さを、謎より明快さを選んだが、どちらのケースも、実験では明快さや確実さが幸せを減少させたことが示された。詩人のジョン・キーツによれば、偉大な作家は〝事実や理由を知ろうといらいらすることなく、不確かな、謎に包まれた、わからない〟状態でいられるが、残りのわれわれは、〝中途半端な知識で満足しておくことができない〟。起こったすべてのことに説明をつけたいという執拗な願望は、われわれとショウジョウバエをはっきり区別する特徴かもしれないが、おかげで楽しみも損なわれてしまう。

＊

目と脳は共謀者であり、他の共謀と同じように、目と脳の共謀もわれわれが自覚しないうちに秘密裏に交渉がおこなわれている。われわれは、現在の経験について明るい見方をみずから作りだしているとは思っていないため、未来にも同じことをするだろうとは思いいたらない。このだまされやすさのために、われわれは未来の災難を前にしたとき、感じる苦痛の激しさや長さを過大に見積もるだけでなく、目と脳の共謀を危うくする行動をとることがある。われわれが明るい見方をしやすいのは、行動しなかったことより行動したことについて、腹立たしい程度の経験より苦痛を感じる経験について、逃げだせる不快な状況より逃げだせない状況についてだ。ところが、選ぶ場合にはめったに、不行為より行為を、腹立ちより痛みを、自由より覚悟を選択しない。明るい見方を作りだす過程にはいろいろある。好ましい情報により注意を払い、そうした情報を提供してくれる人たちをまわりに集め、得た情報を無批判に受けいれる。この傾向のおかげで、不快な経験でも責任逃れして、ましな気分になれるような説明をつけることができる。説明したいという抑えがたい衝動に支払う代価は、最高に心地よい経験に納得がいく説明をつけると、その経験がだいなしになる場合があることだ。

われわれの想像の旅は、実在論、現在主義、合理化と多くのエリアを制覇してきた。最後の目的地に向かう前に、一度、現在地を大きな地図で確認しておこう。われわれは、未来の出来事に対する感情の反応を正確に予測するのが、いかにむずかしいかを見てきた。予測がむずかしいのは、未来の出来事が起こるだろう姿そのままに想像するのがむずかしく、それが起こったとき自分がどう考えるか想像するのもむずかしいからだ。ここまで全体を通じて、想像を知覚や記憶と比較しながら、先見が視覚や回顧とまったく同じで誤りを犯しやすいことをわかりやすく説明してきたつもりだ。誤りやすい視覚は眼鏡で矯正でき、誤りやすい回顧は文字に残された過去の記録で矯正できる。だが、あすを見る目を鋭くさせる眼鏡はどこにもないし、これからの出来事を書いた記録も存在しない。先見の問題は矯正できるのだろうか。これから詳しく見ていくが、矯正は可能だ。だがわれわれはふつう、そうすることを選ばない。

第6部　正しい予想をする方法

10　練習してみよう

でも見ると聞くとはおおちがい。

――シェイクスピア『シンベリン』

この一〇年で、うんこについての本が爆発的に増えた。二歳の孫娘がわたしの膝にのぼってくるときは、だいたい絵本の分厚い束を抱えている。そのうちの何冊かは、排便の驚異やトイレの不思議についてかなり詳しく探究している。駆けだしの解剖学者のために詳細な説明をしているものもあれば、うれしそうな子どもがしゃがんで、立ちあがって、拭く様子が描かれただけのものもある。さまざまなちがいはあるものの、どの本も伝えているメッセージはいっしょだ。「大人はパンツの中にうんこをしないけれど、きみがしてしまっても大丈夫、心配しなくていいからね」わたしの孫娘は、このメッセージで安心すると同時にやる気にもなるようだ。うんこに正しいやり方とまちがったやり方があることもわかっているし、みんなはまだ正しいやり方ですることを期待していないけれど、まわりの人は正しいやり方を知っていて、つまり、少しの練習と少しの指導があれば、自分もうんこの正しいやり方を学べるだろうということもわかっている。

練習と指導の利点は、この技能だけにかぎられない。というより、練習と指導は、われわれがほとんどすべての知識を学ぶ一番の手段だ。知識には自分で得る知識と、人から得る知識の二種類しかなく、身につける課題の内容にかかわらず——排便でも料理でも投資でもボブスレーでも——直接経験したり、直接経験した人の話を聞いたりして、はじめてきわめられる。赤ん坊がオムツに排便するのは、初心者だからであり、ベテランからのレッスンの恩恵をまだ受けられないからだ。赤ん坊はきちんとしたおまるのルールについて直接の知識も間接の知識もまだないのだから、汚してしまってもしかたがない。しかし、数年のうちに練習と指導が矯正の効果を奏しはじめ、無邪気さが経験と教育に屈して、排便の失敗はまったくなくなるはずだ。ならばなぜ、この分析をあらゆる種類の失敗に適用しないのだろう。われわれはみんな、自分を幸せにしてくれる物事についても、そうでない物事についても直接経験しているし、それらについて教えてくれる、友人やセラピストやタクシー運転手やトークショーの司会もいる。ところが、これほどの練習や指導にもかかわらず、われわれの幸せへの探求はみじめな結果に終わってしまうことが少なくない。つぎの車、つぎの家、つぎの昇進こそ自分を幸せにしてくれると期待し、前ので幸せになれなかったことも、まわりの人につぎのもあてにするなと忠告されていることも省みない。生暖かいオムツを避けることを学んだのと同じように、こうした失敗を避けることをなぜ学ばないのだろう。練習と指導が、パンツを汚さないことを教えられるなら、なぜ未来の感情を予想することを教えられないのだろうか。

経験はかたよっている

歳をとることの利点は多いが、それがなんなのか具体的に言える人はいない。われわれ年寄りは、変な時間に眠りこんで変な時間に起きるし、食べていいものより避けるべきもののほうが多くなるし、薬を飲み忘れないようにべつの薬を飲んだりする。じつをいうと、歳をとることのほんとうの利点はただ一つ、まだ髪が全部そろっている若者がときどき身を引いて、われわれの経験の豊富さに感嘆せざるをえなくなることだ。若者は、われわれの経験を富の一形態と考える。豊富な経験のおかげで、同じ誤りを繰り返さずにすむだろうと考えるからだ——たしかに、そのとおりの場合もある。われわれのような経験豊かな人間が、けっして繰り返さない失敗がいくつかある。その例として、ペパーミントシュナップスを飲みながら猫を風呂に入れた経験がふと思い浮かんだが、今はちょっとその理由を説明したくない。一方、たっぷり経験を積んだわれわれのような人間でも、何度も繰り返し犯してしまう失敗はたくさんある。離婚した相手と妙に似ている人と再婚し、毎年恒例の一族の集まりに参加するたびに、もうけっして行くものかと毎年恒例の誓いをたて、毎月の出費を慎重に調整しているはずなのに頭に三のつく日になるとまたしても無一文ですごすことになる。こうした常習的なあやまちを繰り返してしまう原因を説明するのはどうにもむずかしい。いいかげん、自分の経験から何かしら学んでもよさそうなものだ。たしかに想像には欠点があり、一度も経験したことのない出来事なら、それが未来に起きたときどう感じるかを誤って予測するのも、しかたないかもしれない。しかし、役職についていて家庭より会社ですごす時間のほうが長い多忙な人と結婚した経験があるなら、あるいは、いとこの機嫌を損ねることに一所懸命なおじにおばが嚙みついてばかりいる親族の集まりに出た経験があるなら、あるいは、給料日までの数日をつつましく米と豆に精通することに費やした経験があるなら、こうした出来事をある程度の正確さで想像し、今後は避けるような手だてを打つべきではないのか。

打つべきだし、いちおうやってはいる。ただ、期待するほどちょくちょくではないし、成果もいまひとつだ。われわれは、喜びや誇りとともに記憶している経験を繰り返そうとし、恥かしさや後悔とともに記憶している経験は繰り返さないようにしようと努める。問題は、経験を正しく記憶していない場合が少なくないことだ。経験を思い出すのは、引出しをあけて、書かれたその日にファイルされた物語を取りだすことのように感じるが、これまで見てきたように、この感覚は脳による非常に巧妙な幻想の一つだ。記憶は、経験を完全なかたちで記録する忠実な筆記者ではなく、巧妙な編集者だ。経験の要点を切りとって保存し、われわれが読み返したいと思うたびに、要点をもとに物語を書きなおす。ふつう、この編集者はどの要素が不可欠でどの要素が不要かを見きわめる鋭い感覚を持っているので、切りとって保存する記憶方法はだいたいうまくいく。花婿が花嫁にキスしたときどんな表情をしていたかは覚えているのに、そのとき花びらをまく女の子がどの指で鼻を押しあげていたか思い出せないとしても、あまり困らない。だが残念なことに、鋭い編集能力があるとはいえ記憶にはいくつかおかしな癖があり、そのせいで過去が誤って再現され、そのせいでわれわれは未来を誤って想像してしまうことがある。

例をあげよう。あなたが英語の卑猥《ひわい》な四文字語を使ったことがあるかどうかはわからないが、四文字の単語がいくつあるか数えたことはまずないと思う。そこで問題。英語の場合、kではじまる四文字の単語（k‐1）と、kが三文字目にくる四文字の単語（k‐3）はどちらが多い？　あなたがふつうの人なら、k‐1のほうがk‐3より多いと見当をつけたはずだ。問題に答える前にざっと記憶をチェックして（「ええと、kではじまるのは、kite……kilt……kale……」）、k‐3よりk‐1のほうが思い出しやすいから数も多いはずだと考えたかもしれない。ふつうはこの推論でなんの問題もない。げんに、六本足のゾウ（e‐6）より四本足のゾウ（e‐4）のほうが思い出しやすいのはe‐6よりe‐4をよく見かけるからだし、それは、e‐6よりe‐4のほうが数が多いからだ。e‐6とe‐4が実際に世界に何頭存在するかによって遭遇する頻度が決まり、遭遇する頻度によって遭遇の思い出しやすさが決まる。

だが悲しいかな、ゾウの場合には非常にうまくいくこの推理も、英単語の場合にはどうもうまくいかない。たしかに、k‐3よりk‐1のほうが思い出しやすいが、これはk‐3よりk‐1をよく見かけるからじゃない。kではじまる単語を思い出すほうが簡単なのは、どんな単語も、語頭の文字で思い出すほうが三番目の文字で思い出すより簡単だからだ。われわれの心の辞書は、英語の場合ほぼアルファベット順に整理されているため（ウェブスター英語辞典のようなものだ）、記憶の中の単語を語頭以外のアルファベットで簡単に「引く」ことができない。実際は、英語の場合k‐1よりk‐3のほうが多いのだが、k‐1のほうが思い出しやすいせいで、みんな決まってこのクイズをまちがえる。k単語クイズの引っかけが成功するのは、心に浮かびやすい物事が無意識に（しかし誤って）よく触れている物事だと思いこんでしまうからだ。

ゾウや単語について言えることが、経験にもあてはまる。たいていの人は、動物のヤクに乗ったことを思い出すより、自転車に乗ったことを思い出すほうが簡単で、これまでにヤクより自転車に多く乗ったと正しく結論づけられる。これは申し分のない理論だが、ただ一点、頻度だけが思い出しやすさを左右するわけではないということが問題になる。いや、じつをいうと、まれにしか起こらない経験や珍しい経験がもっとも思い出しやすい場合も少なくない。ほとんどのアメリカ人が、二〇〇一年九月一一日の午前中に自分がどこにいたかは正確に覚えているのに、九月一〇日の午前中にどこにいたかを覚えていないのはそのためだ。

まれな経験がただちに思い出せるせいで、われわれは奇妙な結論を導きだすことがある。たとえば、わたしには、成人してからほとんどいつも抱いてきた鮮明な印象がある。わたしはたいてい、食料品店で一番遅い列を選んでしまう。そして遅い列にうんざりしてべつの列に移ったとたん、最初にいた列のほうが移った列より速く進みだすのだ。もしこれが真実なら、つまり、わたしが悪いカルマなり悪いジュジュなり、自分の並んだ列がかならず遅くなるような、何か抽象的な形態の悪をほんとうに持っているなら、この世の中に、並んだ列がかならず速くなるような何か抽象的な形態の善を持っていると感じている人がいなければおかしい。みんながみんな、どんなときも一番遅い列に並ぶことはありえないからだ。でしょ？　ところが、わたしの知る人で、自分が並んだ列を速くする力があると感じている人はひとりもいない。反対に、ほとんど全員がわたしと同じで、こともあろうに一番遅い列にいやおうなく引きよせられ、たまに運命の裏をかこうとしても、あらたに並んだ列が遅くなって、並ぶのをやめた列が速くなるだけだと信じている。なぜだれもがそう信じているのだろう。

それは、速いペースで動く列、いや並みのペースで動く列でさえ、そこに並ぶ経験は頭がぼおっとするほど平凡で、気になることも記憶に残ることもないからだ。われわれはただ列に並んで退屈し、タブロイド紙をちらっと見たり、チョコバーをじっくり観察したり、乾電池のサイズを大、中、小のようなちゃんと覚えられる表示でなく、A《アンペア》の数や、単なんとかの数字で表すことに決めたのはどこのばかだろうと考えたりする。そんなとき、連れあいのほうを向いて、「この列がすごくふつうに進んでるのに気づいたかい？　なんというか、なんだかとんでもなく平均的だから、メモでも取っておいて、そのうちみんなに聞かせてびっくりさせてやろうかって気になるよ」などと話しかけることはまずない。われわれの記憶に残るレジ待ち経験は、もともと後ろに並んでいた真っ赤な帽子の男がべつの列に移ったと思ったら、いつのまにか会計をすませてもう車に乗りこんでいるのに、われわれのほうは、列の前にいる小太りのおばあさんがクーポンを振りまわしながら、有効期限ということばの本来の意味についてレジ係と議論しているおかげで、まだレジの前にも着いていない、というような経験だ。こんなことがちょくちょく起こるわけはないが、あまりに記憶に残りやすいため、われわれはよく起きると思いこんでしまう。

もっともありそうにない経験がもっともありがちな記憶になる場合が少なくないため、これが、未来の経験を予測する能力を混乱させる。ある研究で、地下鉄のホームで電車を待っている通勤者に、その日、電車に乗り遅れたらどう感じるか想像させた。予測をする前に、一部の通勤者には「電車に乗り遅れた経験」を思い出して話してもらい（不特定の記憶群）、ほかの通勤者には「電車に乗り遅れた最悪の経験」を思い出して話してもらった（最悪の記憶群）。その結果、不特定の記憶群が思い出した出来事は、最悪の記憶群が思い出した出来事にまったく引けをとらない悲惨さだった。つまり、通勤者は、電車に乗り遅れることを思ったとき、もっとも困り果てていらだった出来事を思い出す傾向があった（「電車がやって来る音が聞こえたので、それに乗ろうと走りだしたら、階段でつまずいて、傘を売っている男の人を突きとばしてしまったんです。結局、就職試験に三〇分遅刻して、ついたときにはもうべつの人が採用されていました」）。ほとんどの乗り遅れ事例は平凡で印象に残らないため、乗り遅れについて考えるとき思い出すのは、もっとも特殊な事例ということになる。

さて、以上のことは、未来の感情を予測することと、どうかかわっているのだろう。ｋ－１単語がすぐに思い浮かぶのは、心の辞書の並び方のせいであって、それがよく目につくからではない。進みの遅い食料品店の列がすぐに思い浮かぶのは、遅い列に引っかかったときだけ特別に注意を払うからであって、それがよく起こるからではない。しかし、こうした記憶がすぐに思い浮かぶほんとうの理由に気づかないと、それが実際よりよくあることだという誤った結論をだしてしまう。同様に、悲惨な電車乗り遅れ事例がすぐに思い浮かぶのは、よくあることだからではなく、めったにないことだからだ。しかし、こうした悲惨な出来事がすぐに思い浮かぶほんとうの理由に気づかないと、それが実際よりよくあることだという誤った結論をだしてしまう。実際に、通勤者にその日の電車に乗り遅れたらどんな気持ちか予測させると、現実にありそうな経験より、はるかに困り果てていらだつ経験になるだろうと誤った予測をした。

珍しい事例を思い浮かべて、それをよりどころにするこうした傾向は、われわれがちょくちょく失敗を繰り返してしまう原因の一つだ。去年の家族旅行について考えるとき、二週間のアイダホ旅行のなかからふつうの事例を探し求めることはない。すぐさま思い浮かぶ記憶は、最初の土曜日の午後のことだ。子どもたちを連れて乗馬にいき、馬に乗って尾根までのぼると、ふいに眼下に壮大な谷が開けて、地平線までくねくねとつづく川面が太陽のいたずらで鏡の帯のように輝いていた。空気はさわやかで、森は静まりかえっている。子どもたちは急に口げんかをやめて、馬の背に乗ったままその場に釘づけになり、だれかが「わあ」と小さな声をもらすと、みんなが視線を交わして微笑みあった。そしてこの瞬間は、休暇のハイライトとして永遠に記憶に焼きついた。この場面がぱっと心に浮かぶのはそのためだ。しかし、つぎの休暇の計画をたてるとき、この記憶をよりどころにして、旅の残りの大部分は期待はずれだったことを見逃すと、つぎの年も同じ混雑したキャンプ場で、同じ腐りかけのサンドウィッチを食べ、同じ気の荒いアリに噛まれながら、なぜ前回の旅行から何も学ばないでいられたのかと、いぶかしむことになる。われわれは、もっともありそうなひと時ではなく、最高のひと時や最悪のひと時を思い出しがちなため、若者が感嘆する経験の豊富さがいつもはっきりと実を結ぶとはかぎらない。

終わりよければすべてよし

わたしは最近、妻と言い争った。妻は、わたしが〈シンドラーのリスト〉を好きなはずだと言いはって引かなかった。ちょっと説明させてほしい。妻は、あの映画を観れば好きになるはずだと言ったわけでも、あの映画を好きになるべきだと言ったわけでもない。一九九三年にいっしょに観たとき、わたしがたしかに映画を気に入っていたというのだ。これはまったく不当だと思った。わたしが正しくないとされることはたくさんあるが、正しいと主張する権利を保持していることといえば、自分が何を好きか、ということくらいだ。わたしは一〇年以上にわたって、耳を傾けてくれる人みんなに、〈シンドラーのリスト〉は好きじゃないと公言してきた。しかし、まちがっていると妻に言われると、科学者としては倫理的にあらゆる仮説を検証する必要があると感じ、それでもう一度ポップコーンを食べることになった。

われわれは〈シンドラーのリスト〉を借りてきて、もう一度いっしょに鑑賞した。この実験の結果、だれが正しいかははっきりと証明された。なんと、ふたりとも正しかった。わたしは冒頭からの二〇〇分間、まさに映画に釘づけになったので、その点では妻が正しかった。しかし、映画の最後にひどいことが起こったため、わたしが正しかったこともわかった。監督のスティーヴン・スピルバーグは、話の結末でわたしを解放するかわりに、最後の場面を追加した。登場人物のモデルになった実在の人たちが画面に現れて、映画の英雄に敬意を表する場面だ。わたしには、これがとても押しつけがましく、感傷的で、まったく余計なものに思えたため、思わず妻にこう言った。「おい、かんべんしてくれよ」どうやら、一九九三年にも劇場全体に響きそうな声でこれを言ったらしい。最初の九八パーセントはすばらしく、最後の二パーセントはくだらない映画だった。わたしがこの映画を気に入らなかったと記憶しているのは、（わたしの意見では）終わりがよくなかったからだ。この記憶にはおかしなところが一つある。わたしは、すばらしい部分が全体の九八パーセントよりずっと少ない映画もたくさん観てきたが、そのうちの何本かはかなり気に入ったと記憶している。唯一のちがいは、気に入った映画のくだらない部分が冒頭や中間など、とにかく一番最後ではない位置にきていた点だ。では、なぜわたしは、終わりだけがよくないほぼ完璧な映画より、終わりがみごとだが全体は平均的な映画を好むのだろう。感情移入して緊張感や満足感を味わえる時間は、平均的な映画よりほぼ完璧な映画のほうが長いはずではないのか。

たしかにそうだが、重要なのはそこではないらしい。これまで見てきたように、記憶は経験についてのノーカット版の長編映画ではなく、独特なかたちのあらすじを保存する。記憶の独特な性質の一つが、最後の場面へのこだわりだ。一連の音を聞いたり、一連の文字を読んだり、一連の絵を見たり、一連のにおいを嗅いだり、一連の人間に会ったりすると、最初にくるものや中間にくるものより、最後にくるもののほうがはるかによく思い出せるという強い傾向がわれわれにはある。そのため、一連のもの全体を振り返ったときの印象も、最後にくるものに強く影響される。この傾向は、快楽や苦痛の経験を振り返ったとき、とくに強くなる。ある研究で、志願者に冷水の中に手を浸させ（かなり苦痛だが、害のない課題として実験によく使われる）、コンピューターを使った評価尺度で一刻ごとの苦痛を報告させた。各志願者が、長い試行と短い試行をおこなった。短い試行では、冷水に手を六〇秒間浸した。水温は、そのあいだずっと冷たい十四度にたもたれた。長い試行では、冷水に手を九〇秒間浸した。水温は、最初の六〇秒間は冷たい十四度にたもち、あとの三〇秒間で少しましな十五度までこっそりあげた。つまり、短い試行は冷たい六〇秒間からなり、長い試行はそれと同じ冷たい六〇秒間とおまけのちょっとましな三〇秒間からなる。どちらの試行のほうが苦痛だろう？

これは、何をもって苦痛とするかによって変わってくる。長い試行は明らかに苦痛の瞬間の回数が多くなるし、実際に、一刻ごとの報告によれば、志願者はどちらの試行の場合も最初の六〇秒間は同程度の苦痛を経験し、つづく三〇秒間は、手を水から出した場合（短い試行のとき）より、手を水に浸しつづけた場合（長い試行のとき）のほうがはるかに大きい苦痛を経験していた。一方、あとで志願者に経験を思い出させ、どちらの試行のほうが苦痛だったか尋ねると、長い試行より短い試行のほうが苦痛だったと答える傾向があった。長い試行は冷水に手を浸してがまんする時間が五割増しだったが、終わりがわずかに温かめだったおかげで、苦痛がましだったと記憶された。記憶が終わり方に異常にこだわることを考えると、女性が出産の苦痛を実際よりらくだったと記憶している場合が少なくないわけや、関係が険悪になったカップルがもともとほんとうに幸せではなかったと記憶しているわけがよくわかる。シェイクスピアもこう書いている。〝沈まんとする日の光、終わらんとする楽の音も同じだ、／甘味は最後の味わいこそもっとも甘く最後まで続くものだ、／最後の姿こそ長い過去のなによりも記憶に長く残るのだ〟（『リチャード二世』）。

経験の快楽を終わり方で判断することが多いせいで、われわれは奇妙な選択をすることがある。たとえば、さっきの冷水の研究で、もう一度やるならどちらの試行がいいか志願者に尋ねたところ、六九パーセントが長い試行、すなわち、おまけに三〇秒の痛みがともなうほうを繰り返すことを選んだ。志願者は短い試行より長い試行のほうが苦痛が小さかったと記憶していたため、このような選択をしたわけだ。この選択の合理性に異議を唱えるのは簡単だろう。経験の「喜びの総量」は、喜びを引きおこす場面の質と量によって変わるものなのに、この場合、志願者は明らかに量を考慮していないからだ。しかし、この選択の合理性を擁護するのも同じように簡単だ。われわれがロデオマシンに乗ったり、かっこいい映画スターと記念写真を撮ったりするのは、その一瞬の経験自体が快いからではない。その後もずっと至福の回想に浸れるからだ（「ロデオマシンにまるまる一分も乗っていられたんだぞ！」）。わずか数秒間の経験を思い出して何時間も楽しむことができ、記憶が終わり方を重視しがちなら、いくぶん苦痛が小さかったと記憶するために、少しばかり痛みを余計に耐えるくらいなんでもないというものだ。

どちらの立場も理にかなっているし、どちらを選んでも理にかなっている。問題は、あなたがたぶん両方を選ぶだろうことだ。ある研究で、志願者にひとりの女性（Aさんとする）の話をした。Aさんは、六〇歳まで夢のようなすばらしい人生を送り、そこで交通事故に遭って命を落とした。彼女の人生のすばらしさはどの程度だっただろう（図21に実線で示した）。志願者はAさんの人生を九点満点制で六・五点と評価した。第二の志願者グループにはべつの女性（Bさんとする）の話をした。Bさんは、六〇歳まで夢のようなすばらしい人生を送り、そこで夢のようなすばらしい人生がまずまず満足できる人生に変わり、六五歳のとき交通事故で命を落とした。彼女の人生のすばらしさはどの程度だっただろう（図21に点線で示した）。志願者は、Bさんの人生を五・七点と評価した。志願者にとっては、夢のような人生（Aさんの人生）のほうが、同じく夢のような人生にまずまず満足できる数年が加わった人生（Bさんの人生）より好ましかったようだ。少し考えれば、冷水研究の志願者の

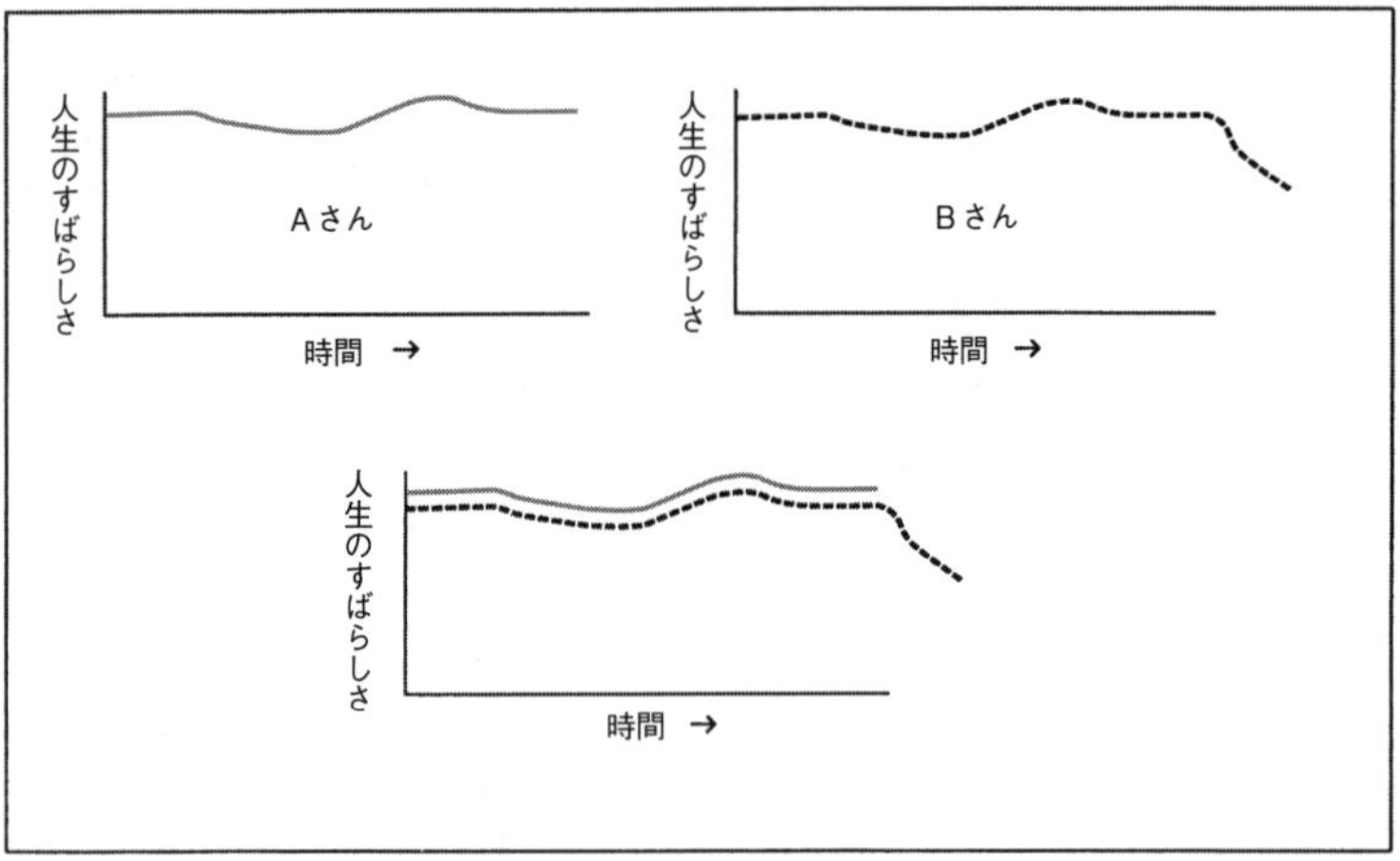

図21　べつべつに検討するときは曲線の形が重要になるが、直接比較すると、曲線の長さが重要になる。

考え方と同じだとわかる。人生全体の喜びの量が多かったのはＢさんの人生だが、終わり方がよかったのはＡさんの人生だ。志願者が人生全体の喜びの量より人生の終わり方の質を気にかけたのは明らかだ。だが、ちょっと待ってもらいたい。第三の志願者グループに、ふたりの人生をいっしょに示してくらべさせると（図21の下図）、志願者にそのような好みは見られなかった。二つの人生を同時に検討して、量のちがいが明らかになったとたん、志願者は、早く生き、若く死んで、幸せな死体を残す人生のほうがいいかどうかわからなくなった。どうやら、終わり方は、喜びの総量より重要らしい。ただし、それも量について考えるまでのことのようだ。

偽の追憶

あなたがアメリカ国民で、一九八八年一一月八日に投票年齢に達していたら、その晩はたぶん家のテレビでマイケル・デュカキスとジョージ・ブッシュの大統領選の結果を見ていただろう。この年の大統領選について思い返すと、悪評を買ったウィリー・ホートンのコマーシャルや〝典型的なアメリカ自由人権協会《ACLU》の会員〟発言といったブッシュ陣営のネガティブキャンペーン、あるいは、ロイド・ベンツェンがダン・クエールに言った「上院議員、あなたはジャック・ケネディとはまるでちがいます」という手痛い反論が頭に浮かぶかもしれない。まずまちがいなく思い出すのは、開票が終わったとき、アメリカ人がマサチューセッツ州のリベラル派デュカキスをホワイトハウスに送らないことに決めたことだろう。デュカキスは選挙には負けたが、リベラル色の強いいくつかの州では勝利を収めた。

記憶の話をしているところなので、ここで、あなたの記憶をちょっと試してみよう。目を閉じて正確に思い出してほしい。デュカキスがカリフォルニア州で勝利したとニュースキャスターが伝えたとき、あなたはどんな気持ちがしただろう。がっかりしただろうか、喜んだだろうか。小躍りしただろうか、首を振っただろうか。うれし涙、それとも悲しみの涙を流しただろうか。「やったぜ、西海岸！」と叫んだだろうか、「果物とナッツでできたやつらに期待するほうがばかだった」とつぶやいただろうか。カリフォルニアの結果がでたとき、あなたが政治的にリベラルなら、たぶん幸せに感じたと思い出すだろうし、保守の側にいるなら、たぶんそれほど幸せに感じなかったと思い出すだろう。そして、もしこれがあなたの記憶なら、親愛なる国民のみなさん、本日こうしてみなさんの前に立ってお伝えしたいのは、あなたの記憶がまちがっているということです。なぜなら、一九八八年、カリフォルニアの人々はジョージ・ハーバート・ウォーカー・ブッシュに投票したからだ。

なぜこうも簡単にこんなけちなペテンに引っかかるのだろう。それは、われわれが何かを思い出そうとすると、記憶はなんでも好きな情報を使ってあらたにイメージを組み立てなおし、それを心のイメージとしてすばやくさしだすからだ。たとえば、記憶はつぎのような情報を使う。カリフォルニアはリベラルな州で、超越瞑想、カウンターカルチャー、サイケデリックロック、月光の州知事《ガバナー・ムーンビーム》（ジェリー・ブラウン）、〈デビーのイケナイ2週間〉と関係が深い。だから、マイケル・デュカキスが——ビル・クリントンやアル・ゴアやジョン・ケリーと同じように——この州でらくに勝ってもちっとも変じゃない。しかしカリフォルニアの人びとは、民主党（リベラル）のビル・クリントンやアル・ゴアやジョン・ケリーに投票しはじめる前に、共和党（保守）のジェラルド・フォードやロナルド・レーガンやリチャード・ニクソンに何度も投票していた。あなたが政治学者やCNNおたくや長年のカリフォルニア住民でもないかぎり、昔のこんな政治トリビアは覚えていないだろう。かわりに、あなたは論理的推論をした。カリフォルニアの人びとはリベラルで、デュカキスはリベラルな候補者だから、カリフォルニアではデュカキスが勝ったにちがいない、というぐあいだ。ちょうど人類学者が事実（「メキシコシティの近くで見つかった一万三〇〇〇年前の頭蓋骨は前後に細長い」）と仮説（「前後に細長い頭蓋骨はヨーロッパ系の特徴だ」）の二つをもとに過去の出来事（「コーカソイドは、モンゴロイドが新大陸にやって来て後継者になる二〇〇〇年前にすでに来ていた」）を推測するのと同じように、あなたの脳は事実（「デュカキスはリベラルだった」）と仮説（「カリフォルニアはリベラルだ」）をもとに過去の出来事（「カリフォルニアの人びとはデュカキスに投票した」）を推測した。だが残念ながら、仮説がまちがっていたために、推測もまちがってしまった。

脳は事実と仮説を使って過去の出来事について推測するし、同じように過去の感情についても推測する。感情は、大統領選や古代文明とちがってあとに事実を残さないので、脳は、かつて感じた気持ちという記憶を組み立てるために、仮説に重きを置かなければならない。仮説がまちがっていると、過去の感情を誤って思い出すことになる。では、何かについての仮説――たとえば、性別についての仮説はどうだろう――が、過去の感情の記憶にどう影響するか考えてみよう。たいていの人は、男が女ほど感情的でない（「彼女は泣いたが、彼は泣かなかった」）とか、男と女は似た出来事にちがった感情反応をする（「彼は腹をたて、彼女は悲しんだ」）とか、女は月経周期のある時期にとくに否定的な感情にとらわれやすい（「きょうの彼女はちょっといらいらしている。アレかな」）と信じている。こうした信念にはほとんどなんの根拠もないことがわかっている。だが重要なのはそのことではない。こうした信念が推測の仮説となって、感情をどんなふうに思い出すかに影響をおよぼすことだ。つぎの例を考えてみてほしい。

・ある研究で、志願者に数カ月前の感情を思い出させたところ、記憶していた感情の強さは男女とも変わらなかった。べつの志願者のグループで、一カ月前の感情を思い出させる前に、性別について少し考えさせたところ、女性はより強い感情を抱いたと記憶し、男性はより弱い感情を抱いたと記憶していた。

・ある研究で、志願者の男女にチームを組ませ、べつのチームを相手にゲームをさせた。一部の志願者には、ゲームをしながら抱いた感情をすぐに報告させ、ほかの志願者には一週間後に思い出させた。志願者がすぐに報告した感情の種類に男女のちがいはなかった。しかし、一週間後に思い出させると、女性はよりステレオタイプな女性らしい感情を（共感、罪悪感など）、男性はよりステレオタイプな男性らしい感情（怒り、誇りなど）を思い出した。
・ある研究で女性の志願者に日記をつけさせ、毎日の感情の評価を四〜六週間つづけさせた。その評価によると、女性の感情は月経周期によって変化しなかった。しかし、日記を読み返させ、その日の感情を思い出させると、月経があった日の感情を、より否定的だったと記憶していた。

自分と同性の人たちがふつうはこう感じるという仮説が、実際に自分がどう感じたかという記憶に影響をおよぼしているように見える。しかし、性別は、記憶を変化させる力をもつ多くの仮説のうちの一つにすぎない。たとえば、アジア文化はヨーロッパ文化ほど個人の幸せの重要さを強調しないため、アジア系アメリカ人は、自分が全般的にヨーロッパ系アメリカ人ほど幸せではないと考えている。ある研究で、志願者に一週間どこへ行くにもハンディーコンピューターを携帯させ、コンピューターが一日のあいだに不規則な間隔で鳴らすブザーに応じて、そのときの感情を記録させた。この記録によると、アジア系アメリカ人の志願者は、ヨーロッパ系アメリカ人の志願者よりわずかに幸せだった。ところが、志願者にその一週間の感情を思い出させると、アジア系アメリカ人の志願者はより幸せどころか、それほど幸せではなかったと報告した。これと似た方法を用いたべつの研究によると、ヒスパニック系アメリカ人とヨーロッパ系アメリカ人は、一週間のあいだきわめて似かよった感情を報告したが、思い出させるとヒスパニック系アメリカ人のほうが、ヨーロッパ系アメリカ人より幸せだったと記憶していた。性別や文化など、変えることのできない人間の特性にかんするもの以外にも仮説はある。たとえば、試験で高得点をとる傾向があるのは、成績を心配している学生だろうか、心配していない学生だろうか。仮にも大学教授なので答えさせてもらうと、わたしの仮説では、成績をとても気にしている学生は熱心に勉強するため、それほどやる気のないクラスメートより高い点をとる。どうやら学生も同じ仮説を持っているらしく、研究によると、学生は試験でいい成績をとると、試験前のことを思い出したとき、実際に感じたより不安が大きかったように思い、よくない成績だと、実際より小さかったと思う。

われわれが思い出す感情は、自分がこう感じたにちがいないと信じる感情だ。この回顧の誤りを問題にするのは、これが先見の誤りを発見しにくくする可能性があるからだ。二〇〇〇年の大統領選の場合を考えてみよう。投票者は、ジョージ・ブッシュとアル・ゴアのどちらが第四三代アメリカ合衆国大統領にふさわしいかを決めるため、二〇〇〇年一一月七日に投票に行った。しかしすぐに、大変な接戦で決着がつかず、結果がでるまでに数週間かかることが明らかになった。翌日の一一月八日、研究者は一部の投票者に、最終的に結果がでて自分の投票した候補者が選ばれた場合、または選ばれなかった場合の気持ちを予測させた。一二月一三日にアル・ゴアが敗北を認めると、翌日の一二月一四日、研究者は投票者の実際の幸せをはかった。四カ月後の二〇〇一年四月、研究者はふたたび投票者に連絡をとり、一二月一四日にどう感じたか思い出させた。図22に示したとおり、この研究から三

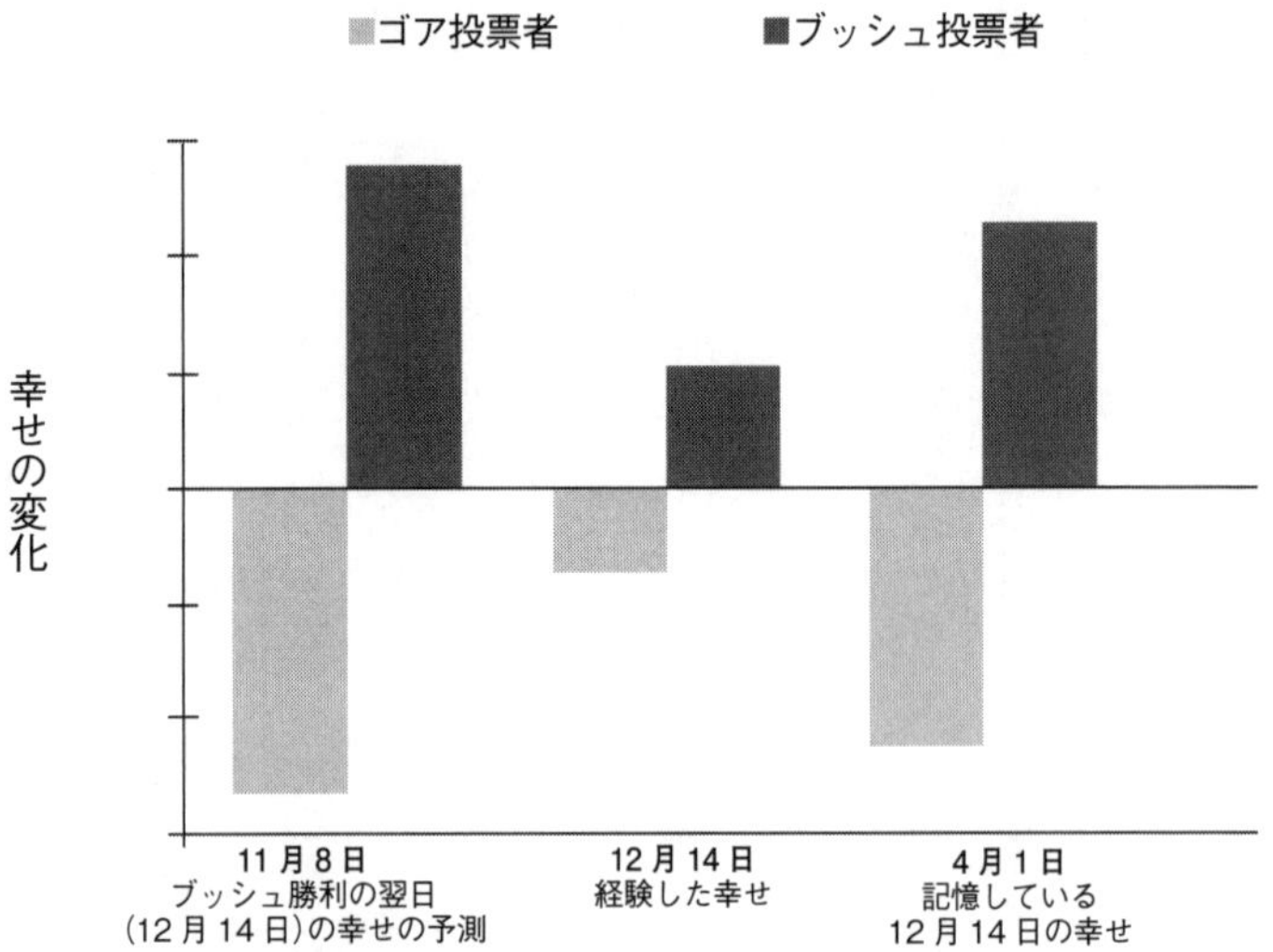

図22　2000年の大統領選挙で、支持者たちは、連邦最高裁判所の決定が発表翌日の自分の感情に強い影響を与えると予測した（左のグラフ）。数カ月後、たしかに決定が影響を与えたと記憶していた（右のグラフ）。実際には、支持者の予測や記憶にくらべると、決定が幸せに与えた影響ははるかに小さかった（中央のグラフ）。

つのことが明らかになった。

一、選挙翌日の予測では、ジョージ・ブッシュが最終的な勝者と宣言されたら、ゴア派の投票者は打ちひしがれると予測し、ブッシュ派の投票者は大喜びすると予測した。二、ジョージ・ブッシュが最終的に勝者と宣言されたとき、予測した感情にくらべると、ゴア派の投票者はそれほど打ちひしがれず、ブッシュ派の投票者はそれほど大喜びしなかった（この傾向についてはほかの章ですでに説明した）。三、ところが三番目にしてもっとも重要なのは、選挙の結果がでてから数カ月後には、両派の投票者とも、予測したとおりに感じたと記憶していて、実際に感じたようには記憶していなかった。どうやら、先見と回顧は、どちらも実際の経験を正確に反映していないのに、完全に一致する場合があるらしい。幸せをもたらすという予測（「ブッシュが勝ったら、わたしは大喜びするだろう」）につながる仮説は、たしかに幸せをもたらしたとわれわれに記憶させることで（「ブッシュが勝ったとき、わたしは大喜びした」）、陰謀の証拠を消してしまう。そのため、自分の予測がまちがっていたと気づくのはおそろしくむずかしくなる。われわれは自分の誕生日にどのくらい幸せかを過大に見積もり、月曜の朝にどのくらい幸せかを過小に見積もって、こうした日常的な誤った予測がいくら繰り返し否定されても、毎回同じように予測してしまう。自分が実際に感じたとおりに思い出せないのは、豊富な経験がありながら、いつも宝の持ちぐされになってしまう原因の一つだ。

＊

家が火事になったとき何か一つ持ちだすとしたら何かときくと、もっとも一般的な答えは（そこの飼い犬はさぞくやしがるだろうが）、「わたしのアルバム」だ。われわれはたんに思い出を大切にするだけじゃない。われわれ自身が大切な思い出なのだ。しかも、研究によると、その思い出は写真のコレクションというより、表現の自由をいかんなく発揮した画家の手になる印象派の絵画コレクションに近いことがわかっている。題材があいまいであればあるほど、画家による勝手な改変が増える。

なかでも感情の経験ほどあいまいな題材はまずない。感情的な出来事の記憶は、まれな事例や、出来事の終わり方や、かつて自分がこう感じたにちがいないという仮説に大きく影響されているため、過去から学ぶというわれわれの能力を大きく損ねてしまう。どうやら、練習すれば完璧になるというものでもないらしい。しかし、最初の排便の話を思い出してほしい。練習は、二つの学習方法のうちの一つにすぎない。練習で矯正できないなら、指導のほうを検討してみたらどうだろうか。

11　教えてもらおう

長年の経験の知恵を積まれて、賢明でなければならず、
事実賢明であられるし、賢明以外のなにものでもない。
——シェイクスピア『トロイラスとクレシダ』

アルフレッド・ヒッチコックが一九五六年にみずからリメイクした〈知りすぎていた男〉の劇中で、ドリス・デイはワルツの最終節をこんなふうに歌った。

わたしがまだ子どもで、学校に通っていたころ、
先生に尋ねたの、「将来、何を目指せばいいでしょう？
絵を描くべきかしら？　歌を歌うべきかしら？」
これが先生の知恵深い答え。

「ケ・セラ・セラ。どんなことも、なるようになるものよ。
未来はだれにもわからない。ケ・セラ・セラ」

わたしは何も作詞家にけちをつけようというのではないし、ドリス・デイにも懐かしきよき思い出しかないが、考えてみるとこれはちっとも知恵深い答えじゃない。子どもが二つの活動のうちどちらを追求すべきかと助言を求めてきたら、教師は歌の決まり文句以上のことを答えてやれるようでなければならない。そう、もちろん未来を予見するのはむずかしい。しかし、少なくともわれわれはみんな、その方向へ向かっているわけだし、いくら予見するのがむずかしいといっても、どの未来を目指し、どの未来を避けるか、なんらかの決断をしなければならない。未来を想像するとき、どうしてもまちがいを犯してしまうなら、どうやって自分のなすべきことを決めればいいのだろう。

子どもでもこの答えを知っている。先生に尋ねるのだ。言語を使う社会的な動物である利点の一つは、自分の力で何もかも明らかにしようとしなくても、他人の経験を利用できることだ。何百万年にもわたって、人類は発見する苦労を分担し、互いの発見を伝えあうことで無知を克服してきた。ピッツバーグに住むごくふつうの新聞配達の少年が、ガリレオ、アリストテレス、レオナルドなど、非常にかしこくてフルネームが必要ないような人たちより、宇宙について多くのことを知っているのはそのためだ。われわれはみんな、他人の経験という資源を惜しみなく使う。自分の知っていることをすべて書きだし、そのリストの中で人から聞いて知ったことにチェックマークをつけていくと、反復動作による障害をおこしかねない。ほとんどすべての項目が間接的に知ったことだからだ。ユーリイ・

ガガーリンは宇宙にでた最初の人類か？　クロワッサンはフランス語か？　中国人はノースダコタ人より多いか？　人の噂は七五日か？　ほとんどの人は答えを知っているが、だれも実際に宇宙船ボストークの発射を目撃したり、言語の進化をじかに監督したり、北京とノースダコタのビスマークの全人口を手で集計したり、噂について厳密に実験研究したりしたわけではない。われわれが答えを知っているのは、だれかがわれわれと分かちあってくれたからだ。コミュニケーションは一種の〝擬似観察〟で、心地よいリクライニング椅子を離れることなく世界について教えてくれる。この惑星を覆っている相互につながった六〇億の人間が一二〇億の目を持つ巨大な怪獣の姿をなし、ひと組の目が見たものは、数カ月、数日、いや数分の単位で怪獣全体に広がりうる。

われわれが経験を互いに伝達できることは、この本で扱ってきた最大の問題を解く簡単な解決策になるはずだ。ずっと見てきたように、未来の感情を想像するわれわれの能力には欠点がある――だが心配はいらない。なぜなら、弁護士と結婚したり、テキサスへ引っ越したり、カタツムリを食べたりするのがどんな感じか知りたいなら、すでに経験してそれについて喜んで語ってくれる人が大勢いるからだ。わざわざ自分で想像する必要はない。教師、隣人、同僚、連れあい、友人、恋人、子ども、おじさん、いとこ、コーチ、タクシー運転手、バーテンダー、美容師、歯医者、広告業者――どの人も、あの未来ではなくこの未来に住んだときの感じについて言うべきことを持っているし、どんなときも、われわれが予想するしかない物事をだれかが実際に経験したことがあるのはほぼまちがいない。われわれは、人に見せたり話してきかせたりする哺乳類なのだから、自分が想像しうる――そして、想像もおよばない――たいていの経験についてだれかにきけばかならずわかる。職業相談員は最適の職業を教えてくれるし、評論家は最高のレストランを、旅行会社は最高の休暇を、友人は最高の旅行会社を教えてくれる。みんなが「ディア・アビー」の一群に囲まれている。このアビーたちは、新聞で人生相談にのるかわりに自分の体験を語ることで、どの未来に求める価値があるかをわれわれに教えてくれる。

コンサルタント、人生の手本となる人、グル、指導者、おせっかい焼き、詮索《せんさく》好きな親戚がこれだけいれば、住む場所や就く職業や結婚する相手など、人生でとくに重要な選択と決断をするときに失敗することはなさそうなものだ。ところが、平均的なアメリカ人は、七回以上引っ越し、一〇回以上職を変え、二回以上結婚する。つまり、われわれのほとんどは、二、三回どころでなく、いくつもまずい選択をしていると言える。人類全体が生きた図書館で、あらゆる物事を体験したときの気持ちが所蔵されているとすれば、図書カードを持った人たちがまずい決断をいくつもするのはなぜだろう。可能性は二つしかない。一つは、われわれが受けとるたくさんの助言がまずい助言で、われわれはおろかにもそれに従ってしまう、というもの。もう一つは、われわれが受けとるたくさんの助言はいい助言なのに、われわれがおろかにもそれを拒絶してしまう、というものだ。われわれは、人の話に耳を貸しすぎるのだろうか、それとも、耳を貸す熱心さがたりないのだろうか。

超自己複製子

哲学者のバートランド・ラッセルはかつて、信じることは〝われわれのするもっとも精神的な行為〟だと主張した。そうかもしれない。だが、信じることはわれわれのするもっとも社会的な行為でもある。われわれは、自分とそっくりな顔をした人間を作るために自分の遺伝子を伝えるように、自分の心とそっくりに考える心を持った人間を作るために自分の信じる思想を伝える。だれかに何かを話すのは、たいてい、相手の脳の働き方を変えたいからだ。相手の世界の見方を変えて、相手の世界観をもっと自分の世界観に近づけようとする。高尚な主張（「神はあなたについてご計画をお持ちなのよ」）から日常的な主張（「信号のところで左に曲がって三キロ行くと、右手にダンキンドーナツが見えてきますよ」）まで、どんな言い分も、世界についての聞き手の思想を話し手の思想と調和させる意図がある。話し手の意図は成功する場合も失敗する場合もある。それでは、ある人の心からべつの人の心に思想がうまく伝わるかどうかは、何で決まるのだろう。

数ある思想のなかでも、ほかの思想よりうまく伝わるものがある理由は、遺伝子のなかにほかの遺伝子よりうまく伝わるものがあるのと同じ原理で説明できる。進化生物学によると、自己の「伝達」を促進させる遺伝子は、時間とともに集団中に占める割合が増加する。たとえば、オルガズムを快感にする複雑な神経回路を発達させる遺伝子があるとしよう。この遺伝子を持つ人は、オルガズムが……なんというか、オルガズムらしく感じる。この遺伝子がない人は、オルガズムがくしゃみか何かのように感じる。つかのまの騒々しい体の痙攣で、快楽の点ではあまり得にならない感覚だ。もし、この遺伝子を持つ健康で繁殖力のある五〇人の人と、この遺伝子を持たない健康で繁殖力のある五〇人の人を住みやすい惑星に残し、一〇〇万年ほどしてから見にいったとすると、何千人か何百万人かわからないが人間がいて、ほぼ全員がこの遺伝子を持っているのを発見するだろう。なぜか？　オルガズムを快感にする遺伝子は、世代から世代へと伝達されやすいと考えられるからだ。オルガズムを楽しむ人はその遺伝子を伝えるべく行動したがるだろう。これは論理の堂々めぐりで、抜けだすのは不可能に近い。ようするに、われわれに遺伝子を伝える行為をさせる遺伝子が伝達されやすい。また、ガンや心臓病にかかりやすくする遺伝子など、よくない遺伝子も、自己の伝達手段を促進させて、病気になりやすいなどの損失を埋め合わせることができれば、超自己複製子になりうる。たとえば、オルガズムをいい気持ちにする遺伝子が、同時に、われわれを関節炎と虫歯になりやすくするとしても、その遺伝子が集団中に占める割合は増加するかもしれない。関節炎で歯のない、オルガズムを愛する人が子どもをもうける可能性は、体がしなやかで歯のある、オルガズムを好きでない人より高いからだ。

思想の伝達も同じ論理で説明できる。ある思想（一種の情報）に自己の伝達を促す性質があれば、その思想を持つ心の数は増加する。情報の伝達成功率を高めるような性質は複数あることがわかっている。もっともわかりやすいのは正確さだ。繁華街での駐車スペースの見つけ方や高地でのケーキの焼き方をだれかに教われば、われわれはその情報を受けいれて、ほかの人に伝える。この情報は、わたしや友人がしたいこと（この場合、駐車やケーキ作りなど）をする助けになるからだ。ある哲学者はこう記している。〝コミュニケーションの能力は、だいたいにおいて真なる信念を伝達する能力でなければ、進化の足がかりを得られなかっただろう〟。正確な情報は人に力を与える。そう考えると、正確な情報が心から心へと、ただちに伝達される理由も理解しやすい。

不正確な情報が心から心へとただちに伝達される理由を理解するのはもう少しむずかしい。だが、不正確な情報は伝達される。よくない遺伝子と同じように、偽の情報は超自己複製子になりうるし、実際になることがある。なぜそれが可能なのか、仮想の実験を使って説明しよう。二チームでするゲームを思い浮かべてもらいたい。各チームには一〇〇〇人のプレイヤーがいて、チームメンバー全員がそれぞれ電話でつながっている。ゲームの目的は、チーム全体ができるだけ多くの正確な情報を共有することだ。プレイヤーは、正確だと思うメッセージを受けとったら、チームメンバーに電話してそのメッセージを伝える。不正確だと思うメッセージを受けとったら電話しない。ゲームの終わりに審判が笛を吹き、チーム全体が共有した正確な情報には一つにつき一点加算し、チーム全体が共有した不正確な情報は一つにつき一点減点する。さて、ある晴れた日に、完全チーム（メンバーがいつも正確な情報を伝達する）と不完全チーム（メンバーがときどき不正確な情報を伝達する）の対抗戦をしたとしよう。完全チームが勝つはずだ。でしょ？

　かならずしも、そうとはかぎらない。ある特殊な状況下で、不完全チームが大勝利を収める可能性がある。たとえば、不完全チームのひとりが、〝電話で夜となく昼となく話していると、最後にはとても幸せな気分になる〟という偽のメッセージを送ったらどうなるだろう。不完全チームのほかのメンバーがだまされやすくて、このメッセージを信じて伝達したとしたら？　このメッセージは不正確なので、不完全チームは一点減点されることになる。しかし、これに埋め合わせ効果があって、おかげでもっと多くのメンバーが、もっと電話をかけてもっと長く話すようになり、伝達される正確なメッセージの総数が増えるかもしれない。条件さえそろえば、この不正確な情報の損失は、利益によって補われる。具体的に言うと、プレイヤーのとる行動パターンが変わって、ほかの正確な情報も共有する見込みが増すことになる。この情報伝達ゲームから学ぶべき教訓は、情報がなんらかの方法で自己の「伝達」を助長すれば、不正確でも広くいきわたる場合があることだ。ここでの伝達手段はセックスではなくコミュニケーションで、つまり、どんな情報でも――たとえ偽の情報でも――コミュニケーションを増やすものなら、何度も繰り返し伝達される可能性が高い。社会の安定を助長するような偽の思想がはびこりがちなのは、そうした思想を持つ人たちが安定した社会に生きているからで、安定した社会は偽の思想がはびこる手段を提供する。

幸せにかんする文化的な知恵の中には、超自己複製の偽の信念ではないかと疑いたくなるものもある。たとえば、お金。何かを売ろうとしたことがあるなら、たぶん、あなたはできるだけ高く売ろうとし、相手はできるだけ安く買おうとしただろう。この売買の当事者はみんな、最後に手元に残るお金が少ないより多いほうが幸せだと思いこんでいる。この思いこみが経済行動の根本原理だ。だが、これを立証する科学的な事実は、あなたが思うほど多くない。経済学者や心理学者は、何十年にもわたって富と幸せの関係を研究している。富が人間の幸せを強めるのは、赤貧《せきひん》から抜けだして中産階級になる場合だけで、それ以上はほとんど幸せを強めないという説が一般的だ。アメリカ人の場合、年収五万ドルの人は年収一万ドルの人よりずっと幸せだが、年収五〇〇万ドルの人は年収一〇万ドルの人よりずっと幸せというわけじゃない。貧しい国の人びとにくらべると、ある程度豊かな国の人びとはずっと幸せだが、ある程度豊かな国の人々にくらべて、非常に豊かな国の人びとがずっと幸せかというとそうじゃない。経済学者は、富に「限界効用逓減」があると説明するが、これは、空腹、寒さ、病気、疲労、恐怖の状態にあるのはつらいが、その苦しみから抜けだしさえすれば、それ以上のお金は増えるだけで意味のない紙の山でしかない、ということを少しおしゃれに言っているにすぎない。

ならば、自分が使いきれるだけのお金を稼いだら、あとは仕事をやめて楽しむだけだ。でしょ？

いいや、はずれ。豊かな国の人びとは、たいてい、長時間まじめに働いて、これ以上お金が増えても喜びを引きだせないという限界以上に稼ごうとする。われわれはこの事実をもっと不思議がるべきだ。なにしろ、ゴールに安物チーズをおくだけで迷路を走り抜ける意欲を起こすラットでさえ、いったん満腹になれば、最高級のスティルトンチーズを使っても動こうとしないのだ。われわれ自身、パンケーキをたっぷり食べたら、それ以上のパンケーキはもう食べがいがないため、調達や消費の努力をやめる。だが、どうやら、お金についてはちがうらしい。近代経済学の父、アダム・スミスが一七七六年に書いたように、〝食べ物への欲求は、人間の胃袋の容量が小さいせいで、どの人でもかぎられている。しかし、住宅、衣服、馬車、家具などの便利な品や装飾品への欲求は、なんの限界も、はっきりした境界もないようだ〟。食べ物もお金も、いったん十分になるとそれ以上の喜びを与えてくれなくなるなら、なぜわれわれは、腹に詰めこむのはやめるのに、ポケットには際限なく詰めこみつづけるのだろう。アダム・スミスは答えを用意していた。スミスはまず、ほとんどの人がいちおう怪しいと感じていること、つまり、富の生産がかならずしも個人の幸せの源泉になるわけではない、ということに同意する。

人生の真の幸せをなすものにかんして、〔貧しい人びと〕は、はるか上にいるように見える人びとにいかなる点でも劣らない。肉体の快適さと心の平和にかんしては、さまざまな生活上の地位にいる者もほとんど同じ条件にあり、公道の端で日に当たっている乞食《こじき》は心身の安らぎを得ているが、国王たちはそれを求めて戦っている。

結構な話だが、これが真実なら、われわれはみんな大変なことになる。金持ちの国王が貧乏な乞食より幸せじゃないなら、乞食が道端で日向ぼっこするのをやめて、金持ちの国王になるために働く必要があるだろうか。だれも金持ちになりたがらないと、われわれは重大な経済問題を抱えることになる。経済の繁栄のためには、人びとが互いに商品やサービスを調達して消費しつづける必要があるからだ。市場経済のためには、人びとが飽くことのない物欲を持っていなければならず、もしだれもが自分の持っているもので満足してしまうと、経済はゆっくりと停止する。しかし、これは重大な経済問題ではあっても、重大な個人の問題ではない。連邦準備銀行の議長なら、毎朝目を覚ましたときから経済の望みをかなえるぞという意欲にあふれているかもしれないが、ほとんどの人は、目覚めたときから自分の望みをかなえるぞと心に決めている。つまり、活気あふれる経済の根本的な要求と、幸せな個人の根本的な要求は同じとはかぎらない。ならば、人がやる気を起こして日々まじめに働き、自分自身の要求ではなく、経済の要求を満足させることにいそしむのはなぜだろう。多くの思想家と同じく、スミスも人がただ一つのこと――幸せ――を求めていると考えた。だから、みんなをだまして、富の生産が自分を幸せにすると信じこませないかぎり、経済の繁栄と成長は望めない。人はこの偽の思想を抱いてはじめて、経済を支えるのに十分な生産、調達、消費をおこなう。

富と名声の喜びは〔中略〕壮大で美しく高貴なものとして想像される。富を得るためなら、どんな勤労や心労も喜んで引きうける価値がある。〔中略〕この欺瞞《ぎまん》こそ、産業を刺激して絶えまなく動かしつづけるものだ。人間はこの欺瞞に駆りたてられて、土地を耕し、家を建て、都市や国家を建設し、生活を高めたり彩ったりする、あらゆる科学と技術を発明し発展させた。地球の表面を完全に変化させ、自然のままの荒々しい森を気持ちのよい肥沃な平地に変え、人跡未踏の不毛の海を新しい生活の糧、そして、地球上のさまざまな国へ通じるりっぱな交通路に作りかえた。

ようするに、富の生産はかならずしも個人を幸せにするとはかぎらないが、経済の必要を満たしていて、その経済は安定した社会の必要を満たし、その安定した社会は幸せと富についての欺瞞的な思想を広めるネットワークとして働く。個人が努力すると経済は繁栄するが、個人は自己の幸せのためにしか努力しないため、生産と消費が個人の幸福への道だと人が誤って信じこむことが不可欠だ。「欺瞞的」ということばは、黒いスーツの男たちが画策した暗い陰謀か何かのような印象を受けるかもしれないが、情報伝達ゲームで学んだ教訓のように、偽の思想が広がるのに、罪のない大衆に大がかりな詐欺を働こうとする人間は必要ない。教化とプロパガンダの巧みなプログラムでわれわれみんなをだまして、お金で愛が買える《マネー・キャン・バイ・アス・ラヴ》と信じこませる陰謀団も星室庁も黒幕もいない。そうではなく、この偽の思想自体が超自己複製子なのだ。いったん心に抱くと、この思想を永続させる、まさにその行為をしてしまう。

さっきの情報伝言ゲームは、われわれが幸せについて真実でないことを信じてしまう理由を説明してくれる。お金の喜びはその一例だ。子どもの喜びも一例だが、こちらは、ほとんどの人がお金よりもっと身につまされるだろう。どの人類の文化も、子どもを持つと幸せになるとメンバーに話す。自分の子どものこれからについて考えると――未来の子どもを想像する場合も、現在の子どものことを思う場合も――人は、のどを鳴らして、にこにこしながらベビーベッドからこっちを見ている赤ん坊や、大きなお尻で手脚をばたばたさせながら芝生を駆けてくるかわいい幼児、学校のマーチングバンドでトランペットやチューバを演奏しているハンサムな男の子やきれいな女の子、優秀な大学生、すばらしい結婚式、りっぱな仕事、そして、その愛情をお菓子で勝ちとれる完璧な孫のイメージを心に描きがちだ。先を見越す親なら、オムツを取りかえたり、宿題を手伝わされたり、子どものかかりつけの歯科矯正医が自分たちが支払った膨大な治療費でカリブ海のアルバ島に遊びにいくことを知っているが、全般的に見て、みんな親であることをとても幸せに思っている。ほとんどの人がやがて親になるのもそのためだ。親がこれまでの子育てを振り返って思い出す感情は、未来をイメージした親たちが予測した感情と同じだ。子どものことを考えてこうした楽しい思いに浸らない親はほとんどいない。わたしには二九歳の息子がいる。息子が人生の喜びを与えてくれる特別大きな泉であり、これまでもずっとそうだったと、わたしは心から確信している。ただし最近は、二歳の孫娘がこれをしのいでいる。かわいらしさは息子と変わらないが、孫娘のほうはまだ、身内だと思われないように後ろを歩いてくれと頼んだりしてこないからだ。人は、あなたの喜びの源は何かと問われると、わたしと同

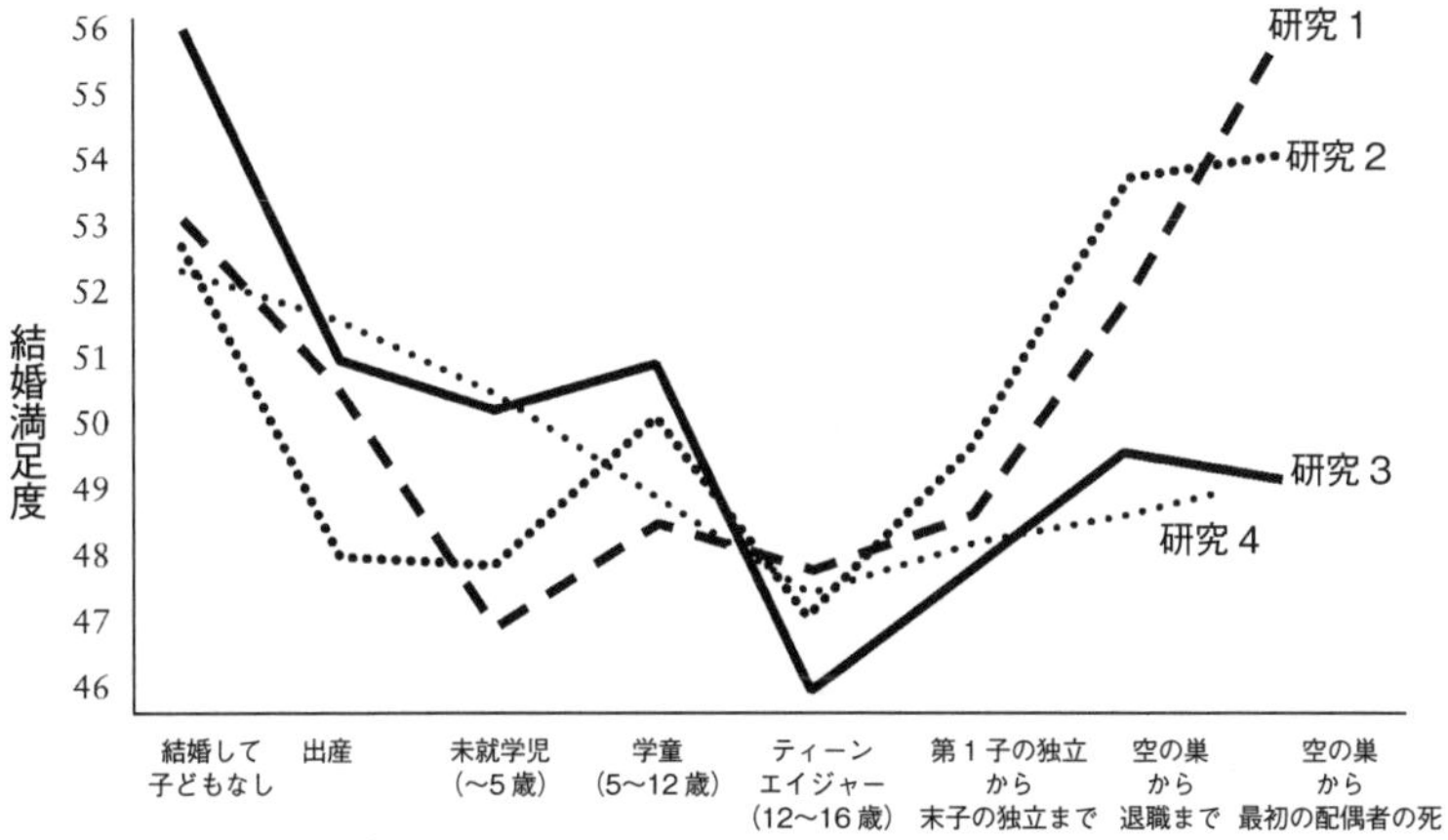

図23　グラフに示した４つの研究から、結婚の満足度が第１子の誕生後に急激にさがり、末子が独立して家を出てからようやく増加しはじめるのがわかる。

じように自分の子どもを指さす。

ところが、子どもを持つ人の実際の満足度を測定すると、まったくべつの物語が浮かびあがる。図23からわかるように、カップルはまずまず幸せな結婚生活をはじめ、いっしょに生活するにしたがって満足感が薄れていき、最初の満足のレベルにもどりはじめるのは子どもが自立してからだ。新聞で読むのとは裏腹に、「空の巣症候群」の症状は微笑みの増加だけだ。興味深いことに、一生にわたるこの満足度のパターンは、男性より女性（一般的に、一番子どもの世話をする人）によくあてはまる。女性が日常生活においてどう感じているかを丹念に調べた研究によると、子どもの世話をしているときより、食事、運動、買い物、テレビ視聴、昼寝をしているときのほうが幸せなことがわかっている。それどころか、子どもの世話をするのは、家事をするよりわずかに幸せな程度だった。

どれも驚くにはあたらない。どの親も、子どもは手がかかる——とにかくひたすら手がかかるものだと知っているし、子育てにはやりがいを感じる瞬間もあるけれど、ほとんどがつまらない無償の奉仕の連続で、相手は数十年してようやく手が離れても、こちらの献身にしぶしぶ感謝する程度だとわかっている。子育てがこれほどむずかしい仕事なら、なぜわれわれはこれほど楽観視するのだろう。

理由の一つは、われわれが一日中電話で話している社会の先達たち——母さん、おじさん、ジムの個人トレーナー——が、真実だと信じている考えを伝えてくるからだ。それがうまく伝達されているからといって正確とはかぎらない。「子どもが幸せをもたらす」は超自己複製子だ。われわれが加わっている思想伝達ネットワークは、伝達をする人間を絶えまなく補給しなければ機能しない。そのため、子どもが幸せの源だという思想は、逆の思想が広がるとその社会の結び目がほどけてしまうという理由だけで、文化的な知恵の一部になった。

実際に、子どもが苦悩と失望をもたらすと信じ、子どもをもうけるのをやめた人びとは、思想伝達ネットワークがほぼ五〇年間使えない状態になり、自分たちを終焉に導いた。シェーカーは一八〇〇年代にはじまったユートピア的な農業共同体で、一時期六〇〇〇人ほどの人間がいた。子どもは是認したが、子どもを作る自然の行為を認めなかった。禁欲の重要性についての厳格な思想が原因で、長年のあいだにネットワークが収縮し、今日では数人の年老いたシェーカーが残るのみとなって、自分たちの終末の思想を仲間うちだけで伝達している。

思想の伝達ネットワークは人為的に操作されていて、われわれはその思想が真実かどうかにかかわりなく、子どもとお金が幸せをもたらすと信じるよう仕向けられている。だからといって、今すぐ仕事を辞め、家族を捨てるべきだというのではない。これが意味するのは、われわれはもっと幸せになるために子どもを育てたり給料をもらったりしていると信じているが、ほんとうは、われわれの理解のおよばない理由のためにやっている、ということだ。われわれは、自己の論理で発生したり消えたりする社会ネットワークの連結点《ノード》であり、そのせいで、せっせと働きつづけ、つがいつづけ、欺瞞を真《ま》に受けて楽しみにしていた喜びを経験できずに驚きつづける。

唯一の解決法

友人たちによると、わたしは問題点を指摘して解決法を示さない傾向があるそうだが、そういう友人たちも、だったらどうすればいいのかを教えてくれたためしがない。ここまでつづけざまに、想像がいかに未来の感情について正確な予測をしそこねるかを説明してきた。われわれが未来を想像するとき、穴埋めや放置をすること、さらに、未来にたどりついたとき、今とどれだけちがう考え方をしているかをほとんど考慮していないことを指摘した。主観的な経験も文化的な知恵も想像の欠点を補えないことも指摘した。あなたは、人間の心の弱点、先入観、誤り、勘ちがいにたっぷり浸されたせいで、いったい人間は膝をバターで汚すことなく、トーストを焼けるものだろうかといぶかっているかもしれない。もしそうなら、これで元気がでるだろうか。未来にどう感じるかを驚くほど正確に予測できる単純な方法が一つある。ああでも、これで元気がなくなってしまうかもしれない。ふつうは、だれもその方法を使いたがらないのだ。

そもそも、われわれはなぜ想像に頼るのだろう。想像は哀れな人間のワームホールでしかない。われわれはほんとうにやりたいと思っていること――タイムトラベルをして未来の自分に会ってどれだけ幸せかたしかめること――ができないので、実際にそこへ行くかわりに未来を想像する。しかし、時間次元の旅は無理だとしても、空間次元の旅は可能だ。自分が想像するしかない未来の出来事をたった今実際に経験している人間が、三次元のどこかに存在する可能性は高い。シンシナティへの引っ越しや、モーテル管理の仕事や、ルバーブパイもう一切れや、不倫について検討した最初の人間が自分ということはありえないし、ほとんどの場合、すでに経験した人たちは喜んで体験談を聞かせてくれる。たしかに、過去の経験について話すときは（「あの冷水はそんなに冷たくなかったよ」、「娘の世話をするのってほんとうに楽しいんだから」）、記憶の微罪のせいで証言があてにならないかもしれない。しかし、今している経験について話すときは（「今どう感じるかだって？ この凍りそうなバケツから今すぐ手を出して、かわりにこのやり場のないティーンエイジャーの頭でも突っこみたいよ」）、主観的な心の状態についての信頼できる報告をする。その信頼性は、幸せを測定するほかの方法の基準になるほど高いものだ。人は尋ねられたその瞬間にどう感じているかなら正確に答えられると（わたしのように）信じるなら、自分自身の未来の感情を予測する一つの方法は、自分が予測している出来事を今まさに経験している人を探して、どんな気持ちか尋ねることだ。自分の過去の経験を思い出して未来の経験をシミュレーションするかわりに、ほかの人に心の状態を中から眺めてもらう。

思い出したり想像したりするのを完全にあきらめて、ほかの人を未来の自分の代理人にしたらどうだろう。

この考えは単純すぎるように聞こえるし、あなたはたぶん異論があるだろう。たとえばこうだ。「たしかに、わたしが想像している出来事を、たった今だれかが経験しているかもしれませんけど、ほかの人の経験をかわりには使えませんよ。だって、ほかの人はわたしじゃないんですから。人間は、それぞれ指紋がちがうように、ひとりひとり独特です。わたしが直面している状況でほかの人がどう感じたかを参考にしても、ほとんど役にたたないと思います。ほかの人というのがわたしのクローンで、わたしとまったく同じ経験をしてきたのでないかぎり、その人とわたしの反応はちがうにきまってますから。それにわたし、歩く特異体質なんです。行動も好みも感情の傾向もまったくわたしとちがう人の報告より、ちょっと気まぐれな自分の想像をもとにして、自分の予測をするほうがいいんです」これがあなたの反論なら、いいところをついている。とてもいい反論なので、論破するのに二段階必要だ。まずは、あなたの想像より、無作為に選んだたったひとりの経験のほうが、あなたの未来の出来事を予測するのにふさわしい基準になる場合があることを証明する。そのあと、あなたが——そして、わたしも——これをなかなか信じられない理由を説明する。

なぜこの方法か

想像には三つの欠点がある。もしなんのことかわからないなら、あなたはこの本を終わりから読んでいるにちがいない。もしなんの話かわかるなら、これも知っているだろう。想像の一つめの欠点は、われわれに断りもなく、穴埋めや放置をしがちだということだ（実在論の部で検討した）。未来の出来事のあらゆる特徴や成りゆきを想像できる人はいないため、われわれは一部を検討し、ほかの部分は検討しない。問題は、検討しなかった特徴や成りゆきが重要な場合が少なくないことだ。学生が自分の大学のフットボールチームと最大のライバル校のチームとの試合の数日後にどんな気持ちになっているか事前に想像した研究を覚えているだろうか。学生は試合による感情の衝撃がつづく期間を過大に見積もった。未来の経験を想像しようとしたとき、チームが勝つことは想像したが（「時計の針が0を指して、みんなフィールドに流れこみ、大喜びする……」）、その後に何をするか想像しなかったからだ（「そのあとは、家に帰って期末試験の勉強をするだろうな」）。学生は試合にばかり焦点を合わせて、試合のあとに起きる出来事がいかに幸せに影響をおよぼすかまでは想像しなかった。では、かわりにどうすればよかったのか。

学生は想像を完全にやめるべきだった。人を同じような苦境に立たせ、想像を捨てさせた研究を見てみよう。この研究では、最初の志願者のグループに、まずおいしい褒美——地元のアイスクリーム屋のギフト券——をわたし、その後、コンピューター画面に現れる幾何学図形を数えて記録するという長く退屈な課題をさせて、最後に今の感情を報告させた（報告群）。今度は、べつの志願者のグループに褒美が何かを伝え、想像力を使って自分の未来の感情を予測させた（疑似体験群）。またべつの志願者のグループには褒美が何かは伝えず、報告群の報告から無作為に選んだものを見せた（代理体験群）。代理体験群は褒美が何か知らないため、未来の感情を予測するのに想像は使えなかったは

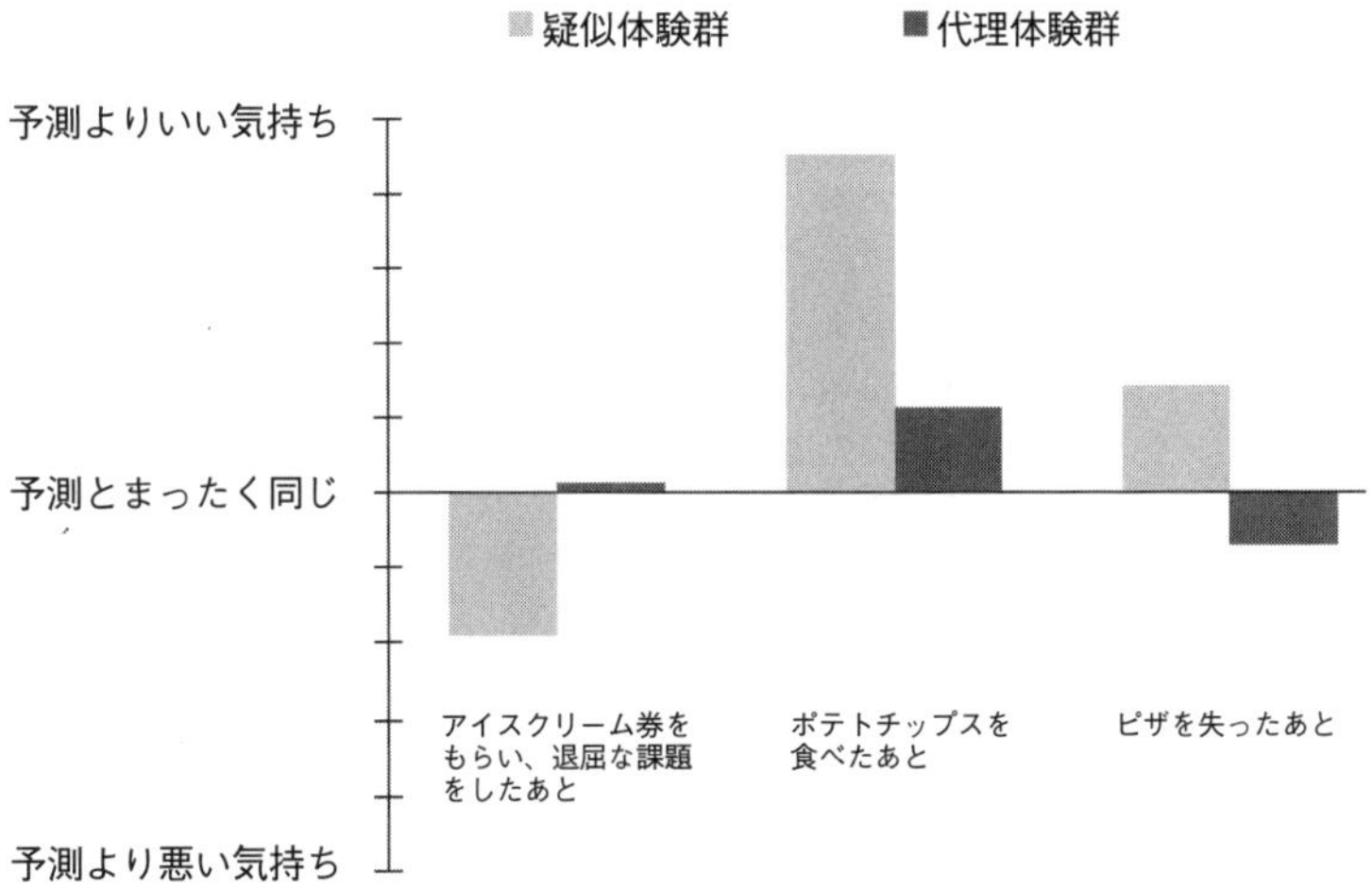

図24　志願者は、同じ状況で他人がどう感じたか知ったほうが（代理体験群）、自分自身がどう感じるか想像しようとするより（疑似体験群）未来の感情について正確に予測した。

ずだ。かわりに、報告群の報告だけを頼りにせざるをえなかった。すべての志願者が予測し終えたところで、褒美を渡し、長く退屈な課題をやらせ、実際の感情を報告させた。図24の左端のグラフからわかるように、疑似体験群は予測していたほど幸せではなかった。なぜか？　疑似体験群は、ギフト券を受けとった喜びがその後の長く退屈な課題によっていかに早く消えていくか想像しなかったからだ。これは大学生のフットボールファンが犯したのとまったく同じ誤りだ。今度は代理体験群の結果を見てもらいたい。図からわかるように、代理体験群は未来の幸せをきわめて正確に予測した。代理体験群は受けとる褒美がどんなものか知らなかったが、だれかその褒美を受けとった人が退屈な課題のあとに、天にものぼるとは言えない気持ちだったことを知った。それで肩をすくめて、自分も退屈な課題のあとには、天にものぼるとは言えない気持ちになっているだろうと推論し、それが正しかった。

想像の二つめの欠点は、現在を未来に投影しがちなことだ（現在主義の部で検討した）。想像が未来の絵を描くとき、多くの細部はどうしても欠けている。想像はこの問題を解決するために、現在から借りた細部で隙間を埋める。空腹で買い物に行ったり、タバコを押しつぶした直後に禁煙の誓いをたてたり、短い寄港中に結婚を申しこんだりしたことがあるなら、今どう感じているかが、未来の感情の予測に誤った影響をおよぼすことを知っているだろう。代理人ならこの欠点も矯正できることがわかっている。ある研究で、志願者にポテトチップスを少し食べさせ、どのくらい楽しんだかを報告させた（報告群）。つぎに、べつの志願者のグループには、プレッツェル、ピーナツバターチーズクラッカー、トルティーヤチップス、スティックパン、メルバトーストを食べさせ、想像がつくかもしれないが、満腹で、塩気のある食べ物はもうほしくないという状態にさせた。その後、この満腹の志願者に、翌日ある食べ物を食べたらどれくらい楽しめるかを予測させた。一部の満腹な志願者には、翌日食べるのがポテトチップスだと伝えて、想像力を使って食べたあとどう感じるか予測させた（疑似体験群）。ほかの満腹の志願者には、翌日の食べ物が何かは伝えず、かわりに報告群の報告から無作為に選んだものを見せた（代理体験群）。代理体験群は翌日の食べ物がなんなのか知らないため、未来の楽しみを予測するのに想像は使えず、報告群の報告だけを頼りにせざるをえなかった。すべての志願者が予測し終えたところで解散とし、翌日また来てもらって、ポテトチップスを少し食べさせ、どのくらい楽しんだかを報告させた。図24の中央のグラフからわかるように、疑似体験群は、予測していたよりポテトチップスを楽しんで食べた。なぜか？　疑似体験群は、プレッツェルやクラッカーで腹がいっぱいのときに予測をしたからだ。しかし、同じように満腹の状態で予測をした代理体験群は、満腹ではないだれかの報告を頼りにしたため、もっと正確に予測できた。注目すべき点は、代理体験群はどんな食べ物を食べるか知らないのに、未来の食べ物の喜びを正確に予測したことだ。

想像の三つめの欠点は、物事がいったん起こると、思っていたのとちがって見えるようになるのに、前もってそれに気づかないことだ。とくに、それが悪いことだと、はるかにいいことに思えてくる（合理化の部で検討した）。たとえば、職を失うことを想像すると、苦痛が思い浮かぶ（「上司がわたしのオフィスにやって来て、中に入ってドアを閉じる……」）が、心理的免疫システムが出来事の意味をいかに変化させるかまでは想像しない（「これこそ小売り業をやめて天職である彫刻家になるいいチャンスだと気づくだろう」）。代理人はこの欠点も矯正できるだろうか。それを解明するべく、研究者は不快な経験をしてもらうために人を集めた。最初の志願者のグループには、研究者が硬貨を投げあげて、表がでたら地元のピザ店のギフト券をプレゼントすると伝えた。硬貨を投げあげると――ああ、残念――裏がでて、志願者は何も受けとらなかった。その後、志願者にどう感じるかを報告させた（報告群）。つぎに、べつの志願者のグループに硬貨投げあげゲームのことを話し、裏がでてピザのギフト券がもらえなかったらどう感じるか予測させた。一部の志願者にはギフト券がいくら相当かを正確に伝え（疑似体験群）、ほかの志願者にはかわりに報告群の報告から無作為に選んだものを見せた（代理体験群）。志願者が予測し終えたところで、硬貨を投げあげると――ああ、残念――裏がでて、そのあと志願者は実際の気持ちを報告した。図24の右端のグラフからわかるように、疑似体験群は、硬貨を投げて負けたとき感じるだろうと予想していたよりましな気分だった。なぜか？ 疑似体験群は、自分がいかに簡単にすばやくその負けを合理化するか気づかなかったからだ（「ピザは太りやすいし、どうせあのレストランも好きじゃないからいいや」）。しかし今回も、無作為に選ばれた個人の報告以外に頼るもののなかった代理体験群は、ピザを失ってもそれほど苦痛ではないと推論し、もっと正確な予測をすることができた。

なぜ結局だれも実行しないのか

この三つの研究は、想像するのに必要な情報を奪われ、他者を代理人として立てざるをえなくなると、未来の感情について驚くほど正確な予測ができることを示している。ここから、自分のあすの感情を予測する最良の方法は、ほかの人がきょう、どう感じているか見ることだとわかる。この単純な方法の鮮やかな力を知れば、だれもが努めてこの方法を使うと考えていいはずだ。ところがそうではない。べつの新しい志願者グループに、さっきわたしが説明した三つの状況——褒美をもらう、謎の食べ物を食べる、ギフト券をもらいそこねる——について話し、未来の感情を予測する材料として、（A）褒美、食べ物、ギフト券についての情報と、（B）無作為に選ばれた人がもらったり食べたり失ったりしたときどう感じたかについての情報のどちらが欲しいか尋ねたところ、ほぼ全員が（A）を選んだ。研究結果を見ていなければ、あなたもたぶん同じ選択をしただろう。もし、レストランでの食事をどれくらい楽しむか正確に予測できたら、その日の夕食代をおごるとわたしが提案したら、あなたは、レストランのメニューと、無作為に選ばれた人の食事の感想のどちらを見たがるだろうか。あなたがほとんどの人と同じなら、メニューを見るほうを選ぶだろうし、ほとんどの人と同じなら、夕食代は自分で払うことになるだろう。なぜか？

あなたがほとんどの人と同じなら、ほとんどの人と同じように、自分がほとんどの人と同じだということがわからないからだ。科学は平均的な人について、たくさんの事実を明らかにしてきた。なかでもとくに信頼できるのが、平均的な人は自分自身を平均的だと思っていないという事実だ。ほとんどの学生が自分は平均的な学生より頭がいいと思っているし、ほとんどの営業部長が自分は平均的な営業部長より能力があると思っているし、ほとんどのフットボール選手が自分はチームメイトよりフットボールのセンスがあると思っている。自家用車を運転する人の九〇パーセントが自分を平均より安全なドライバーだと思っているし、大学教授の九四パーセントが自分を平均より優れた教師だと思っている。皮肉なことに、自分を平均以上だと考える偏見は、自分を平均より偏見の少ない人間だと考える原因にもなる。ある研究チームはこう結論づけた。〝われわれはたいてい、自分が平均的な人より運動ができ、頭がよく、きちょうめんで、道徳的で、論理的で、おもしろくて、公正で、健康で、（もちろん言うまでもなく）魅力的だと思っているようだ〟。

自分を他人にまさるものと考える傾向は、とめどないナルシシズムの現れとはかぎらず、もっと大きな、自分を他者とちがうもの――まさるものの場合が多いが、劣るものの場合もある――ととらえる傾向の一例かもしれない。人は寛大さについて尋ねられると、ほかの人より数多く寛大な行為をしていると主張する。ところが、身勝手さについて尋ねられても、ほかの人より数多く身勝手な行為を

している と主張する。車を運転することや自転車に乗ることといった簡単な課題をこなす能力についてきかれると、自分がほかの人よりすぐれていると評価する。ところが、ジャグリングやチェスといったむずかしい課題をこなす能力についてきかれると、ほかの人より劣っていると評価する。いつも自分が優秀と考えるわけではないが、ほとんどいつも、自分が独特だと考える。ほかの人とまったく同じことをする場合でさえ、自分は独自の理由からそれをするのだと考える。たとえば、われわれは、ほかの人の選択がその人の性質からくるものだと考えがちだが（「フィルがこの講義をとったのは、文学肌の人間だからだ」）、自分の選択は選択肢の性質に原因があると考える（「でもぼくは、経済学より簡単だからとったんだ」）。われわれは、自分の決断が社会規範に影響されることには気づくが（「ぜんぜんわからないところがあったけど、クラスで手をあげるなんて恥かしくてできなかった」）、他者の決断も同じように影響されていることには気づかない（「だれも手をあげなかったのは、わたしみたいに頭が混乱してわからなくなった人なんか、いなかったからだ」）。われわれは、自分の選択が嫌悪を反映している場合があると知っているが（「わたしがケリーに投票したのは、ブッシュにがまんできなかったからだ」）、他者の選択はその人の好みを反映していると思いこむ（「レベッカがケリーに投票したのなら、ケリーのことを好きだったにちがいない」）。こうしたちがいのリストは長いが、そこから引きだせる結論は短い。われわれは自分を特別な人間だと考える。

なぜ自分をそんなに特別だと思うのだろう。理由は少なくとも三つある。一つは、われわれ自身が特別でないとしても、われわれが自分を知っている方法が特別だということだ。「わたし」は世界でただひとり、わたしが内側から知っている人間だ。われわれは自分の思考や感情を経験するが、他人については、思考や感情を経験しているだろうと推論するしかない。われわれはみんな、友人や隣人がそれぞれの目の奥や頭蓋骨の中で、われわれの経験によく似た主観的な経験をしていると信じているが、この考えは個人的な確信でしかなく、われわれ自身の主観的な経験とちがって、実体のある自明の真実ではない。愛しあうことと、それについて読むことにはちがいがあるが、自分の精神生活について知ることと、自分以外の人の精神生活について知ることにもこれと同じちがいがある。自分自身を知る方法と他者を知る方法がこんなにちがうため、集まる情報の種類と量にも大きなちがいがでる。われわれは目覚めているあいだずっと、ひっきりなしに頭をよぎる考えや感情の流れをモニターしているが、他人についてはその人の言動をモニターするしかなく、しかもその人がそばにいるときにかぎられる。つまり、自分を特別だと思う理由の一つは、特別な方法で自分自身のことを知っているからだ。

二つめの理由は、自分を特別だと考えることの楽しさだ。われわれはたいてい、仲間に溶けこみたいと思っているが、溶けこみすぎることは望まない。だれもが自己の独自性を重んじる。研究によると、人は自分が他人に似すぎていると感じるとたちまち不機嫌になり、さまざまな方法で距離を置いたり自分を目立たせたりしようとする。パーティに出て、だれかが自分とまったく同じドレスやネクタイを身につけていたという経験があれば、あなたの個性の感覚を一時的に減少させるありがたくないそっくりさんと同じ部屋にいるのが、いかに落ち着かないかわかるだろう。独自性を重んじるわれわれに、それを過大に見積もる傾向があっても不思議はない。

自己の独自性を過大に見積もる三つめの理由は、われわれがあらゆる人の独自性を過大に見積もる傾向を持っているからだ。つまり、われわれは、個人によるちがいが実際より大きいと考えがちだ。現実を直視しよう。すべての人は似ている部分もちがっている部分もある。人間行動の普遍的法則を探している心理学者や生物学者や経済学者や社会学者は類似点に関心があっても、そのほかのわれわれのおもな関心事は「ちがい」だ。社会生活では、セックスのパートナーや、仕事のパートナーや、ボーリングのパートナーなど、特定の個人を選ぶ必要がでてくる。そのためには、すべての人に共通するものではなく、ある人をべつの人と区別するものに注目しなければならない。個人広告で広告主がバレエ好きだと書くことはあっても、酸素が好きだとはまず書かないのもそのためだ。呼吸することへの強い好みは、人間行動にかんする多くのこと――人間がなぜ陸地に住んでいるか、なぜ高いところで気分が悪くなるか、なぜ肺を持っているか、なぜ窒息を避けるか、なぜ木を愛するかなど――を説明してくれる。だれかのバレエ好きより多くのことを説明できるのはまちがいない。しかし、個人個人を区別するのにはなんの役にも立たないため、ごくふつうに交際や会話や性交の相手選びをするごくふつうの人にとって、空気が好きなことはまったく意味をなさない。個々の類似点はあまたあるが、われわれがこの地上ですべきこと――ジャックをジルと区別し、ジルをジェニファーと区別すること――に役立たないため、だれもほとんど気にしない。そんなわけで、個々の類似点は、数少ないささやかな個々の相違点をくっきりと浮かびあがらせるための、目立たない背景にされる。

われわれは、こうしたちがいを探し、関心を向け、じっくり考え、記憶することに多くの時間を費やしているため、ちがいの大きさや頻度を過大に見積もりがちで、そのために、実際よりも人間ひとりひとりがちがっていると考えてしまう。あなたも、ブドウを形や色や種類のちがいで一日じゅうより分けてみれば、風味の微妙な差異や触感の変化について延々と語りつづける厄介なブドウ愛好家の仲間入りを果たすことだろう。ブドウをかぎりなく多種多様なものと考えるようになり、ブドウについてのほんとうに重要な情報の大部分が、「ブドウである」という単純な事実から導きだされることを忘れてしまう。他者は多様で自己は独自だというわれわれの確信は、こと感情の話になるとことくに強くなる。自分自身の感情は感じられても、他人の感情は、表情を観察し声を聞いて推測するしかないため、自分が経験するような強い感情をほかの人は経験しないのではないかと考えてしまうことがある。相手にはこちらの気持ちに気づくことを期待しながら、自分は相手の気持ちに気づかないのはそのためだ。自分の感情が独特だという感覚は早くから現れる。幼稚園児は、自分やほかの子どもがさまざまな状況でどう感じると思うか尋ねられると、自分が独自の感情を経験すると予想し（「ビリーは悲しむと思うけど、ぼくは悲しまないよ」）、そう経験するわけを独自の理由で説明する（「ぼくはハムスターが天国にいるんだって考えるだろうけど、ビリーはただ泣くだけだろうな」）。大人も同じような予測をする場合、これとまったく同じことをする。

個人の多様性と独自性についての根拠のない信念こそ、われわれが他人を代理人にするのを拒む最大の理由だ。代理体験が有効なのは、代理人がだいたい自分と同じように出来事に反応すると思えるときだけで、人の感情反応が実際より変化に富んでいると信じるなら、代理体験は実際より有効でないように見えてしまう。代理体験が未来の感情を予測する手軽で効果的な方法であるにもかかわらず、われわれは、いかに自分たちがみんな似ているか気づかないため、皮肉なことにこの頼りになる方法を却下する。そして、どんなに欠点があり、どんなに誤りを犯しやすいとしても、自分の想像に頼るのだ。

*

「ホッグウォッシュ《hogwash》」という単語は、水に関係がありそうに見えるが、ブタを洗う《hogwash》ことではなく、ブタの餌を意味する。ホッグウォッシュは、ブタが食べるものであり、ブタが好きなものであり、ブタが必要とするものだ。農場主は、ブタが不機嫌にならないようにホッグウォッシュを与える。また、「ホッグウォッシュ」という単語には、人が言いあう虚言という意味もある。農場主がブタに与える餌《ホッグウォッシュ》と同じように、友人や先生や親がわれわれに与える虚言《ホッグウォッシュ》は、われわれを幸せにするためのものだ。しかし、ブタのホッグウォッシュとちがって、人間のホッグウォッシュは、いつもわれわれを幸せにしてくれるとはかぎらない。これまで見てきたように、思想がはびこるのは、それが伝達される社会ネットワークを維持する思想である場合だ。ふつう個人は、自分に社会制度を維持する義務があるとは考えていないため、個人の幸せのための処方箋であるかのように偽装した思想でなければ広がらない。われわれは、この世界でしばらくすごしたのだから、その経験があれば思想の偽装を見破れそうなものだが、なかなか思いどおりにはいかない。経験から学ぶためには経験を記憶しなければならないが、さまざまな理由で、記憶は不誠実な友人だ。練習と指導のおかげで、われわれはオムツから抜けだしてズボンに足を入れられたが、練習と指導だけで現在から抜けだして未来に足を入れることはできない。この困った状態の皮肉なところは、未来の感情を正確に予測するのに必要な情報がすぐ鼻先にあっても、どうもわれわれがその香りに気づかないらしいことだ。人が幸せについての思想を伝えてくる場合、それをいちいち聞きいれるのは無意味なこともあるが、さまざまな状況で人がいかに幸せかを観察するのは意味がある。だが悲しいかな、われわれは自分を独自の存在、つまり、ほかの人とはちがう精神の持ち主と考えているため、ほかの人の経験が教えてくれるはずの教訓をちょくちょく却下してしまう。

おわりに

おれの心はめでたい勝ち戦《いくさ》を予言しているぞ。
——シェイクスピア『ヘンリー六世』第三部

ほとんどの人は、生涯で少なくとも三つ、重要な決断をする。どこに住むか、何をするか、だれとするか。われわれは、町や地域を選び、仕事や趣味を選び、連れあいや友人を選ぶ。これは大人にとってあまりにあたりまえのことなので、こうした決断をするようになった人類は自分たちが最初だということを簡単に忘れてしまう。有史以来の大部分、人間は生まれた土地に住み、親がしていたことをやり、自分と同じことをする人たちと付きあった。ミラーは粉《ミ》を挽き《ル》、スミスは鉄《ス》を鍛え《ミス》、小スミスも小ミラーも、決められた相手と決められたときに結婚した。社会構造（宗教やカーストなど）と自然構造（山や海など）は、人がどこでどうやってだれと人生をすごすかを決定する独裁者で、ほとんどの人には自分で決定すべきことなど何もなかった。しかし、農業革命、産業革命、技術革命がすべてを変え、その結果、爆発的に増加した個人の自由によって、途方にくれるほど幅広い選択の権利や、選択の自由や、選択肢や、決断の余地が生みだされた。どれも祖先が経験しなかったものだ。有史以来はじめて、幸せがわれわれの手中にある。

どうやって選択すればいいのだろう。一七三八年、オランダの博識家ダニエル・ベルヌーイが答えを見つけたと主張した。ベルヌーイは、ある決断によって欲しいものが得られる確率と、欲しいものの効用を乗じることで、その決定の賢明さを計算することができると提唱した。ベルヌーイの言う効用とは、満足や喜びというような意味だ。ベルヌーイの処方箋の前半はわりあいわかりやすい。自分の選択が行きたい場所に連れていってくれる確率は、ほとんどの状況で概算できる。ＩＢＭに就職したら、ジェネラルマネージャーに昇進する可能性はどれくらいか。サンクトペテルブルグに引っ越したら週末をビーチですごす可能性はどれくらいか。エロイーズと結婚するのにオートバイを売らなくてはならない可能性はどれくらいか。こうした確率を計算するのはそれほど複雑ではなく、保険会社が、あなたの家が焼け落ちる可能性やあなたの車が盗まれる可能性やあなたの人生が早めに終わる可能性を計算するだけで利益をあげているのはそのためだ。ちょっとした探偵のような仕事と鉛筆といい消しゴムだけで、選択がわれわれの望むものを与えてくれる確率を推測——少なくとも大まかには——できる。

問題は、実際にそれを得たときどう感じるかを推測するのが簡単ではないことだ。ベルヌーイの才能は数学にではなく心理学にあった。ベルヌーイは、客観的に得たもの（富）が、それを得たときに主観的に経験するもの（効用）と同じではないことに気づいていた。富はドルを数えることで測定できるかもしれないが、効用はそのドルでどれだけの満足を買えるかによって測定しなければならない。富は関係ない。大事なのは効用だ。われわれは、お金や昇進やビーチでの休暇そのものには興味がない。興味があるのは、こうした形態の富がもたらす（あるいは、もたらさない）満足や喜びだ。かしこい選択とは、喜びを最大にする選択であり、ドルを最大にする選択ではない。かしこく選びたいのなら、ドルでどれだけの喜びが買えるかを正確に予想しなければならない。ベルヌーイは、選択がどれだけの効用を生むかより、選択がどれだけの富を生むか予測するほうが簡単だとわかっていたので、単純な換算式を考案して、その式を使えばだれでも富の期待値を効用の期待値に換算できるだろうと考えた。ベルヌーイは、ドルが増えていく場合、一ドルが与える喜びはつねに前回よりわずかに少なくなるとし、すでに持っているドルの数を勘案することで一ドルから得る喜びを計算できると指摘した。

> ものの価値は、その値段ではなく、そのものが与える効用をもとに決定しなければならない。ものの値段は、そのもの自体に左右されるだけで、だれにとっても同じだ。しかし効用は、予測をしている人の個別の状況に左右される。そのため、一〇〇〇ダカットの利益は、たとえ額は同じでも、金持ちより貧乏人にとってのほうがまちがいなく価値が大きい。

ベルヌーイは、人が絶対量ではなく相対量に敏感だと気づいていた。そのため、換算式にはこの基本的な心理的事実が加味されている。しかしベルヌーイは、富から効用への換算が、自分でやってみせたほど単純ではないことも知っていた。換算式には反映されなかった心理的事実もある。

たいていは貧しい人のほうが金持ちの人より同じ利益から得る効用が大きいが、それでもこんな場合もありうる。たとえば、二〇〇〇ダカット持っている金持ちの囚人が、自由を買いもどすためにもう二〇〇〇ダカット必要だとしたら、あらたな二〇〇〇ダカットの利益の価値は、もっと金のないべつの男にとっての価値より高いだろう。この種の無数の例はいくらでも考えられるかもしれないが、どれもきわめてまれな例外にすぎない。

なかなかたいしたものだ。ベルヌーイは、一〇〇番目のドル札（あるいは、キスでもドーナツでもセックスでも）がたいてい最初のドルほどわれわれを幸せにしないと考えた点では正しかったが、それだけが富と効用を区別するものであり、富から効用を予測するときにそこだけ補正すればいいと考えた点でまちがっていた。ベルヌーイがうやむやにした「無数の例外」は、きわめてまれではない。つぎの一ドルから引きだせる効用の量に影響を与えるものは、個人の銀行口座の金額以外にもたくさんある。たとえば、人はよく、手に入れる前より手に入れてからのほうがそれがよいものと考え、遠く離れているときよりさしせまっているときのほうがその価値を高く評価し、大きな損失より小さな損失のほうが苦痛を感じ、何かを失う痛みのほうが同じものを手に入れる喜びより大きいと想像する。あげればきりがない。本書で扱ってきた膨大な数の現象は、ベルヌーイの原理を美しく無意味な概念にする、それほどまれでない例外の一部だ。たしかにわれわれは、確率と効用を乗じて選択をすべきだが、それ以前に効用を推定できなければ、どうしてそれが可能だろう。同じ客観的な状況が、驚くほどさまざまな主観的な経験を生むため、客観的な状況についての予知からわれわれの主観的な経験を予測するのはじつにむずかしい。悲しいことに、富から効用への換算、つまり、得るだろうものの知識からどう感じるか予測することは、メートルをヤードに換算したり、ドイツ語を日本語に変換したりするのとはわけがちがう。数字と数字、単語と単語を結びつけている単純で規則正しい関係は、客観的な出来事と感情の経験とを結びつけている関係とはちがう。

では、選択する者はどうすればいいのか。効用を予測する公式がない状態で、われわれは、人間という種だけに見られることをする。そう、想像だ。われわれの脳は独自の構造を持っていて、心の中で自分を未来の状況に移動させ、そこでどんな気持ちがするか自分に尋ねることができる。効用を数学的な正確さで計算しなくても、あすに足を踏みいれて、その感触をたしかめればいい。自己を時間軸の前方へ投影し、出来事が起こる前にそれを経験できる能力のおかげで、われわれは誤りを犯すことなくそこから学ぶことができ、行動をおこすことなくそれを評価できる。想像は、自然からの最高の贈り物だ。もしこれ以上の贈り物をしてくれていたのだとしても、まだだれも気づいていない。

それでも、未来の自分と未来の状況をシミュレーションする能力は、完璧からはほど遠い。未来の状況を想像するとき、われわれは、実現しない細部を穴埋めし、実現する細部を放置する。未来の感情を想像するとき、今感じていることを無視できず、あとで起こる物事についてどう考えるようになるか気づかない。ダニエル・ベルヌーイは、単純な公式でだれもが洞察力と先見の明をもって未来を決定できる世界を夢見た。しかし、先見はもろい能力だ。われわれはときどき、何かを手に入れたり、そこに行ったり、あれをやったりしたらどんな感じがするか見るために、目を細めてみたり必死に目を凝らしてみたりしなければならない。

幸せを見つける簡単な公式はない。しかし、われわれの偉大なる大きな脳は、ちょっと先にあるように見える幸せに、かならずしも導いてくれないとしても、少なくともなぜたどりつけないのかを教えてくれる。

訳者あとがき

こうなったら幸せだろうと想像していたのに、実現してみるとそれほどでもなかったり、一番いい選択をしたつもりだったのに、あとになってあんな決断をするんじゃなかったと悔やんだりしたことはないだろうか。

本書『幸せはいつもちょっと先にある――期待と妄想の心理学』（原題 ***Stumbling on Happiness,* 2006**）の著者ダニエル・ギルバートは、だれもがしょっちゅうそんな経験をしているし、そこには科学的な理由があると説明する。ギルバートによると、唯一、人間という動物だけが未来について考える。だが、わたしたちは自分で思っているほど未来を想像するのがうまくないらしい。本書は、さまざまな実験データや豊富な具体例によって、わたしたちがなぜ、繰り返し未来の幸せを読みちがえてしまうのかを教えてくれる。

ダニエル・ギルバートは、一五歳で高校を中退し、ヒッチハイクでアメリカ国内をまわったという経歴を持つ。一〇代の終わりからSF作家を目指して執筆をはじめ、いくつか雑誌に載った短篇もある。本格的に文学を学ぼうとコミュニティ・カレッジ（公立の二年制大学）に入学したものの、どのコースもいっぱいで、かわりに受講したのが心理学だった。その後、大学、大学院で心理学を修め、テキサス大学で一一年間教えたのち、一九九六年からハーバード大学で教鞭をとっている。本書でも、学生への講義さながらの口調で（ときにかなり辛辣な例をあげながら）熱く語っている。

なお、各章の冒頭と10章の本文中にでてくるシェイクスピアからの引用は、7章の『ヴィーナスとアドニス』を除いて、白水社刊「シェイクスピア全集愛蔵版（全五巻）」の小田島雄志氏の訳を使わせていただいた。この場を借りて改めてお礼申しあげる。

また、本書の翻訳の機会を与えてくださり、訳文にていねいに手を入れてくださった早川書房編集部の三浦由香子さんに心より感謝する。

二〇〇七年二月

図版クレジット

図3
Harlow JM, 1868. Recovery from the passage of an iron bar through the head. Publ. Mass. Med. Soc. 2:327-347.

図12
Animal Crackers by Fred Wagner, Copyright, 1983, Tribune Media Services.

図14
Equalities and inequalities in family life, R.Chester & J.Peel(Eds.), Some variations in marital satisfaction, Walker, C., Pages 127-139,Copyright 1977, with permission from Elsevier.

図19
Gilbert, D.T., Pinel, E.C.,Wilson, T.D., Blumberg, S.J., & Wheatley, T. P.(1998). Immune neglect: A source of durability bias in affective forecasting. *Journal of Personality and Social Psychology, 75*, 617-638.

図20
Wilson, T. D., Centerbar, D.B., Kermer, D.A., & Gilbert, D.T. (2005). The pleasures of uncertainty: Prolonging positive moods in ways people do not anticipate. *Journal of Personality and Social Psychology, 88*, 5-21.

図22
Wilson, T.D., Meyers, J., & Gilbert, D.T.(2003). "How happy was I, anyway?" A retrospective impact bias, *Social Cognition, 21*, 407-432.

幸《しあわ》せはいつもちょっと先《さき》にある
期待と妄想の心理学
2007年2月20日　初版印刷
2007年2月28日　初版発行
＊
著　者　ダニエル・ギルバート
訳　者　熊《くま》　谷《がい》　淳《じゅん》　子《こ》
発行者　早　川　浩
＊
印刷所　株式会社亨有堂印刷所
製本所　大口製本印刷株式会社
＊
発行所　株式会社　早川書房
東京都千代田区神田多町2－2
電話　03-3252-3111（大代表）
振替　00160-3-47799
http://www.hayakawa-online.co.jp
定価はカバーに表示してあります
ISBN978-4-15-208798-0 C0011
JASRAC 出0701448-701
Printed and bound in Japan